Armin Klein (Hrsg.)

Gesucht: Kulturmanager

Armin Klein (Hrsg.)

Gesucht: Kulturmanager

VS VERLAG FÜR SOZIALWISSENSCHAFTEN

Bibliografische Information der Deutschen Nationalbibliothek
Die Deutsche Nationalbibliothek verzeichnet diese Publikation in der
Deutschen Nationalbibliografie; detaillierte bibliografische Daten sind im Internet
über <http://dnb.d-nb.de> abrufbar.

1. Auflage 2009

Alle Rechte vorbehalten
© VS Verlag für Sozialwissenschaften | GWV Fachverlage GmbH, Wiesbaden 2009

Lektorat: Frank Engelhardt

VS Verlag für Sozialwissenschaften ist Teil der Fachverlagsgruppe
Springer Science+Business Media.
www.vs-verlag.de

Das Werk einschließlich aller seiner Teile ist urheberrechtlich geschützt. Jede Verwertung außerhalb der engen Grenzen des Urheberrechtsgesetzes ist ohne Zustimmung des Verlags unzulässig und strafbar. Das gilt insbesondere für Vervielfältigungen, Übersetzungen, Mikroverfilmungen und die Einspeicherung und Verarbeitung in elektronischen Systemen.

Die Wiedergabe von Gebrauchsnamen, Handelsnamen, Warenbezeichnungen usw. in diesem Werk berechtigt auch ohne besondere Kennzeichnung nicht zu der Annahme, dass solche Namen im Sinne der Warenzeichen- und Markenschutz-Gesetzgebung als frei zu betrachten wären und daher von jedermann benutzt werden dürften.

Umschlaggestaltung: KünkelLopka Medienentwicklung, Heidelberg
Druck und buchbinderische Verarbeitung: Krips b.v., Meppel
Gedruckt auf säurefreiem und chlorfrei gebleichtem Papier
Printed in the Netherlands

ISBN 978-3-531-16241-6

Inhalt

Abbildungsverzeichnis 11

Tabellenverzeichnis 15

1 **Gesucht: Kulturmanager! Welche Kulturmanager braucht der Kulturbetrieb?** 19
    1.1 „Neue Kulturpolitik" und „Kulturarbeiter" 20
    1.2 Der privatwirtschaftlich-kommerzielle Kulturbetrieb 24
    1.3 Vom Kulturarbeiter zum Kulturmanager 26
    1.4 Der Arbeitsmarkt der Kulturmanager 29

2 **Methode der durchgeführten Befragungen** 33
    2.1 Fragestellung und Ziel der Studie 33
    2.2 Auswahlkriterien 33
    2.3 Die qualitative Befragung 34
    2.4 Die quantitative Befragung 34
    2.5 Befragte Personen 38
        2.5.1 Bildende Kunst 38
        2.5.2 Musik 38
        2.5.3 Literatur 39
        2.5.4 Theater 40
        2.5.5 Sonstiges 40
    2.6 Die Auswertung 41

3 Qualitative Auswertung der Interviews ... 43
- 3.1 „Wie war der Einstieg in den Kulturbetrieb bei Ihnen?" ... 43
- 3.2 „Welche Fähigkeiten und Kenntnisse haben Ihnen den Berufseinstieg erleichtert?" ... 45
- 3.3 „Auf was achten Sie beim Einstellungsgespräch eines Kulturmanagers?" ... 46
- 3.4 „Welche persönlichen Kompetenzen sollte ein Kulturmanager haben, der sich bei Ihnen vorstellt?" ... 48
- 3.5 „Welche theoretischen Kenntnisse sollte ein Kulturmanager haben, wenn er die Hochschule verlässt?" ... 49
- 3.6 „Welche Fähigkeiten und Kenntnisse werden in Zukunft noch an Bedeutung gewinnen?" ... 50
- 3.7 „Würden Sie in Ihrem Betrieb ausgebildete Kulturmanager einsetzen?" ... 51
- 3.8 „Auf was achten Sie in einem Lebenslauf eines Bewerbers besonders?" ... 52
- 3.9 „Welche Rolle spielen Praktika bei der Einstellung?" ... 54
- 3.10 „Wie bewerten Sie eine höhere Qualifikation (z.B. Promotion) für die praktische Arbeit eines Kulturmanagers?" ... 55
- 3.11 „Haben Kulturmanager nach ihrer Ausbildung eine realistische Vorstellung vom Berufsleben?" ... 56
- 3.12 „Welche Stärken, welche Schwächen sehen Sie in der Hochschulausbildung von Kulturmanagern?" ... 57
- 3.13 „Wenn Sie ein Pflichtseminar für Kulturmanager einführen könnten, welches wäre das?" ... 59
- 3.14 Fazit der qualitativen Interviews ... 60

4 Gesamtauswertung ... 63
- 4.1 Einleitung ... 63
  - 4.1.1 „Stellen Sie sich vor, Sie führen ein Einstellungsgespräch. Auf was würden Sie vorrangig achten?" ... 63
  - 4.1.2 „Wie wichtig schätzen Sie folgende persönliche Kompetenzen für Kulturmanager ein?" ... 66

	4.1.3	„Wie wichtig schätzen Sie folgende theoretischen Kompetenzen für Kulturmanager ein?"	68
	4.1.4	„Was wird in Zukunft ganz besonders wichtig sein?"	71
	4.1.5	„Arbeiten in Ihrem Betrieb studierte Kulturmanager?"	72
	4.1.6	„Haben Sie vor, in Zukunft studierte Kulturmanager in Ihrem Betrieb einzusetzen?"	73
	4.1.7	„Wie wichtig sind Ihnen folgende Aspekte in den Bewerbungsunterlagen?"	75
	4.1.8	„Welche Rolle spielen Praktika bei der Einstellung?"	77
	4.1.9	„Wie lange sollte ein Praktikum dauern?"	78
	4.1.10	„Was ist die ideale Anzahl an Praktika?"	79
	4.1.11	„Wie wichtig sind folgende Qualifikationen?"	80
	4.1.12	„Wie wichtig ist das Thema der Abschlussarbeit?"	82
4.2	Interpretation der Ergebnisse		83
	4.2.1	Situation der Kulturmanager aktuell	83
	4.2.2	Generelle Kompetenzen	84
	4.2.3	Schriftliche Bewerbung	85
	4.2.4	Praktika	86
	4.2.5	Qualifikation und Abschlussarbeit	87
	4.2.6	Bewerbungsgespräch	87

5 Auswertung der Sparte Bildende Kunst 89

5.1 Einsatz von Kulturmanagern in Betrieben der Bildenden Kunst 90
5.2 Anforderung an Kulturmanager 91
    5.2.1 Persönlich-soziale Kompetenzen 91
    5.2.2 Methodisch-fachliche Kompetenzen 93
    5.2.3 Zukünftig wichtige Kompetenzen 95
5.3 Kriterien für eine erfolgreiche Bewerbung 95
    5.3.1 Schriftliche Bewerbung 95
    5.3.2 Praxiserfahrung 97
    5.3.3 Akademische Qualifikationen und Abschlussarbeit 97
    5.3.4 Bewerbungsgespräch 98
5.4 Zusammenfassung und Typologie 101

6 Auswertung der Sparte Musik 103
- 6.1 Einsatz von Kulturmanagern im Musikbetrieb 104
- 6.2 Anforderungen an Musikmanager 104
  - 6.2.1 Persönlich-soziale Kompetenzen 104
  - 6.2.2 Methodisch-fachliche Kompetenzen 106
  - 6.2.3 Zukünftig wichtige Kompetenzen 109
- 6.3 Kriterien für eine erfolgreiche Bewerbung 112
  - 6.3.1 Schriftliche Bewerbung 112
  - 6.3.2 Praxiserfahrung 114
  - 6.3.3 Akademische Qualifikation und Abschlussarbeit 115
  - 6.3.4 Bewerbungsgespräch 116
- 6.4 Typologie 118

7 Auswertung der Sparte Literatur 119
- 7.1 Einsatz von Kulturmanagern in Literaturbetrieben 119
- 7.2 Anforderungen an Kulturmanager 121
  - 7.2.1 Persönlich-soziale Kompetenzen 121
  - 7.2.2 Fachlich-methodische Kompetenzen 122
  - 7.2.3 Zukünftig wichtige Kompetenzen 125
- 7.3 Kriterien für eine erfolgreiche Bewerbung 126
  - 7.3.1 Schriftliche Bewerbung 126
  - 7.3.2 Praxiserfahrung 127
  - 7.3.3 Akademische Qualifikation und Abschlussarbeit 128
  - 7.3.4 Bewerbungsgespräch 128
- 7.4 Zusammenfassung und Typologie 129

8 Auswertung der Sparte Theater 131
- 8.1 Einsatz von Kulturmanagern in Theaterbetrieben 131
- 8.2 Anforderungen an Kulturmanager 133
  - 8.2.1 Persönlich-soziale Kompetenzen 133

          8.2.2 Fachlich-methodische Kompetenzen 133
          8.2.3 Zukünftig wichtige Kompetenzen 137
    8.3   Kriterien für eine erfolgreiche Bewerbung 138
          8.3.1 Schriftliche Bewerbung 139
          8.3.2 Praxiserfahrung 139
          8.3.3 Akademische Qualifikation und Abschlussarbeit 140
          8.3.4 Bewerbungsgespräch 140
    8.4   Zusammenfassung und Typologie 143

9   **Auswertung der Sparte Sonstiges** 145
    9.1   Einsatz von Kulturmanagern in sonstigen Betrieben 146
    9.2   Anforderungen an Kulturmanager 147
          9.2.1 Persönlich-soziale Kompetenzen 147
          9.2.2 Methodisch-fachliche Kompetenzen 149
          9.2.3 Zukünftig wichtige Kompetenzen 150
    9.3   Kriterien für eine erfolgreiche Bewerbung 152
          9.3.1 Schriftliche Bewerbung 152
          9.3.2 Berufserfahrung 153
          9.3.3 Akademische Qualifikationen und Abschlussarbeit 154
          9.3.4 Bewerbungsgespräch 155
    9.4   Zusammenfassung und Typologie 156

10 **Auswertung nach Sektoren** 157
    10.1 Einsatz von Kulturmanagern in den verschiedenen Sektoren des
          Kulturbetriebs 157
    10.2 Anforderungen an Kulturmanager 163
          10.2.1 Persönlich-soziale Kompetenzen 163
          10.2.2 Methodisch-fachliche Kompetenzen 167
          10.2.3 Zukünftig wichtige Kompetenzen 176
    10.3 Kriterien für eine erfolgreiche Bewerbung 181

  10.3.1 Schriftliche Bewerbung 181
  10.3.2 Praxiserfahrung 189
  10.3.3 Akademische Qualifikation und Abschlussarbeit 200
  10.3.4 Bewerbungsgespräch 206
 10.4 Zusammenfassung und Typologie 213

11 Abschließende Anmerkungen 217

12 Anhang 221
 12.1 Leitfragen der qualitativen Interviews 221
 12.2 Quantitativer Fragebogen 222
 12.3 Liste der Befragten 226

Literaturverzeichnis 229

Abbildungsverzeichnis

Abbildung 1: „Stellen Sie sich vor, Sie führen ein Einstellungsgespräch. Auf was würden Sie vorrangig achten." Antworten aller Befragten 65

Abbildung 2: Arbeiten in Ihrem Betrieb studierte Kulturmanager? Antworten der Befragten 73

Abbildung 3: „Haben Sie vor, in Zukunft studierte Kulturmanager in Ihrem Betrieb einzusetzen?" Antworten der Befragten 74

Abbildung 4: „Welche Rolle spielen Praktika bei der Einstellung?" Antworten der Befragten 78

Abbildung 5: „Wie lange sollte ein Praktikum dauern?" Antworten der Befragten 79

Abbildung 6: „Was ist die ideale Anzahl an Praktika?" Antworten der Befragten 80

Abbildung 7: Verteilung der Antworten auf Trägerschaften 89

Abbildung 8: „Arbeiten in Ihrem Betrieb studierte Kulturmanager?" Auswertung der Sparte Bildende Kunst 90

Abbildung 9: „Wie wichtig schätzen Sie folgende persönlichen Kompetenzen für Kulturmanager ein?" Auszug der fünf höchsten Wertungen in einem Betrieb der Bildenden Kunst 92

Abbildung 10: „Wie wichtig schätzen Sie folgende theoretische Kompetenzen für Kulturmanager ein?" Auszug der fünf höchsten Wertungen in einem Betrieb der Bildenden Kunst 93

Abbildung 11: Wichtigkeit der „Sprachkenntnisse" bei der schriftlichen Bewerbung im Spartenvergleich 96

Abbildung 12: Wichtigkeit des Thema einer Abschlussarbeit bei der Bewerbung im Spartenvergleich 98

Abbildung 13: Wichtigkeit der „Begeisterung für Kultur im Allgemeinen" beim Einstellungsgespräch im Spartenvergleich 99

Abbildung 14: Verteilung der Befragten aus der Sparte Musik auf Trägerschaften 103

Abbildung 15: Bedeutung der methodisch-fachlichen Kompetenz „Marketing-Techniken" im Spartenvergleich („wichtig" und „ganz wichtig") 108
Abbildung 16: Wichtigkeit der Kompetenz „Selbstmanagement" heute und zukünftig im Spartenvergleich 110
Abbildung 17: „Was wird in Zukunft besonders wichtig sein?" Antworten der Musikmanager 111
Abbildung 18: „Wie wichtig sind Ihnen folgende Aspekte in Bewerbungsunterlagen?" Antworten der Musikmanager 113
Abbildung 19: Wichtigkeit von Praktika bei der Einstellung – Sparte Musik 114
Abbildung 20: „Stellen Sie sich vor, Sie führen ein Einstellungsgespräch. Worauf würden Sie vorrangig achten?" Antworten der Musikmanager 117
Abbildung 21: „Haben Sie vor, in Zukunft studierte Kulturmanager in Ihrem Betrieb einzusetzen?" Antworten der Literaturbetriebe insgesamt 120
Abbildung 22: „Welche Rolle spielen Praktika bei der Einstellung?" Antworten der Befragten im Literaturbetrieb 127
Abbildung 23: „Stellen Sie sich vor, Sie führen ein Einstellungsgespräch. Auf was würden Sie vorrangig achten (maximal 5 Nennungen)?" Antworten der Literaturbetriebe 130
Abbildung 24: „Wie wichtig schätzen Sie folgende theoretische Kompetenzen für Kulturmanager ein?" Die fünf höchsten Wertungen in Theaterbetrieben im Vergleich zur Gesamtauswertung (Nennungen „wichtig" und „ganz wichtig") 136
Abbildung 25: „Stellen Sie sich vor, Sie führen ein Einstellungsgespräch. Auf was würden Sie vorrangig achten (maximal 5 Nennungen)?" Antworten der Theaterbetriebe 142
Abbildung 26: Verteilung der Antworten auf Trägerschaften 145
Abbildung 27: Anstellung eines ausgebildeten Kulturmanagers im Betrieb (Betrachtung der Sparte Sonstiges im Vergleich zur Gesamtauswertung) 146
Abbildung 28: Wichtigkeit des Kriteriums „Kreativität" im Spartenvergleich 148
Abbildung 29: Rangliste der „wichtigsten" und „ganz wichtigsten" methodisch-fachlichen Kompetenzen 150

Abbildung 30: Wichtigkeit des Kriteriums „Besucherbindung" in den drei Trägerschaften 151
Abbildung 31: „Arbeiten in Ihrem Betrieb studierte Kulturmanager?" Antworten der öffentlich-rechtlichen Kulturbetriebe 158
Abbildung 32: „Arbeiten in Ihrem Betrieb studierte Kulturmanager?" Antworten der privatwirtschaftlich-gemeinnützigen Kulturbetriebe 159
Abbildung 33: „Arbeiten in Ihrem Betrieb studierte Kulturmanager?" Antworten der privatwirtschaftlich-kommerziellen Kulturbetriebe 160
Abbildung 34: „Haben Sie vor, in Zukunft studierte Kulturmanager in Ihrem Betrieb einzusetzen?" Antworten der öffentlich-rechtlichen Kulturbetriebe 161
Abbildung 35: „Haben Sie vor, in Zukunft studierte Kulturmanager in Ihrem Betrieb einzusetzen?" Antworten der privatwirtschaftlich-gemeinnützigen Kulturbetriebe 162
Abbildung 36: „Haben Sie vor, in Zukunft studierte Kulturmanager in Ihrem Betrieb einzusetzen?" Antworten der privatwirtschaftlich-kommerziellen Kulturbetriebe 163
Abbildung 37: „Welche Rolle spielen Praktika bei der Einstellung?" Antworten der öffentlich-rechtlichen Kulturbetriebe 189
Abbildung 38: „Wie lange sollte ein Praktikum dauern?" Antworten der öffentlich-rechtlichen Kulturbetriebe 190
Abbildung 39: „Was ist die ideale Anzahl an Praktika?" Antworten der öffentlich-rechtlichen Kulturbetriebe 191
Abbildung 40: „Welche Rolle spielen Praktika bei der Einstellung?" Antworten der privatwirtschaftlich-gemeinnützigen Kulturbetriebe 192
Abbildung 41: „Wie lange sollte ein Praktikum dauern?" Antworten der privatwirtschaftlich-gemeinnützigen Kulturbetriebe 193
Abbildung 42: „Was ist die ideale Anzahl an Praktika?" Antworten der privatwirtschaftlich-gemeinnützigen Kulturbetriebe 194
Abbildung 43: „Welche Rolle spielen Praktika bei der Einstellung?" Antworten der privatwirtschaftlich-kommerziellen Kulturbetriebe 195
Abbildung 44: „Wie lange sollte ein Praktikum dauern?" Antworten der privatwirtschaftlich-kommerziellen Kulturbetriebe 196

Abbildung 45: „Was ist die ideale Anzahl an Praktika?" Antworten der privatwirtschaftlich-kommerziellen Kulturbetriebe 197
Abbildung 46: „Welche Rolle spielen Praktika bei der Einstellung?" Antworten aller drei Kultursektoren 197
Abbildung 47: „Wie lange sollte ein Praktikum dauern?" Antworten aller drei Kultursektoren 198
Abbildung 48: „Was ist die ideale Anzahl an Praktika?" Antworten aller drei Kultursektoren 199
Abbildung 49: „Stellen Sie sich vor, Sie führen ein Einstellungsgespräch. Auf was würden Sie vorrangig achten?" Antworten der öffentlich-rechtlichen Kulturbetriebe 207
Abbildung 50: „Stellen Sie sich vor, Sie führen ein Einstellungsgespräch. Auf was würden Sie vorrangig achten?" Antworten der privatwirtschaftlich-gemeinnützigen Kulturbetriebe 209
Abbildung 51: „Stellen Sie sich vor, Sie führen ein Einstellungsgespräch. Auf was würden Sie vorrangig achten?" Antworten der privat-wirtschaftlich-kommerziellen Kulturbetriebe 211

Tabellenverzeichnis

Tabelle 1: Übersicht über die versendeten Fragebögen in den einzelnen Trägerschaften und Sparten 36

Tabelle 2: Übersicht über die Rücklaufquoten in den einzelnen Trägerschaften und Sparten 37

Tabelle 3: „Wie wichtig schätzen Sie folgende persönliche Kompetenzen für Kulturmanager ein?" 67

Tabelle 4: „Wie wichtig schätzen Sie folgende theoretische Kompetenzen für Kulturmanager ein?" 70

Tabelle 5: „Was wird in Zukunft ganz besonders wichtig sein?" 72

Tabelle 6: „Wie wichtig sind Ihnen folgende Aspekte in Bewerbungsunterlagen?" 77

Tabelle 7: „Wie wichtig sind folgende Qualifikationen?" 82

Tabelle 8: „Wie wichtig ist das Thema der Abschlussarbeit?" 83

Tabelle 9: „Haben Sie vor, in Zukunft studierte Kulturmanager in Ihrem Betrieb einzusetzen?" Auswertung der Sparte Bildende Kunst 91

Tabelle 10: „Stellen Sie sich vor, Sie führen ein Einstellungsgespräch. Auf was würden Sie vorrangig achten (maximal 5 Nennungen)?" Antworten der Betriebe in der Sparte Bildende Kunst absteigend sortiert 100

Tabelle 11: „Haben Sie vor, in Zukunft studierte Kulturmanager in Ihrem Betrieb einzusetzen?" Antworten der Musikmanager 104

Tabelle 12: „Wie wichtig schätzen Sie folgende persönliche Kompetenzen für Kulturmanager ein?" Antworten der Musikmanager 106

Tabelle 13: Top 5 der Frage „Wie wichtig schätzen Sie folgende theoretische Kompetenzen für Kulturmanager ein?" Antworten der Musikmanager 107

Tabelle 14: „Arbeiten in Ihrem Betrieb studierte Kulturmanager?" Spartenvergleich 119

Tabelle 15: „Wie wichtig schätzen Sie folgende persönliche Kompetenzen für Kulturmanager ein?" Antworten der Literaturbetriebe ... 123

Tabelle 16: „Wie wichtig schätzen Sie folgende theoretische Kompetenzen für Kulturmanager ein?" Die fünf höchsten Wertungen (sortiert nach den kumulierten Nennungen „ganz wichtig" und „wichtig"). Literaturbetriebe im Vergleich zur Gesamtauswertung 124

Tabelle 17: „Was wird in Zukunft ganz besonders wichtig sein?" Das Kriterium der Mobilität im Spartenvergleich 126

Tabelle 18: „Arbeiten in Ihrem Betrieb studierte Kulturmanager?" Spartenvergleich 132

Tabelle 19: „Haben Sie vor, in Zukunft studierte Kulturmanager in Ihrem Betrieb einzusetzen?" Spartenvergleich 132

Tabelle 20: „Wie wichtig schätzen Sie folgende persönliche Kompetenzen für Kulturmanager ein?" Antworten der Theaterbetriebe 135

Tabelle 21: Zukünftiger Einsatz von ausgebildeten Kulturmanagern untergliedert nach Trägerschaft 147

Tabelle 22: „Wie wichtig sind Ihnen folgende Aspekte in Bewerbungsunterlagen?" 153

Tabelle 23: „Stellen Sie sich vor, Sie führen ein Einstellungsgespräch. Auf was würden Sie vorrangig achten (maximal 5 Nennungen)?" Antworten der Kulturbetrieb aus dem Bereich Sonstiges absteigend sortiert 155

Tabelle 24: „Wie wichtig schätzen Sie folgende persönliche Kompetenzen für Kulturmanager ein?" Antworten der öffentlich-rechtlichen Kulturbetriebe 164

Tabelle 25: „Wie wichtig schätzen Sie folgende persönliche Kompetenzen für Kulturmanager ein?" Antworten der privatwirtschaftlich-gemeinnützigen Kulturbetriebe 165

Tabelle 26: „Wie wichtig schätzen Sie folgende persönliche Kompetenzen für Kulturmanager ein?" Antworten der privatwirtschaftlich-kommerzielle Kulturbetriebe 166

Tabelle 27: „Wie schätzen Sie folgende theoretischen Kompetenzen für Kulturmanager ein?" Antworten der öffentlich-rechtlichen Kulturbetriebe 169

Tabelle 28: „Wie wichtig schätzen Sie folgende theoretischen Kompetenzen für Kulturmanager ein?" Antworten der privatwirtschaftlich-gemeinnützigen Kulturbetriebe 172

Tabelle 29: „Wie wichtig schätzen Sie folgende theoretischen Kompetenzen für Kulturmanager ein?" Antworten der privatwirtschaftlich-kommerziellen Kulturbetriebe 175

Tabelle 30: „Was wird in Zukunft ganz besonders wichtig sein?" Antworten der öffentlich-rechtlichen Kulturbetriebe 177

Tabelle 31: „Was wird in Zukunft ganz besonders wichtig sein?" Antworten der privatwirtschaftlich-gemeinnützigen Kulturbetriebe 179

Tabelle 32: „Was wird in Zukunft ganz besonders wichtig sein?" Antworten der privatwirtschaftlich-kommerziellen Kulturbetriebe 180

Tabelle 33: „Wie wichtig sind Ihnen folgende Aspekte in Bewerbungsunterlagen?" Antworten der öffentlich-rechtlichen Kulturbetriebe 183

Tabelle 34: „Wie wichtig sind Ihnen folgende Aspekte in Bewerbungsunterlagen?" Antworten der privatwirtschaftlich-gemeinnützigen Kulturbetriebe 185

Tabelle 35: „Wie wichtig sind Ihnen folgende Aspekte in Bewerbungsunterlagen?" Antworten der privatwirtschaftlich-kommerzielle Kulturbetriebe 188

Tabelle 36: „Wie wichtig sind folgende Qualifikationen?" Antworten der öffentlich-rechtlichen Kulturbetriebe 201

Tabelle 37: „Wie wichtig sind folgende Qualifikationen?" Antworten der privatwirtschaftlich-gemeinnützigen Kulturbetriebe 203

Tabelle 38: „Wie wichtig sind folgende Qualifikationen?" Antworten der privatwirtschaftlich-kommerziellen Kulturbetriebe 205

1 Gesucht: Kulturmanager!
Welche Kulturmanager braucht der Kulturbetrieb?

Armin Klein

Die Qualifikationen, Fähigkeiten und Kenntnisse, die von den im Kulturbetrieb Tätigen erwartet werden, hängen in hohem Maße von den gesamtgesellschaftlichen, wirtschaftlichen, historischen und vor allem kulturpolitischen Rahmenbedingungen ab. Was vor 30, 40 Jahren wichtig und richtig war, hat heute eher an Bedeutung verloren; dafür sind neue Herausforderungen entstanden. Das Berufsbild der im Kulturbetrieb, insbesondere im *öffentlichen* Kulturbetrieb Tätigen hat sich somit in den letzten sechs Jahrzehnten in Deutschland grundlegend verändert und damit auch die Qualifikationsmerkmal, die in der Praxis verlangt werden. Die im gerade öffentlichen Kulturbetrieb geforderten Fähigkeiten hängen dabei sehr stark von den jeweils aktuellen kulturpolitisch-programmatischen Konzepten ab und wandeln sich mit diesen. Und auch die aktuell zu beobachtende herausgehobene Rolle der Kulturwirtschaft hatte noch einige Jahrzehnte zuvor kaum Bedeutung. „Noch Mitte der siebziger Jahre bezogen sich Diskussionen und Publikationen über Kultur immer nur auf öffentliche Kultur, also die Kulturangebote des Bundes, der Länder und der Kommunen. Selbst in dem 1979 erschienenen (…) Buch ‚Kultur für alle' ist ausschließlich von Aufgaben und Zielen öffentlicher Kultur die Rede; Begriffe wie ‚Kulturbetrieb' oder ‚Kulturwirtschaft' kommen im Buch nicht vor." (Heinrichs, 1993:21).

Dementsprechend war das Berufsbild der im Kulturbetrieb Tätigen in den ersten zwei, drei Nachkriegsjahrzehnten weitgehend von der öffentlichen Hand bzw. den einschlägigen kulturpolitischen Konzepten geprägt. Waren etwa in der unmittelbaren Nachkriegszeit und in den Jahren des Wiederaufbaus, die vom Konzept der „Kulturpflege" (vgl. hierzu ausführlich Klein 2005:175ff) dominiert wurden, insbesondere Kultur*verwalter* gefragt, so änderte sich das Berufsbild erstmals zu Beginn der siebziger Jahre ganz grundlegend mit der programmatischen Entwicklung der sog. „Neuen Kulturpolitik": Gesucht wurden jetzt aktive Kultur*gestalter*.

Ein zweiter, tiefgreifender Wandel zeichnete sich mit Beginn der neunziger Jahre ab, als erstmals auch in Deutschland Studiengänge für Kulturmanagement ins Leben gerufen wurden und damit eine Entwicklung nachholten, die in den angelsächsischen Ländern eine sehr viel längere Tradition haben („Artsmanagement"; vgl. hierzu auch Klein 2008). In einschlägigen Stellenausschreibungen wurden nun ausdrücklich Kultur*manager* gesucht und lösten die Kulturarbeiter zunehmend ab. Diese Entwicklung der letzten sechzig Jahre wird die folgende knappe Skizze nachzeichnen, bis hin zur heutigen Rolle der Kulturmanager in den Kulturbetrieben. Welche Kenntnisse und Fertigkeiten werden nun von diesen verlangt? Darauf wird die folgende Studie versuchen, erste Antworten zu geben.

1.1 „Neue Kulturpolitik" und „Kulturarbeiter"

1973 leitete der Deutsche Städtetag in seiner programmatischen Erklärung *Wege zur menschlichen Stadt* eine neue Epoche der Kulturpolitik, die sich selbst explizit als „Neue Kulturpolitik" definierte, in der Bundesrepublik Deutschland ein. Dessen Kulturausschuss prägte 1973 auf seiner damaligen Hauptversammlung in Dortmund Formel und Motto für eine bis dahin unbekannte Expansion des Kulturellen: „Im demokratischen Rechtsstaat ist *Kultur für alle* als kommunale Gemeinschaftsaufgabe ständig neu zu definieren: Kulturarbeit muss der Entfaltung und Entwicklung der sozialen, kommunikativen und ästhetischen Möglichkeiten und Bedürfnisse aller Bürger dienen." (Deutscher Städtetag 1973:98; Hervorhebung AK). Damit war die restaurativ-konservative Phase einer bloß bewahrenden Kulturpflege beendet, wie sie programmatisch in den *Stuttgarter Richtlinien* des *Deutschen Städtetages* von 1952 niedergelegt und begründet worden war. Angesichts tiefgreifender Veränderungsprozesse innerhalb der Gesellschaft (Stichworte Bildungsoffensive, „Mehr Demokratie wagen!", Studentenrevolte, Partizipation usw.) sollte der Aufbruch zu neuen Ufern auch in der Kulturpolitik vollzogen werden.

Das eingängige Schlagwort einer *Kultur für alle* (das im Prinzip eine konsequente Weiterentwicklung der Ludwig Erhardschen Erfolgsformel vom *Wohlstand für alle* der fünfziger Jahre bzw. der Bildungsoffensive der sechziger Jahre unter dem Motto *Bildung für alle* war) griff 1979 der seinerzeitige Frankfurter Kulturdezernent Hilmar Hoffmann in seinem gleichnamigen kulturpolitischen Bestseller auf und forderte programmatisch: „Jeder Bürger muss grundsätzlich in die Lage versetzt werden, *Angebote* in allen Sparten und mit allen Spezialisierungsgraden wahrzunehmen, und zwar mit einem zeitlichem Aufwand und einer finanziellen Beteiligung, die so bemessen sein muss, dass keine einkommensspezifischen Schranken aufgerichtet werden. Weder Geld noch ungünstige Arbeitszeitverteilung, weder Familie oder Kinder noch Fehlen eines privaten Fortbewegungsmittels dürfen auf die Dauer Hindernisse bilden, die es unmöglich machen, *Angebote* wahrzunehmen oder entsprechende Aktivitäten auszuüben (...) Die *Angebote* dürfen weder bestehende Privilegien bestätigen, noch unüberwindbare neue aufrichten. Eine demokratische Kulturpolitik sollte nicht nur von dem formalen *Angebot* für alle ausgehen, sondern kulturelle Entwicklung selbst als einen demokratischen Prozess begreifen, der künstlerisches Schaffen, Reichtum einer historisch gewachsenen Kultur und demokratische Gesellschaft gleichermaßen einbezieht" (Hoffmann 1981:29; Hervorhebungen A.K.).

Diese programmatische Forderung war in hohem Maße *angebots*orientiert, wie alleine die schon nahezu penetrante Häufung dieses Substantivs in obigem Zitat verdeutlicht. Diese kulturellen und künstlerischen Angebote sollten vor allem vom Gemeinwesen, d.h. insbesondere von den Städten und Gemeinden bzw. von den jeweiligen Bundesländern bereitgestellt werden. In der Folge stiegen in den siebziger und achtziger Jahren bis noch hinein in die neunziger Jahre die kommunalen Kulturausgaben rasant. Allein im Zeitraum von 1975 bis 1995 verdreifachten sich die kommunalen Kulturausgaben von rund 2 Mrd. DM (1975) auf 6,7 Mrd. DM im Jahr 1995 (allerdings deutete sich in der Phase von 1993 bis 1995 bereits der erste Rückgang um –1,22 Prozent an). Die Kulturausgaben der Gemeinden pro Einwohner stiegen von 1975 von 64,32 DM auf 191,66 DM in 1995 (vgl. hierzu ausführlich Klein 1998:175-192).

Diese meist deutlich über der jeweiligen Inflationsrate liegenden Zuwachsraten in den kommunalen Kulturausgaben flossen vor allen Dingen in den Ausbau der kulturellen Infrastruktur (manche sprachen daher spöttisch von einer „Kultur*bau*politik") und die Schaffung neuer Kulturangebote. So wurden in vielen Städten und Gemeinden neue Museen und Theater gebaut, Musik-, Jugendkunst- und Volkshochschulen bekamen eigene, hervorragend ausgestattete Gebäude und auch die sog. „alternativen" Kultureinrichtungen fanden ihre Räume und eine – wenn auch oft unzureichende – finanzielle Unterstützung. Aber auch neue kulturelle Angebote, wie etwa die der freien Theaterszene, Kinder- und Jugendtheater, der Jazz- und Populärmusik, der Kleinkunst, vor allem aber der Soziokultur wurden verstärkt in die Förderung einbezogen.

Mit großem gesellschaftspolitischen Impetus und kulturpädagogischem Elan wurde versucht, die programmatischen Forderungen der Neuen Kulturpolitik in der Praxis zu realisieren. Und ganz zweifelsohne gelang es in den siebziger und achtziger Jahren eine imposante kulturelle Infrastruktur in der Bundesrepublik aufzubauen. Wie dadurch auch das Angebot in nur dreißig Jahren ausgeweitet wurde, zeigt ein Blick in die Statistiken der einzelnen Kultureinrichtungen. 1977, also zu Beginn der Ära der Neuen Kulturpolitik, erhob der *Deutsche Städtetag* in seiner Bestandsaufnahme *Kultur in den Städten* (vgl. *Deutscher Städtetag* [Hrsg.][1979]) die Zahlen der verschiedenen kulturellen Einrichtungen:

- 1977 zählte er 1.244 Öffentliche Bibliotheken; 2001 waren es laut *Statistischem Bundesamt* bereits 9.327;
- 1977 gab es 116 öffentliche Musikschulen; 2001 waren es 966;
- 1977 gab es 149 Volkshochschulen, 2005 rund 1.000.

Auf diese Weise wurde ein großer Nachholbedarf gestillt und die öffentliche Hand trat mit ihrem breiten Angebot – nach Abschluss der Wiederaufbauphase der Bundesrepublik – quasi in Vorleistung in der Stimulierung einer verstärkten Nachfrage nach Kultur.

Der *Deutsche Städtetag* spricht in der eingangs zitierten Erklärung von 1973 ausdrücklich von „Kultur*arbeit*" zur Charakterisierung der Tätigkeit der in öffentlichen Kulturbetrieben Beschäftigten. Das bis dahin geltende Konzept der Kultur*pflege*, das auf dem von Herbert Marcuse so bezeichneten und kritisierten „affirmativen Kulturbegriff" basierte, konzentrierte sich auf die Bewahrung und Erhaltung des einer Gesellschaft wichtig und lieb Gewordenen, etwas, das möglicherweise darniederlag (wie in der unmittelbaren Nachkriegszeit nach dem extensiven Missbrauch von Kunst und Kultur durch die Nationalsozialisten durchaus so empfunden) und von daher der Pflege bedurfte. Demgegenüber bedeutet „Arbeit" die aktive Umgestaltung, Veränderung eben dieses Gemeinwesens und seiner Kultur. Dieses Verständnis war durchaus im euphemistischen Marxschen Sinne angelegt, der Arbeit als einen Austauschprozess zwischen Mensch und Natur begreift, worin der Mensch seine eigene Tat vermittelt, regelt und kontrolliert. Durch seine Arbeit eignet sich der Mensch die Natur an, verwandelt sie nach seinen spezifischen Bedürfnissen, „vermenschlicht" sie. Ein solches Kulturverständnis beschränkte sich nicht länger auf jenes Wahre, Schöne und Gute, dass die etablierten Künste ausmacht, sondern öffnete sich explizit für die Alltagskultur, d.h. „wie der ganze Mensch lebt", wie es damals plakativ hieß.

Was war nun unter Kulturarbeit zu verstehen, welche Aufgaben hatten diejenigen, die als „Kulturarbeiter" in Städten und Gemeinden, aber auch in den Kultureinrichtungen selbst tätig waren, was prägte ihr Selbstbild? In einer weiteren programmatischen Schrift, die erstmals 1974 unter dem Titel *Die Wiedergewinnung des Ästhetischen* (Glaser/Stahl) erschien und 1983 unter dem bezeichnenden Titel *Bürgerrecht Kultur* wieder aufgelegt wurde, heißt es u.a. „Ideale Zielvorstellung ist in der Tat eine Soziokultur, welche die Trennung der ‚reinen' Welt des Geistes und den Niederungen der Realität (eben der politischen und sozialen Verhältnisse) durchbricht, um auf diese Weise die deutschbürgerliche Mentalität in eine staatsbürgerliche umzuwandeln, welche die Integration von Kultur in den gesellschaftlichen Gesamtraum bejaht" (Glaser/Stahl 1983:34): Und weiter: „Eine wichtige Aufgabe der Kulturpolitik und Kulturvermittlung von heute muß es sein, Kultur in einem nichtaffirmativen Sinne zu vermitteln. Kultur muß so artikuliert, angeboten und dargeboten werden, daß der Aufnehmende nicht von vornherein in eine ‚Weihestunde des Geistes' versetzt wird, sondern Kultur (...) als alltägliche Angelegenheit begreift. Kunst ist keine Walhalla, der sich der Geist devot zu näheren hätte; Kultur ist etwas, das man wie soziale oder politische Probleme ‚ungeniert' anpacken kann und soll. Erst wenn diese unbekümmerte (oder spielerische) Haltung den kulturellen Gegenständen gegenüber erreicht ist (...), kann die emanzipatorische Vision, daß die Beschäftigung mit den kulturellen Werten nicht mehr an bestimmte gesellschaftliche Schichten geknüpft sein darf, verwirklicht werden. Ästhetische Erziehung muß dabei alle Bereiche berücksichtigen, die früher als ‚Zivilisation' eingestuft wurden – insbesondere die Gestaltung der Umwelt, der Städte, der Wohnungen" (Glaser/Stahl 1983:38f).

Dieses ausführliche Zitat belegt eindrücklich die Sicht und das Bewusstsein von den Aufgaben (und damit auch verbunden notwendigen Kompetenzen, Fähigkeiten und Kenntnisse) der so in Kultur*politik* und Kultur*vermittlung* – zu ergänzen wäre wohl auch Kultur*verwaltung* – Tätigen. Die Nähe zum Tätigkeitsfeld des Sozialarbeiters bzw. Pädagogen dürfte keineswegs zufällig sein und so kann es kaum verwundern, dass viele der in diesen Bereichen Ausgebildeten sich in den siebziger und achtziger Jahren in Kultureinrichtungen wiederfanden. Dies schlug sich in einem entsprechenden Verständnis von Kunst und vor allem Kultur nieder.

Albrecht Göschel hat in seiner bahnbrechenden Untersuchung über die *Ungleichzeitigkeit in der Kultur* von 1991 eindrücklich gezeigt, wie sehr die Kulturvorstellungen und Einstellungen zur Kultur des Einzelnen durch den jeweiligen Generationenzusammenhang (und damit die jeweils vorherrschenden Konzepte von Kultur) geprägt sind (vgl. Göschel 1991). Patrick Glogner hat in seiner umfangreichen empirischen Untersuchung zu den *Kulturellen Einstellungen leitender Mitarbeiter kommunaler Kulturverwaltungen* quasi die Probe aufs Exempel gemacht und analysiert, wie deren Einstellungen in den unterschiedlichen Generationen geprägt sind vom jeweiligen Kohortenzusammenhang. Das trifft insbesondere für die „Neue Kulturpolitik" zu, die von einem stark aufklärerischen, ja teilweise fast missionarischen Impetus einer *Kultur für alle* getragen wurde (und wird). Wie dies bei den Nachfragern ankam, geriet dabei nicht selten aus dem Blick.

Ein erfrischend selbstkritisches „Bekenntnis" (wie er selbst schreibt) über das damalige Denken legte vor einigen Jahren Dieter Kramer ab, der in den siebziger und achtziger Jahren maßgeblich mit Hilmar Hoffmann in Frankfurt die kommunale Kulturpolitik mitgestaltet hatte, wenn er feststellt: „In den 14 Jahren, in denen ich aktiv an der Frankfurter Kulturpolitik beteiligt war, haben wir nie ernsthaft Wirkungsforschung betrieben – nicht nur, weil wir keine Zeit oder kein Geld gehabt hätten, sondern auch weil es ein so brennendes Interesse daran nicht gab. Kulturpolitik hatte ihr Programm und war von dessen Qualität und Bedeutung so überzeugt, dass eine empirische Nachfrage nicht notwendig schien. Pragmatische Kulturpolitik mit programmatischen Elementen, wie sie ‚Kultur für alle' war, interessierte sich wenig für Wirkungsforschung, weil sie sich auf die Botschaft der Künste verließ, und weil sie, positiv gewendet, an die Mündigkeit der Nutzer appellierte, die allmählich ihre ‚wahren Bedürfnisse' entdecken würden. Beziehungen zwischen Künsten und Nutzern herzustellen, das war die Aufgabe, deren Gelingen nicht gemessen werden konnte" (Kramer 1995:162).

Heinrichs wertet die skizzierte kulturpolitische Entwicklung der ausgeprägten Angebotsorientierung allerdings durchaus zwiespältig, wenn er schon Ende der neunziger Jahre schreibt: „Das Ergebnis war ein in seiner Qualität und Vielfalt geradezu traumhaftes Angebot für den Bürger, das aber als Kulturbetrieb – durchaus im betriebswirtschaftlichen Verständnis – immer weniger überzeugen konnte. Die Nachfrage der Bürger nach Kultur wurde bald überlagert durch das Angebot der Kulturpolitiker und Kulturmacher. Statt nachfrageorientiert angelegt zu sein, zeigte sich der öffentliche Kulturbetrieb nun angebotsorientiert. Nicht die Frage ‚Welche Kultur wollen unsere Bürger?' stand im Mittelpunkt, sondern allein das Ziel ‚Welches Angebot ist für den Bürger die richtige Kultur?' Die Folge waren hervorragend und überzeugend begründete Angebote, über deren Nutzung durch die Bürger man sich aber wenig Rechenschaft ablegte" (Heinrichs 1997:32; Hervorhebungen A.K.).

Diese Situation führte allerdings unter anderem dazu, dass die verstärkte Bereitstellung kultureller Angebote durch die öffentliche Hand und die damit verbundene starke Nachfragestimulierung ihrerseits den privatwirtschaftlich-kommerziellen Kulturbetrieb forcierte, der bis in die achtziger Jahre hinein im Bewusstsein der Kulturschaffenden eher eine untergeordnete Rolle spielte. In den achtziger Jahren entstand so eine für den öffentlichen Kulturbetrieb völlig neue Konkurrenzsituation.

1.2 Der privatwirtschaftlich-kommerzielle Kulturbetrieb

Diese Entwicklung kann man besonders eindrücklich am Theaterbereich demonstrieren. In den fünfziger und sechziger Jahren produzierten die Staats- und Stadttheater im Rahmen ihrer Musiktheater auch Musicals, die seinerzeit konstante Besucherzahlen verzeichnen konnten. Dies wurde allerdings von einem zunehmend politisch orientierten öffentlichen Theater in siebziger Jahren explizit abgelehnt („Wir sind doch kein Amüsierbetrieb"). In diese entstehende

Marktlücke stießen private Anbieter. So wurden Mitte der achtziger Jahre eine ganze Reihe von kommerziellen Musicaltheatern (etwa in Hamburg und Bochum, dann auch in Stuttgart) gegründet, die sich rasch einer großen Beliebtheit erfreuten. Das hatte weitreichende Konsequenzen für die Besucherzahlen.

Nimmt man die Veranstaltungsangebote aller im *Deutschen Bühnenverein* organisierten und in seiner Statistik erfassten *öffentlichen* Theater (also Staats- und Stadttheater sowie Landesbühnen) und der *Privattheater* (also die seit Mitte der achtziger Jahre expandierenden Musicaltheater, die sog. Boulevardtheater und – soweit von dieser Statistik erfasst – der Freien Theater) zusammen, so ergibt sich folgendes Bild. Zum einen steigt die Zahl aller Theateraufführungen seit der Spielzeit 1991/92 (der ersten gemeinsamen Theaterstatistik der alten und neuen Bundesländer) von 88.943 auf 110.943 in der Spielzeit 2003/04. Es findet also eine deutliche Angebotserweiterung um exakt 22.000 Veranstaltungen, also fast 20 Prozent, statt. Dem entspricht – und dies ist zunächst besonders erfreulich – auch ein deutlicher Anstieg der Nachfrage, d.h. der Besucherzahlen von 29,3 Mill. (1991/92) auf 33,5 Mill. (2003/04), also um rund 4,2 Mill. Besucher, ein Wachstum auch hier von über 12,5 Prozent. In den Begriffen des Marketing ausgedrückt: Der „Markt" für Theater ist in Deutschland in etwas über zehn Jahren deutlich gewachsen.

Schaut man jedoch genauer hin, so ergibt sich speziell für die öffentlichen Theater ein sehr viel weniger erfreuliches Bild. Zwar steigerten sie, wie oben erwähnt, ihre Angebote um 11 Prozent, gleichzeitig aber sanken die Besuchszahlen im gleichen Zeitraum von 22 Mill. auf 21,7 Mill. Betrachtet man dagegen die Privattheater, so verläuft hier die Entwicklung ganz anders. Auch sie steigerten ihre Aufführungen von 31.959 auf 47.032; dabei sanken allerdings die Besucherzahlen nicht nur nicht, sondern sie stiegen im Gegenteil ebenfalls kräftig an: von rund 7,2 Mill. in der Spielzeit 1991/92 auf 11,8 Mill. 2003/04, also ein Zuschauerzuwachs um rund 4,5 Millionen! Während die öffentlichen Theater also vornehmlich ihr *Angebot* ausweiteten, mussten sie einen Rückgang bei der *Nachfrage* hinnehmen; umgekehrt gelang es den privaten Anbietern, mit ihrem ausgeweiteten Angebot den Marktzuwachs, d.h. die gestiegene Nachfrage, in vollem Umfang zu vereinnahmen! Auch in den anderen Sparten des Kulturbetriebs (etwa im Ausstellungsbetrieb oder auch bei den Musikschulen) ließen sich ganz ähnliche Entwicklungen aufzeigen. Der öffentliche Kulturbetrieb sah sich zunehmend mit einer Situation konfrontiert, in der im privaten Kulturbereich clevere Kulturmanager arbeiteten und sehr viel besser das Publikum erreichten.

1.3 Vom Kulturarbeiter zum Kulturmanager

Angesichts dieser Expansion des Kulturbetriebs in Deutschland bestand daher seit Ende der achtziger Jahre ein erhöhter Bedarf an professionell tätigen und entsprechend ausgebildeten Führungskräften und Mitarbeitern. Waren als „Kulturarbeiter" in den siebziger und achtziger Jahren vorwiegend Kulturvermittler mit einer ausgeprägten *inhaltlichen* und *gesellschaftspolitischen* Kompetenz gefragt, so ging es nun zunehmend darum, die Kultureinrichtungen möglichst effizient zu betreiben, um angesichts erstmals rückläufiger finanzieller Mittel einerseits und wachsendem Konkurrenzdruck privater Anbieter auf dem Nachfragemarkt andererseits überhaupt noch mithalten zu können. So werden seit rund 20 Jahren nun auch im deutschsprachigen Raum Kulturmanager ausgebildet. Was im angelsächsischen Raum in Form der Arts-Management-Studiengänge schon eine sehr viel längere Tradition hat, begann in Österreich 1979 mit der Gründung des *Institut für Kulturbetriebswirtschaftslehre* in Wien. In Deutschland folgten entsprechende Studiengänge ab 1989/90 in Hamburg, Berlin, Ludwigsburg und an der Fernuniversität Hagen. In der Schweiz folgten um die Jahrtausendwende Institutsgründungen an der Universität Basel und der Wirtschaftsfachhochschule Winterthur/Zürich.

Charakteristisch für die Etablierung dieser Studiengänge Kulturmanagement in Deutschland ist sicherlich, dass man bei der Konzipierung und Begründung zunächst ganz in der oben skizzierten *angebot*sorientierten Tradition der *Neuen Kulturpolitik* verharrte, die auch auf diese Weise noch ihren langfristigen Erfolg dokumentierte. So verfasste etwa – als eine der ersten Quellen in diesem Kontext – Joachim Türke 1987 in einem Beitrag für die *Kulturpolitischen Mitteilungen* angesichts eines enorm expandierenden Kulturbetriebs „Anmerkungen und Vorschläge zu einem aktuellen, aber bislang verdrängten Problem". Er schlägt angesichts des „bislang verdrängten Problems" vor, „eine spezielle Ausbildungsmöglichkeit" zu schaffen, „um dem Mangel an qualifizierten Führungspersönlichkeiten in der Kulturszene abzuhelfen (...) Dessen Aufgabe bestünde in erster Linie in der Ausbildung qualifizierten Nachwuchses für die Arbeit in künstlerischen Organisationen, in Kunstverwaltungen und für Positionen in den Bereichen Musiktheater, Sprechtheater, Konzert, Hörfunk, Fernsehen, Film, Schallplattenproduktionen, Festspiele, Museen, Galerien, Kunsthallen. In den vergangenen Jahren sind zahlreiche Stellen in Kulturverwaltungen und Kultureinrichtungen geschaffen worden (...) In diese Stellen sind aber häufig Beamte oder Angestellte aus der gehobenen Laufbahn aufgerückt. Es wäre nicht verkehrt, würde man statt dessen Fachleute berufen, die von der Ausbildung her die Voraussetzungen für den höheren Dienst mitbringen und die außerdem inhaltlich auf solche Aufgaben vorbereitet sind" (Türke 1987:21).

Dieser Gedanke wird in der *Kunstkonzeption des Landes Baden-Württemberg* von 1990 weiterentwickelt, wenn es dort heißt: „Unter gesellschaftspolitischen und kulturpolitischen Gesichtspunkten (...) zeichnet sich (...) zunehmend ein Bedarf nach umfassender Ausbildung von Kulturvermittlern und Kultur*administratoren* (! A.K.) ab (...) Da es aller Voraussicht nach eine länger anhaltende Tendenz ist, daß der kulturelle Informations- und Beteiligungswille der Bevölkerung in allen Teilen des Landes zunimmt, wächst der kulturpolitischen Aufgabe der Städte und Gemeinden auch längerfristig zunehmende Bedeutung zu. Ob sie mit ihren Institutionen (z.B. Kulturämtern, Bibliotheken, Volkshochschulen, Kommunale Kinos) ein Kulturprogramm erarbeiten und durchführen können, das von der Bevölkerung angenommen wird, hängt zum großen Teil davon ab, ob ein hinreichend kompetenter und engagierter Kreis von Vermittlern zur Verfügung steht" (Kunstkoordinator Baden-Württemberg 1990:268).

Kulturmanageriales Handeln, das fällt bei beiden Überlegungen auf, ist zum Ende der achtziger Jahre noch weitgehend auf staatliche bzw. kommunale Tätigkeit fixiert. So firmierte der 1990 in Ludwigsburg gegründete Studiengang zunächst unter dem Titel *Öffentliche Kulturarbeit und Kulturmanagement* (so, als müsse man das Kulturmanagement schamhaft hinter der Kulturarbeit verstecken), um dann ab 1994 selbstbewusst, kurz und knapp unter dem Signum *Kulturmanagement* zu erscheinen. Diese anfänglichen Unsicherheiten zeigen sich auch in unterschiedlichen Bezeichnungen des Faches innerhalb Deutschlands. Andere, ähnlich gelagerte Studiengänge bezeichnen sich als Kulturvermittlung, Kulturpolitik, Kulturwissenschaften, Kulturpolitik, Kulturarbeit, Kulturmarketing usw.

Erst in den neunziger Jahren weitete sich der bislang auf öffentliches bzw. kommunales Handeln fixierte Blick: Neben dem öffentlichen Kulturbetrieb (also vor allem das Handeln der Bundesländer und der Kommunen, in den letzten Jahren verstärkt auch des Bundes) geraten nun auch der privatrechtlich-kommerzielle (also die Kulturwirtschaft) sowie der privatrechtlich-gemeinnützige Kulturbetrieb (also die zahllosen Vereine, Verbände, Gesellschaften, Stiftungen usw., also der sog. Dritte Sektor) in den Fokus der Aufmerksamkeit.

In der Entstehungs- und Durchsetzungsphase des neuen Begriffes Kulturmanagement Anfang der neunziger Jahre herrschte noch große Unsicherheit. So schreibt selbstkritisch einer der Mitbegründer des Faches, Peter Bendixen: „Der Begriff Kulturmanagement ist überall im Gespräch, besonders in der Praxis. In der Theorie ist er aber noch wenig entwickelt. Nach meinem Eindruck weiß kaum jemand so recht, was konkret darunter zu verstehen ist. Manche vermuten dahinter nur ein neues Wort für eine alte Sache; man sieht im Kulturmanagement nichts weiter als das, was beispielsweise der Intendant an einem Theater oder der Direktor eines Museums seit eh' und je tun (...) Wir sehen: Dieser Begriff ist ziemlich unscharf, und zwar sowohl im Hinblick auf den Kulturbegriff (...) als auch im Hinblick auf den nur scheinbar sehr viel klareren Begriff Management" (Bendixen 1993:16). Im Vordergrund stand seinerzeit weniger die Frage: „Welche Kulturmanager brauchen wir?" sondern vielmehr: „Brauchen wir überhaupt Kulturmanager?" (Eine Frage, die bei der mit zehnjähriger Verzögerung durchgeführten Einführung entsprechender Studiengänge in der Schweiz ebenso gestellt wurde und die sich mittlerweile auch dort längst erledigt haben dürfte).

Aber was sollten nun die an den neu etablierten Studiengängen Studierenden lernen, welche Disziplinen sollte es geben, welche Kenntnisse und Fähigkeiten sollten vermittelt werden? Es gab zunächst keinen Kanon, sondern nur Überlegungen Einzelner, die in Diskussion mit einzelnen Anderen darüber standen, was denn ein solcher Kulturmanager sinnvollerweise können und wissen sollte. Kulturmanagement entstand somit also quasi als „reflexive Collagendisziplin", wie Klaus Siebenhaar sicherlich sehr treffend formulierte (Siebenhaar 2002:11), wenn er weiter ausführt: „Im Collagenfach Kulturmanagement werden Theorien und Methoden der Wirtschafts-, Sozial-, Kommunikations-, Rechts- und Kulturwissenschaften miteinander verknüpft und auf die besonderen künstlerisch-organisatorischen Produktionsbedingungen des kommerziellen wie Non-Profit-Kulturbetriebs hin angewendet" (Siebenhaar 2002:10).

Die beiden Herausgeber des ersten Begriffslexikons Kulturmanagement von A-Z (mittlerweile übersetzt ins Chinesische und Koreanische, was das aufblühende Interesse dieser Länder an der Disziplin zeigt) schreiben im Vorwort ihres Buches im gleichen Sinne, dass sich Kulturmanagement – entstanden aus der betriebswirtschaftlichen Managementlehre – „den besonderen Steuerungsanforderungen *kultureller Betriebe*" widmet und weiter: „Doch anders als die meisten anderen Spezialisierungen begnügt es sich nicht mit der Vertiefung eines Teilbereichs, sondern bezieht in eben solchem Maße auch Qualifikationen aus künstlerischen Disziplinen sowie aus Kulturanthropologie, Kultursoziologie, Kulturpolitik und dem Medienbereich in sein Profil mit ein. Kulturmanagement versteht sich damit als ein Berufsprofil, das zwar mit Blick auf den Gegenstand Kultur in hohem Maße spezialisiert ist, in seiner Kompetenzvielfalt aber ausgesprochen interdisziplinär angelegt ist" (Heinrichs / Klein 1996:V).

Mittlerweile lässt sich die Entwicklung der akademischen Disziplin Kulturmanagement in Deutschland durchaus als die „Erfolgsgeschichte eines Orchideenfachs" (Siebenhaar) beschreiben. Weit über 60 Studiengänge haben sich – mehr oder weniger – erfolgreich etabliert, Stellenanzeigen im Kulturbereich suchen zunehmend explizit „Kulturmanager" und praxisorientierte Leitfäden machen „Lust auf Kultur" (Mandel 2002) oder weisen „Karrierewege Kulturmanagement" (Siebenhaar 2002) auf. Durch die entsprechende wissenschaftliche Literatur ist auch eine gewisse „Kanonisierung" vorangetrieben worden (vgl. z.B. Heinrichs 1993/1999; Klein 2004/2008; Bendixen 2001/2002), d.h. die Fachdisziplin Kulturmanagement hat sich als solche ohne Frage auch in Deutschland etabliert.

1.4 Der Arbeitsmarkt der Kulturmanager

Doch eine, eigentlich sehr nahe liegende Frage bleibt nach wie vor offen. Welche Kulturmanager braucht eigentlich „der Betrieb"? Welche Einstellungen und Haltungen, welche persönlichen Eigenschaften, welche Kenntnisse und Fähigkeiten verlangen die Kulturbetriebe von den zukünftigen Kulturmanagern? Und selbstkritisch gefragt: Bilden die einschlägigen Studiengänge entsprechend dieser Nachfrage aus? Welche Kenntnisse liegen über diesen „Arbeitsmarkt Kulturmanagement" eigentlich vor? Hier setzt die vorliegende Pilotstudie an und hofft, ein wenig mehr Klarheit zum Wohle aller Beteiligten zu schaffen.

Dieser „Markt", der die Studierenden des Faches aufnimmt, wird üblicher Weise in drei Sektoren beschrieben:

1. Kulturbetriebe in *öffentlich-rechtlicher* Trägerschaft, also beispielsweise die Stadt- und Staatstheater, Landesmuseen, kommunale Musik- und Volkshochschulen usw.
2. kommerziell orientierte Kulturbetriebe in *privatrechtlich-kommerzieller* Trägerschaft wie z.B. Musicaltheater, Buchverlage, Galerien, Auktionshäuser, die Tonträger und Filmindustrie usw.
3. und schließlich Kulturbetriebe in *privater Trägerschaft ohne kommerzielle Orientierung* im sog. Dritten Sektor; hier z.B. Kunst- und Literaturvereine, Chöre und Gesangsvereine, Kulturstiftungen ebenso wie selbstverwaltete soziokulturelle Zentren und freie Theatergruppen

In allen drei Sektoren arbeiten mittlerweile Absolventen des Kulturmanagements – neben Mitarbeitern, die ggf. diesen Studiengang nicht absolviert haben. Und dieser Beschäftigungsmarkt expandiert nicht nur in Deutschland, sondern in der gesamten Europäischen Union. Zwischen 1995 und 2003 stieg die Zahl der Erwerbstätigen in Kulturberufen in Deutschland um 31 Prozent, während das Wachstum der gesamten erwerbstätigen Bevölkerung stagnierte. Zurückgeführt werden kann dies v. a. auf die Wachstumsdynamik der Selbstständigen im Kulturbereich (vgl. Söndermann 2004: 5), die gleichzeitig jedoch einhergeht mit zunehmend prekären wirtschaftlichen Bedingungen der Betroffenen. Fort- und

Weiterbildungsangebote im Kulturmanagement können einen Beitrag zur Verbesserung entsprechender beruflicher Situationen leisten, müssen sich damit aber auch mit der Frage nach zeitgemäßen, dem Bedarf des Arbeitsmarktes gerecht werdenden Inhalten intensiv befassen.

Zurzeit werden im Zuge des sog. Bologna-Prozesses die Studiengänge sukzessive auf Bachelor- und Master-Studienabschlüsse umgestellt; andere, die schon länger in diesem Modus arbeiten, befinden sich momentan im Akkreditierungsverfahren. Überall steht dabei auch das bisherige Curriculum auf dem Prüfstand. Im Zentrum geht es um die Frage: Welche Inhalte sollten den Studierenden nahe gebracht werden, um sie optimal für ihren späteren Beruf vorzubereiten? Obwohl das Fach mittlerweile in der deutschsprachigen Hochschullandschaft mit ca. 60 einschlägigen Studiengängen etabliert ist, gibt es noch keine tiefergehende Untersuchung zu der Frage, ob das, was in ihnen vermittelt wird, den Erfordernissen des Marktes tatsächlich entspricht.

Diese Frage gewinnt an Brisanz, wenn man sich vor Augen führt, dass auf der einen Seite in Deutschland seit jeher – und meist von Verantwortlichen des nicht-kommerziellen Kulturbetriebes – Bedenken geäußert werden, dass die notwendigen Kompetenzen für Berufe im Kulturbetrieb nicht studierbar oder praxisfremd seien, und deshalb nur „on the job" gelernt werden können (vgl. auch Glogner 2006: 184f.). Neben dieser nicht selten anzutreffenden – möglicherweise „typisch deutschen" – Haltung im Kulturbetrieb, welche dem Fach Kulturmanagement und der (Weiter-)Entwicklung von entsprechenden Ausbildungs-/Studienangeboten grundsätzlich skeptisch gegenübersteht, wird auf der anderen Seite im internationalen Zusammenhang bereits sehr intensiv darüber diskutiert, wie Studiengänge jene Fähigkeiten vermitteln können, die heute und in absehbarer Zukunft von Kulturmanagern mehr und mehr verlangt werden (vgl. *Kulturmanagement Newsletter* Mai 2006: 1).

Vorliegende Studie entstand im Sommersemester 2008 unter der Leitung von Prof. Dr. Armin Klein mit Studierenden des Studiengangs Kulturmanagement am *Institut für Kulturmanagement* in Ludwigsburg. Beteiligt waren Sabrina Fütterer, Julia Hass, Katharina Hepp, Nikola Juranovic, Ellen Klassen, Kristin Kretzschmar, Martin Lang, Antje Mohrmann, Stefan Schleifer, Tom Schößler, Laura Schröder, Christian Tauber und Meng Shan Wu. Sowohl das Design der Studie wie auch die spezifischen Fragestellungen, die Auswertung wie die Interpretation der Daten wurden von den Studierenden selbständig durchgeführt. Das Interesse und Engagement waren ausgesprochen groß: Ging und geht es doch um ihren zukünftigen Arbeitsmarkt. Aus dem bisher Gesagten sollte deutlich werden, dass es sich um eine Pilotstudie handelt; keineswegs kann sie für sich *Repräsentativität* im strengen statistischen Sinne in Anspruch nehmen. Ihr Anspruch und ihr Ertrag lassen sich in folgenden Punkten fixieren:

1.4 Arbeitsmarkt der Kulturmanager

1. Die Studie gibt erste deutliche Hinweise für die zahlreichen Studierenden des Faches, welche Kenntnisse, Fähigkeiten und Qualifikation sie für die berufliche Praxis brauchen werden. Die Studierenden können sich bei der Planung ihres Studiums entsprechend an diesen Anforderungen der Praxis orientieren und nicht nur ihre Studieninhalte, sondern auch ihre praktischen Tätigkeiten daran ausrichten.
2. Den Lehrenden des Faches gibt die Studie Hinweise, inwieweit ihre Curricula den Anforderungen der Praxis entsprechen bzw. inwieweit diese ggf. überarbeitet und nachgebessert werden müssen. Ein entsprechender Abgleich von Nachfrage (aus der kulturmanagerialen Praxis) und Angebot (Hochschullehre) könnte Inhalt von Folgestudien sein.
3. Darüber hinaus könnte diese Pilotstudie Anlass für weitere, detailliertere Studien (z.B. in den einzelnen Sparten bzw. Sektoren) sein und somit in Deutschland eine Arbeitsmarktforschung für Kulturberufe initiieren.

Allen Beteiligten sei an dieser Stelle ausdrücklich und sehr herzlich für ihr großes Engagement und für die eigenständige Arbeit auch in schwieriger Zeit gedankt. Die Verantwortung für etwaige Fehler liegt beim Herausgeber.

2 Methode der durchgeführten Befragungen

Sabrina Fütterer, Tom Schössler

2.1 Fragestellung und Ziel der Studie

Die zentrale Fragestellung des Forschungsprojektes lautete: Welche Kulturmanager braucht die Praxis bzw. „der Markt"? Seit nunmehr fast zwanzig Jahren werden in Deutschland Kulturmanagerinnen und Kulturmanager ausgebildet. Aber: Verfügen die so Ausgebildeten auch tatsächlich über jene Kompetenzen, die in der Praxis benötigt werden? Welche Verbesserungsmöglichkeiten gibt es gegebenenfalls für die Curricula der Hochschulen? Da zu diesen Fragen kaum empirisches Material vorliegt, stellt die vorliegende Publikation eine Pionierstudie auf diesem Gebiet dar. Weiteren Studien sollte es vorbehalten bleiben, weiterreichende und tiefergehende Analysen zu ermöglichen.

2.2 Auswahlkriterien

Bei den Vorüberlegungen wurde davon ausgegangen, dass der Kulturbetrieb in Deutschland nach einer mittlerweile allgemein akzeptierten Sichtweise in drei Sektoren gegliedert werden kann:

1. den *öffentlich-rechtlichen Sektor* (mit Staats- und Stadttheatern, Landes- und Stadtmuseen, Kulturämtern, Musikschulen in kommunaler Trägerschaft etc.)
2. den *privatrechtlich-kommerziellen Sektor* (hierzu zählen etwa Musical-Theater, Buchverlage, Galerien, Auktionshäuser, die Tonträgerindustrie etc.) sowie schließlich
3. den *privatrechtlich-gemeinnützigen* Sektor (hierzu zählen Kunst- und Musikvereine, Chöre, Literarische Gesellschaften, soziokulturelle Zentren in Selbstverwaltung etc.)

Die vorzunehmende Untersuchung sollte nach Möglichkeit alle diese Sektoren abbilden; deshalb war dieser Aspekt ein erstes wichtiges Auswahlkriterium.
    Der zweite Auswahlaspekt war die klassische Kunstspartengliederung in Darstellende und Bildende Kunst, Musik und Literatur usw.. Es wurde darauf geachtet, dass Kulturbetriebe in allen Sparten und in allen Sektoren ausgewählt

wurden. Auf den tatsächlichen Rücklauf hatte die Studie indes keinen Einfluss, sodass es hier zu gewissen Verzerrungen gekommen sein könnte (vgl. hierzu unten).

2.3 Die qualitative Befragung

In der ersten Phase des Forschungsprojektes wurden rund vierzig Kulturmanagerinnen und Kulturmanager befragt. Bei dieser qualitativen Befragung kam es zunächst darauf an, in narrativer Form mehr über die professionellen Erfahrungen dieser bereits in der Praxis Tätigen zu erfahren. Die leitfragengestützten Interviews erfolgten persönlich oder telefonisch, wobei die Fragen relativ offen gehalten wurden, um den Befragten möglichst viel Antwortspielraum zu lassen. Befragt wurden Personen in Kulturbetrieben, die dort leitende Positionen einnehmen und den Studenten aus Vorträgen am Institut für Kulturmanagement, aus Praktika oder aus der beruflichen Praxis bekannt waren. Die Liste der persönlich befragten befindet sich im Anhang.

Die bereits bestehende Verbindung erleichterte die Kontaktaufnahme und die Interviewsituation. Da den Befragten garantiert wurde, dass die Interviews anonymisiert würden, wurde ein vertrauensvolles Klima geschaffen, in welchem die Befragten ganz offen ihre Ansichten und Meinungen mitteilen konnten.

2.4 Die quantitative Befragung

Nachdem alle qualitativen Interviews durchgeführt waren, wurde aus den Antworten ein standardisierter Fragebogen entwickelt, der nur noch geschlossene Fragen enthielt. Durch die Vielzahl und Offenheit der qualitativen Interviews ist es gelungen, die Antwortmöglichkeiten annähernd vollständig zusammenzustellen. Es wurde also seitens der Interviewer kein Einfluss auf die Antwortmöglichkeiten genommen; alle entstammen den Ergebnissen bzw. Erkenntnissen der qualitativen Interviews.

Die Kategorisierung erfolgte auch hier in erster Linie nach rechtlich-systematischen Gesichtspunkten. Ebenfalls wurde auf eine gleichmäßige Verteilung innerhalb der drei Sektoren geachtet.

Das Drei-Sektoren-Modell darf jedoch nicht starr betrachtet werden, da die Kulturbranche einem ständigen Wandel unterworfen ist (vgl. Heinrichs 2006: 22). Entscheidend für die Zuordnung zu einem Sektor ist somit nicht die formale Rechtsform, sondern die Zielsetzung des Zweckbetriebs. Zu nennen sind beispielhaft Stadttheater in der Rechtsform einer GmbH, deren Träger dennoch

2.4 Quantitative Befragung

gänzlich oder hauptsächlich die jeweilige Kommune ist, weshalb sie auch in der Kategorisierung für die vorliegende Untersuchung im öffentlich-rechtlichen Sektor verankert bleiben.

Im zweiten Schritt wurde jeder der drei Sektoren in die Kunstsparten Theater, Musik, Bildende Kunst und Literatur eingeteilt. Um Kulturbetriebe und kulturelle Einrichtungen, die diesen primären Sparten nicht zuzuordnen sind, ebenfalls abzudecken, wurden unter Sonstiges weitere Betriebe erfasst, welche bspw. der öffentlichen Verwaltung, den sogenannten Creative Industries – Agenturen, Beraterfirmen oder freie Kulturveranstalter – sowie Stiftungen zuzuordnen sind. Hier werden also jene Betriebe und Einrichtungen zusammengefasst, die keiner konkreten Kunstsparte zugewiesen werden können und dennoch nicht nur bereits Kulturmanager einsetzen, sondern auch, wie die Ergebnisse zeigen, potenzielle Arbeitgeber für Kulturmanager sind.

Die quantitative Verteilung auf die Parzellen der so entstandenen Sektoren-Sparten-Matrix erfolgte nach Gesichtspunkten der quotenmäßigen Verteilung unter Berücksichtigung der spartenspezifischen Gewichtung, sowie mit Hinblick auf die Wichtigkeit als Arbeitgeber für Kulturmanager. Ziel der Untersuchung war es, wie bereits beschrieben, möglichst viele Informationen über geforderte Kompetenzen eines Kulturmanagers zu erhalten, weshalb ein besonderes Gewicht auf die entsprechenden Sparten fiel, in denen Kulturmanager bereits eingesetzt werden bzw. als Berufsgruppe bekannt sind. Besonders im Bereich Theater ist die Dominanz der öffentlich-rechtlichen Trägerschaft – ökonomisch und personell – überaus deutlich, weshalb hier eine höhere Anzahl an Befragungen gestartet wurde als im vergleichsweise kleinen privaten Bereich.

Bei der Auswahl der entsprechenden Betriebe innerhalb einer Sparte und eines Sektors wurde sowohl die räumliche Verteilung, als auch die Repräsentanz verschieden großer Betriebe in Betracht gezogen. So sind bspw. in der Theatersparte sowohl die kleinen, eher ländlichen Stadt- und Landestheater Deutschlands vertreten (z.B. Aalen), als auch die großen Bühnen der Metropolen, wobei letztere ihrem Standort entsprechende Wichtigkeit erhielten (z.B. die Berliner Opern).

Im Ergebnis sind 663 Fragebögen versendet worden, die sich folgendermaßen auf die Sektoren und Sparten verteilen.

Tabelle 1: Übersicht über die versendeten Fragebögen in den einzelnen Trägerschaften und Sparten

	Trägerschaft			
	öffentlich	**privat**		
Sparte	**öffentlich-rechtlich**	**kommerziell**	**gemeinnützig**	**gesamt**
Theater	Stadt-/Staatstheater	Musicaltheater	Freie Gruppen	
Anzahl	93 14,8%	21 3,2%	28 8,3%	**142** **21,4%**
Musik	Öffentliche Orchester	Konzertveranstalter/ Agenturen	Musikschulen	
Anzahl	39 5,9%	45 6,8%	62 9,4%	**146** **22,0%**
Bildende Kunst	Museen	Galerien	Kunstvereine	
Anzahl	60 9,0%	41 6,2%	41 6,2%	**142** **21,4%**
Literatur	Bibliotheken, Literaturmuseen	Verlage	Literaturvereine	
Anzahl	40 6,0%	40 6,0%	33 5,0%	**113** **17,0%**
Sonstiges	Kulturämter/ -verwaltungen Kleinkunst	Eventagenturen, Berater	Stiftungen	
Anzahl	40 6,0%	40 6,0%	40 6,0%	**120** **18,1%**
gesamt	**272** **41,0%**	**187** **28,2%**	**204** **30,8%**	**663** **100%**

Der Versand der Fragebögen erfolgte mit einem frankierten und adressierten Rückumschlag, um den Rücklauf zu erhöhen.

Zusätzlich war eine Teilnahme über einen Online-Fragebogen möglich. Dieser wurde durch ein Passwort geschützt, welches den ausgewählten Befragungsteilnehmern postalisch im Anschreiben gemeinsam mit dem schriftlichen Fragebogen mitgeteilt wurde. Durch den Online-Fragebogen sollten weitere Hürden zur Teilnahme abgebaut werden. Allerdings wurden nur zwölf Fragebögen online ausgefüllt.

2.4 Quantitative Befragung

Tabelle 2: Übersicht über die Rücklaufquoten in den einzelnen Trägerschaften und Sparten

	Trägerschaft			
	öffentlich	privat		
Sparte	**öffentlich-rechtlich**	**kommerziell**	**gemeinnützig**	**gesamt**
Theater	Stadt-/Staatstheater	Musicaltheater	Freie Gruppen	
Anzahl	32	11	6	**49**
	34,4%	52,4%	21,4%	**34,5%**
Musik	Öffentliche Orchester	Konzertveranstalter/ Agenturen	Musikschulen	
Anzahl	11	16	16	**43**
	28,2%	35,6%	25,8%	**29,5%**
Bildende Kunst	Museen	Galerien	Kunstvereine	
Anzahl	8	10	17	**35**
	13,3%	24,4%	41,5%	**24,6%**
Literatur	Bibliotheken, Literaturmuseen	Verlage	Literaturvereine	
Anzahl	3	-	13	**16**
	7,3%	0%	39,4%	**14,2%**
Sonstiges	Kulturämter/ -verwaltungen	Eventagenturen, Berater	Stiftungen	
		Kleinkunst		
Anzahl	34	9	17	**60**
	85%	22,5%	42,5%	**50%**
gesamt	88	46	69	**203**
	32,4%	24,6%	33,8%	**30,6%**

Fünf Fragebögen konnten nicht eindeutig zugeordnet werden. Insgesamt nahmen also 208 Personen an der Befragung teil, was einer Rücklaufquote von insgesamt 31,4 Prozent entspricht.

Da jeder Befragte seinen Betrieb selbst einer der oben genannten Sparten und Sektoren zuordnete, kann – aufgrund der Anonymität – nicht nachvollzogen werden, ob die Selbsteinschätzung auch der vorher gewählten Einordnung entspricht. Es ist also durchaus möglich, dass sich eine Oper, bei der Adressauswahl der Theatersparte zugeordnet, selbst als Musikbetrieb versteht. Ebenso, dass eine Bibliothek, die als öffentlich getragener Literaturbetrieb ausgesucht wurde, sich dem Kulturamt zugeordnet fühlt und sich selbst entsprechend in der Sparte „Sonstiges" sieht.

2.5 Befragte Personen

Um die Ergebnisse besser interpretieren zu können, wurde nochmals ein genauer Blick auf die Personen gerichtet, an die der Fragebogen versendet wurde.
Entsprechend dem Ziel der Studie wurden vor allem diejenigen Personen in den Betrieben befragt, die sowohl eine fachliche Position inne haben, in deren Bereich die meisten Kulturmanager eingesetzt werden. Zudem wurde darauf geachtet, möglichst die Top-Führungskräfte der Betriebe zu erreichen, nicht nur um dadurch Entscheidungsträger zu befragen, sondern auch, wie bereits in den qualitativen Interviews, um auch von einer möglichst großen Erfahrung in der Praxis zu profitieren.

2.5.1 Bildende Kunst

Im Bereich der Bildenden Kunst wurden im ersten Sektor 60 Fragebögen an Kunstmuseen und Galerien der öffentlichen Hand versandt. Angesprochen wurden hierbei die jeweiligen Leitungen der Museen. Mit einem Rücklauf von acht Antworten stellt die öffentlich-rechtliche Trägerschaft mit 21,6 Prozent die kleinste Rücklaufquote in der Sparte Bildende Kunst dar. Als Repräsentanten für den privatwirtschaftlich-gemeinnützigen Bereich wurden 41 Leiter von Kunstvereinen im Bundesgebiet angeschrieben. Von diesen meldeten sich 17 Personen zurück. Dies entspricht einer Quote von 45,9 Prozent.
Private Galerien und Auktionshäuser sind in der Umfrage für den privatwirtschaftlich-kommerziellen Bereich angesprochen worden. Als Vertreter wurden Geschäftsführer von 41 Unternehmen angeschrieben, wovon sich zehn (entspricht 27,0 Prozent) zurückgemeldet haben. Insgesamt betrachtet kam die Sparte Bildende Kunst auf 35 Antworten, was einer Rücklaufquote von 24,7 Prozent entspricht.

2.5.2 Musik

In der Sparte Musik wurden im Bereich öffentlich-rechtliche Musikbetriebe 39 professionelle, überwiegend durch öffentliche Mittel finanzierte und geförderte Sinfonieorchester angeschrieben. Hierbei handelt es sich um Rundfunkklangkörper, aber auch Konzert- und Theaterorchester, deren Musiker größtenteils der Deutschen Orchestervereinigung angehören. Kontaktiert wurden insbesondere die Orchestergeschäftsführer und -manager bzw. Hauptabteilungsleiter, von denen elf an der Befragung teilnahmen. Den privatrechtlich-gemeinnützigen

Bereich repräsentieren Musikschulen in Privatrechtsform, hauptsächlich als eingetragene Vereine. Hier trat man mit der Schulleitung oder Geschäftsführung in Kontakt. 16 der 62 Angeschriebenen beantworteten den Fragebogen und gaben so Aufschluss über ihre Erwartungen an zukünftige Musikschulmitarbeiter in leitenden Positionen.

Die Geschäftsführer von Konzertdirektionen, Musikverlagen und Festivals bildeten die dritte Befragungsgruppe – die privatrechtlich-kommerziellen Musikbetriebe, von denen insgesamt 45 angeschrieben wurden. In diesem Sektor konnten 16 Fragebögen ausgewertet werden.

2.5.3 Literatur

Als Vertreter der Literaturbetriebe in öffentlicher Trägerschaft wurden vor allem städtische und regionale, aber auch fachspezifische Bibliotheken angeschrieben. Hinzu kommen staatliche Literaturmuseen, Akademien und Gesellschaften. In allen wurde der Fragebogen an die jeweilige Leitung bzw. Direktion versandt, da in der Regel keine eigenständige Organisation für im weitesten Sinne manageriale Aufgaben vorhanden ist. Diese Aufgabe wird meist von der Leitung mit verantwortet.

Im zweiten Sektor der Literaturbranche besteht die Stichprobe ausnahmslos aus Verlagen, deren Geschäftsmodell eine Gewinnerzielungsabsicht vorsieht, das heißt keine Gemeinnützigkeit vorliegt. Die privatwirtschaftlich organisierten Betriebe werden zumeist von Geschäftsführern geleitet, welche entsprechend angeschrieben wurden.

Der sogenannte dritte Sektor der privatwirtschaftlich organisierten, jedoch gemeinnützigen Betriebe besteht zuvorderst aus literarischen Vereinen und Gesellschaften, sowie Literaturhäusern. Da die meisten von ihnen als eingetragene Vereine agieren, wird die Leitung in den meisten Fällen als Vorsitzender oder Präsident bezeichnet. Als leitende Personen mit Personalverantwortung wurden sie als adäquate Ansprechpartner für die vorliegende Untersuchung identifiziert und befragt.

Leider konnte in der Literatursparte nur eine sehr niedrige Rücklaufquote erzielt werden, was daran liegen könnte, dass Kulturmanager in dieser Kunstsparte unterrepräsentiert sind. Wie die Ergebnisse zeigen, haben die Literaturbetriebe von allen Sparten den geringsten Anteil bereits eingesetzter studierter Kulturmanager. Die Unbekanntheit dieser Berufsausbildung könnte dazu geführt haben, dass kein großes Interesse an der Beantwortung der Fragebögen hervorgerufen werden konnte bzw. bei der Durchsicht der Fragen keine Verbindung zum jeweiligen Betrieb erkannt wurde und so der Fragebogen gar nicht erst beantwortet wurde. Dies zeigen auch die Rückläufe. Während in den staatlichen Institutionen sowie den gemeinnützigen Literaturhäusern und Gesellschaften noch einige Rückantworten kamen, konnte kein Rücklauf aus einem Verlag verzeichnet werden, die traditionell jedoch auch ein eher seltenes Einsatzgebiet für Kulturmanager sind.

2.5.4 Theater

Im ersten und zweiten Sektor wurden vor allem die im Deutschen Bühnenverein organisierten Theater angeschrieben. Gemessen an den dort aufgeführten rund 150 öffentlich getragenen Theatern erreichen die vorliegenden Antworten aus dieser Sparte eine Gesamtquote von gut 20 Prozent. Bei rund 280 Privattheatern ist dieser Anteil mit vier Prozent jedoch weitaus kleiner und bei der „unüberschaubaren Zahl an freien Gruppen" im dritten Sektor nicht zu beziffern. Bei den Befragten handelt es sich in allen Fällen um die leitenden Führungspersonen.

Um eine fachgerechte Einschätzung der Kulturmanager zu erhalten, wurden möglichst die Positionen angeschrieben, in deren Bereichen diese Berufsgruppe vorwiegend zum Einsatz kommt. Das heißt überall dort, wo Generalintendanten, Kaufmännische Direktoren oder Verwaltungsleiter vorzufinden sind, wurden sie direkt angeschrieben. Da in Mehrspartenhäusern mittlerweile oft eine spartenübergreifende Verwaltung eingerichtet ist (z.B. im Staatstheater Nürnberg), wurden diese Häuser nicht nach ihren Sparten getrennt befragt. Liegt jedoch eine organisatorische Trennung vor, wurde dies bei der Befragung berücksichtigt. Enthalten sind hier somit auch die Opern und, sofern im Mehrspartenbetrieb integriert, auch die Ballette. Da es sich beim zweiten Sektor mehrheitlich um die gewinnorientierten, kommerziell agierenden Musical- und Schauspielhäuser handelt, wurde zumeist der Geschäftsführer oder Personalverantwortliche als Ansprechpartner identifiziert.

Im gemeinnützigen Sektor gibt es aufgrund der geringen Größe der Institutionen meist nur eine gesamtverantwortliche Leitungsposition, die entsprechend angeschrieben wurde.

2.5.5 Sonstiges

In der Sparte Sonstiges wurden insgesamt 120 Fragebögen an Vertreter der drei Sektoren versandt. Der Rücklauf betrug 60 Antworten, was einer Quote von 50 Prozent entspricht. Im öffentlich-rechtlichen Sektor wurde an 40 Leiter von

Kulturämtern im gesamten Bundesgebiet Fragebögen versandt. Mit 34 Rückantworten stellt dies den größten Teil des Rücklaufs dar (56,7 Prozent). Als Repräsentanten des privatwirtschaftlich-gemeinnützigen Bereichs wurden 40 Stiftungen angeschrieben. Hierbei wurden insbesondere die Geschäftsführer als anvisiertes Befragungsklientel angeschrieben. Mit 28,3 Prozent ist der privatwirtschaftlich-gemeinnützige Sektor nach dem öffentlich-rechtlichen Sektor der zweithöchste Rücklauf. Veranstaltungs- und Eventagenturen, Künstleragenturen sowie Kulturberatungsunternehmen stellen die Vertreter des dritten Sektors dar. Es wurden 40 Unternehmen befragt, von denen neun Geschäftsführer ihre Antworten zurück schickten. Dies macht einen Rücklauf von 15 Prozent aus.

Für die Sparte Sonstiges zeigte sich im Laufe der Untersuchung folgendes Problem: Es besteht die Möglichkeit, dass sich Institutionen, die sich entgegen der geplanten Einteilung eher in die Sparte Sonstiges eingegliedert haben und nicht in den für sie vorgesehenen Bereich. Da die Befragung natürlich anonym durchgeführt wurde, kann dies nicht mehr genauer differenziert werden. Dies erklärt möglicherweise auch den extremen Rücklauf von fast der Hälfte der ausgesandten Fragebögen der Sparte „Sonstiges" und muss bei der Auswertung berücksichtigt werden.

2.6 Die Auswertung

Auf die Ergebnisse der qualitativen Interviews wird in Kapitel 3 näher eingegangen.

Die ausgefüllten Fragebögen der quantitativen Befragung wurden mit Hilfe des Statistikprogrammes SPSS ausgewertet. In Kapitel 4 wird zunächst auf die Gesamtergebnisse eingegangen. In den folgenden Kapiteln werden die einzelnen Sparten näher untersucht. Abschließend werden in Kapitel 10 die Sektoren miteinander verglichen.

3 Qualitative Auswertung der Interviews

Sabrina Fütterer, Martin Lang, Stefan Schleifer, Laura Schröder

Die Antworten der narrativen Interviews aus der ersten Phase des Projektes illustrieren auf lebendige Art und Weise den Kulturarbeitsmarkt und die dort gefragten Fähigkeiten und Kenntnisse. Um die erhaltenen Antworten zugänglich zu machen, werden sie im Folgenden zusammenfassend dargestellt und ausgewertet.

3.1 „Wie war der Einstieg in den Kulturbetrieb bei Ihnen?"

An den Antworten auf die Frage „Wie war der Einstieg in den Kulturbetrieb bei Ihnen?" zeigt sich, dass die meisten befragten Personen selbst nicht das Studienfach Kulturmanagement studiert haben. Dies hängt nicht zuletzt damit zusammen, dass diese Studiengänge in Deutschland erst seit 1990 ausbilden, viele der Entscheidungsträger aber bereits vor dieser Zeit im Beruf standen, das heißt nicht die Möglichkeit hatten, diese Studiengänge zu belegen. In den meisten Fällen handelt es sich um ein kulturtheoretisches Studium, in einigen Fällen um ein kulturpraktisches wie ein Musik- oder Schauspielstudium. Diejenigen, die über ein kulturpraktisches Studium zu leitenden managerialen Funktionen im Kulturbetrieb kamen, haben sich oft durch Studium und/oder Eigeninitiative in Betriebswirtschaftslehre oder dezidiert im Kulturmanagement weitergebildet.

Vergleichsweise wenige haben ausschließlich Verwaltungswissenschaften, Wirtschaftswissenschaften oder Jura studiert; diese kamen dann „eher durch Zufall" als zielgerichtet in den Kulturbetrieb, „privates Interesse" an Kultur war jedoch immer vorhanden. Selten kam der Kontakt zum Kulturbetrieb durch eine Forschungsarbeit im Studium zustande. Eine konkret berufsbezogene Abschlussarbeit scheint nicht die Regel, aber – im Zusammenspiel mit praktischer Erfahrung – aussichtsreich zu sein.

Auffallend ist, dass sich einige wenige ein „Kulturmanagementstudium selbst zusammengebastelt haben", wie es einer der Befragten formulierte. Diese Wenigen haben zu jener Zeit studiert, als es noch keine oder nur wenige Studiengänge für Kulturmanagement gab. Deswegen studierten sie parallel oder nacheinander sowohl Kulturwissenschaften, selten auch bereits mit Bezug auf die angestrebte Sparte, als auch BWL.

Einer dieser Befragten beschrieb, dass er während des BWL-Studiums von Kulturmanagement-Studiengängen erfuhr und förmlich „elektrifiziert von der Idee" war. Für das Interesse an der Arbeit im Kulturbetrieb scheint es ausschlaggebend zu sein, dass bereits in jungen Jahren ein enger Bezug zu Kunst und Kultur besteht, sei es die „Sozialisation in einem kulturnahen Umfeld", sei es der Kontakt mit „Hochkultur im Schulunterricht" oder eine eigene künstlerische Tätigkeit. Meist war das Interesse an Kultur bereits lange vorhanden und ausschlaggebend für den Berufsweg.

Beinahe alle Befragten gaben an, dass sie bereits während des Studiums praktische Erfahrungen gesammelt haben; viele haben Projekte durchgeführt beziehungsweise Praktika im Kulturbetrieb absolviert. Nur in den seltensten Fällen handelte es sich dabei um Pflichtpraktika oder Projekte im Rahmen des Studiums, sondern meist um Projekte, die aus Eigeninitiative angegangen wurden. Die Förderung von praktischen Erfahrungen bereits während des Studiums ist demzufolge eine essentielle Anforderung an Kulturmanagement-Studiengänge.

Nicht immer vollzog sich der Einstieg so einfach wie bei dem Befragten, der zur Antwort geben konnte: „Ausschreibung – Bewerbung – Stelle bekommen". Einige Befragte beschrieben den Einstieg als „lang und fließend" oder als einen „schleichenden Übergang". Ein Befragter antwortete spontan: „Holprig!", ein andere sprach von einer „langen Folge unbezahlter Praktika". Ein Befragter, der seinen Einstieg als „quer" und „untypisch" bezeichnete, beschrieb eine Situation, die so untypisch gar nicht scheinen mag: „Durch Beziehungen gelangte ich an Minihonorarverträge, Stellen, die es gar nicht gab. Aber ich kannte jemanden, der jemanden kannte, und so kam das. [...] Ich war aber nicht nur zur richtigen Zeit am richtigen Ort, ich habe auch selber dazu beigetragen, indem ich immer selbst weitere Tätigkeiten vorschlug, von wegen: ‚Dies oder jenes könnte man doch machen'." Dies unterstreicht einmal mehr die zentrale Bedeutung und dringende Notwendigkeit des „networking", des Bildens und Unterhaltens von Netzwerken, gerade im Kulturbetrieb.

Hinsichtlich der Sektoren kann man allenfalls leichte Auffälligkeiten feststellen. Im kommerziellen und auch im gemeinnützigen Bereich scheinen besonders diejenigen tätig zu sein, die aus eigener Initiative nicht nur Praktika gemacht, sondern Projekte aus eigener Initiative durchgeführt haben, während im öffentlichen Bereich vergleichsweise oft der Einstieg über ein Volontariat erfolgte. Im gemeinnützigen Bereich scheinen wirtschaftswissenschaftliche Studien relativ selten zu sein, im öffentlichen Bereich dagegen eher häufig.

Die meisten Befragten mit einer dezidierten Doppelqualifikation sind im kommerziellen Sektor tätig.

Der Einstieg über ein künstlerisches Studium beziehungsweise die Tätigkeit als Künstler ist relativ unabhängig vom Sektor. Die Gründung von Kulturbetrieben fand fast ausschließlich im kommerziellen Sektor statt; nur in zwei Fällen handelte es sich um gemeinnützige Betriebe.

In Hinblick auf die verschiedenen Sparten ist es auffällig, dass vor allem im Musikbereich, teilweise auch im Theaterbereich die Befragten oft selbst ein Instrument studiert oder ein Schauspielstudium absolviert haben und als Künstler tätig waren, bevor sie sich aus verschiedenen Gründen leitenden oder managerialen Tätigkeiten zuwandten. Viele aus dieser Gruppe hatten schon früh „Interesse an allem, was hinter den Kulissen passiert", wie es einer der Interviewten beschrieb.

Es ist außerdem bemerkenswert, dass sich entgegen der landläufigen Meinung besonders in verschiedenen Kulturämtern viele der Befragten als „Quereinsteiger" bezeichneten: Nach einem typischerweise kulturtheoretischen Studium kamen sie oft zufällig zu einer Stelle im Kulturamt. Eine der Interviewten sagte dazu: „Die Verwaltung war eigentlich nicht das Studienziel, aber die Stellenprofile in den Kulturämtern waren sehr interessant."

3.2 „Welche Fähigkeiten und Kenntnisse haben Ihnen den Berufseinstieg erleichtert?"

Auf die Frage, welche Fähigkeiten und Kenntnisse den Interviewten den Berufseinstieg erleichtert hatten, wurde am häufigsten das große eigene Interesse genannt: Es müsse ein „Draht zur Kultur und Kunst" vorhanden sein. „Man muss für Kultur brennen", dann habe man auch die „Fähigkeit, sich in jedes Genre einzuarbeiten".

Aus dem Interesse ergäbe sich auch die „Lust, sich auf den Betrieb einzustellen"; dieser Wille müsse „auf jedem Level vom Geschäftsführer bis hin zum Praktikanten" vorhanden sein. Außerdem sollte große „Sachkompetenz" im jeweiligen Fachbereich vorhanden sein, und dafür sei neben dem Interesse auch „eine fundierte Ausbildung" wichtig. Sehr oft wurde betont, dass zumindest betriebswirtschaftliche Grundkenntnisse maßgeblich seien. Auch manageriales Basiswissen wie „Projekt- und Veranstaltungsmanagement sind [...] in jedem Kulturbetrieb unerlässlich."

Diejenigen Interviewpartner, die sowohl eine kulturwissenschaftliche oder künstlerische als auch eine betriebswirtschaftlich-manageriale Ausbildung absolviert haben, sagten einhellig, sie hätten von dieser „Doppelqualifikation [...] und den damit verbundenen Fähigkeiten und Kenntnissen [...] sehr profitiert" und dass es „ohne das eine oder das andere [...] nicht geklappt" hätte.

Unverzichtbar seien auch berufspraktische Erfahrungen gewesen, möglichst bereits während des Studiums. „Von der Konzeption bis zur öffentlichen [Präsentation] ein Projekt [zu] begleiten, bringt viele Erfahrungen." Bei den wenigsten wurde diese Voraussetzung durch ein praxisorientiertes Studium geschaffen. Wichtig sei dabei das ‚learning by doing' durch die Ausübung verschiedener Tätigkeiten, um eine „praktische Ader" zu entwickeln. Außerdem wurden so auch persönliche Kontakte geknüpft und Netzwerke geschaffen, die vielen Befragten den Berufseinstieg erleichtert haben. Besonders hervorgehoben wurde nicht nur in diesem Zusammenhang, wie wichtig der Umgang mit Menschen sei, das „Interesse an persönlichen Kontakten, Lust an Kommunikation".

Das Studium alleine beschrieben viele der Interviewten nicht als ausschlaggebend: Man brauche abgesehen vom Fachwissen Fähigkeiten, „die man nur begrenzt an der Uni lernen kann" – die Wissenserarbeitung vorausgesetzt. „Ein abgeschlossenes Studium [der Kulturwissenschaften] war für das Berufsleben nicht notwendig, sondern Neugier, Interesse an den Hervorbringungen des Kulturbetriebes". Auch ein Jura-Absolvent sagte: „Die Studieninhalte waren nicht ausschlaggebend, sondern die kulturpraktischen Erfahrungen [...]".

Hinsichtlich der einzelnen Sektoren wurden einzelne der genannten Fähigkeiten nicht signifikant betont. Im kommerziellen Sektor, „in der Zone zwischen Kultur und Wirtschaft", nannte einer der Interviewten als wichtige Fähigkeit ein „Gefühl, wie Märkte funktionieren, das Gespür, wann eine Kulturleistung Nachfrage hat", aber auch im öffentlichen Bereich war von der Notwendigkeit einer „nutzerorientierten Sicht" die Rede. Im gemeinnützigen Sektor wurden allerdings zusätzliche Fähigkeiten genannt, die wohl unerlässlich, aber kaum erlernbar sind und auf die vielfach schwierigen Arbeitsbedingungen anspielen. So war die Rede von „Mut [...] zum Verlassen der Sicherheit, Vertrauen auf die eigene Kraft, [...] Durchhaltevermögen", von „ein bisschen Verrücktheit und großes Selbstvertrauen" und sogar von der „Bereitschaft, sich ausbeuten zu lassen."

Im Bereich der bildenden Kunst und der Musik wurde allerdings die Doppelqualifikation etwas häufiger genannt als in den anderen Bereichen.

3.3 „Auf was achten Sie beim Einstellungsgespräch eines Kulturmanagers?"

Die Frage, auf was der Befragte im Einstellungsgespräch eines Kulturmanagers achtet, wurde zum Teil als Frage nach generellen Einstellungskriterien aufgefasst. Deshalb wurden in manchen Antworten weitere Fähigkeiten und Kenntnisse genannt. In den meisten Fällen wurde aber konkret auf die Situation des Bewerbungsgesprächs abgezielt.

3.3 Einstellungsgespräch

Das Gespräch rundet demnach die Gesamtbewerbung ab, das heißt: „Nachdem die Voraussetzungen passen, muss der Bewerber zeigen, dass er menschlich zum Team passt." Die Antworten drehten sich also zu großen Teilen um die ‚weichen' Faktoren.

Sehr häufig wurden Kommunikationsfähigkeit und Eloquenz als unabdingbar genannt: „Kommunikation ist das Allerentscheidenste! [...] Der, der reinkommt beim Vorstellungsgespräch muss den Mund aufkriegen können." Damit soll der Bewerber auch zeigen, dass er die „Sprache der Branche" spricht, die je nach Sparte eine andere ist, aber auch „die Fähigkeit [...], allen nicht der Branche zugehörigen Menschen in allgemeinem Ausdruck und Sprache die wichtigen Inhalte zu vermitteln." Eng damit verknüpft ist die Fähigkeit, im Team zu arbeiten, die ebenfalls häufig genannt wurde.

Als eine unabdingbare Voraussetzung nannten sehr viele das Interesse für Kultur und Begeisterungsfähigkeit für die Aufgabe, „ob er [der Bewerber] für die Sache kämpft", denn „manageriales Wissen kann man lernen, Kulturbegeisterung nicht". Im Vorstellungsgespräch könnte eine Frage sogar lauten: „Wie ist Ihre Vision?" Dieser Motivationshintergrund sei vor allem bei Initiativbewerbungen wichtig.

Einige Befragte betonten dennoch die Wichtigkeit der doppelten Qualifikation durch „theoretische und praktische Kompetenz, wirtschaftliche und kulturelle Kompetenz". Prinzipiell wurden breite Kenntnisse und Erfahrungen positiv bewertet. „Es sollten aber ein roter Faden und die Vertiefung eines Themas erkennbar sein" – „so eine allgemeine Kultursoße reicht nicht". Fachkenntnisse im jeweiligen Gebiet sind also unerlässlich.

Mehrmals war allerdings auch die Rede davon, dass der akademische Hintergrund und ein abgeschlossenes Studium wichtiger seien als der genaue Titel beziehungsweise die Fachrichtung. Uneinigkeit herrscht über den Stellenwert von Noten: Aussagen wie „Als Abteilungsleiter hab ich Hunderte von Leuten eingestellt und hab immer erst auf die Noten geguckt" stehen Aussagen gegenüber wie „Die Noten sind mir egal, weil sie oft nichts aussagen, und die Studiengänge sind schwer einzuordnen". Entscheidend scheint jedenfalls zu sein: „Ist die fachliche Qualifikation fundiert? Alles andere lernt man nicht im Studium, sondern in der Praxis." Hervorgehoben wurde in diesem Zusammenhang, dass Lernbereitschaft „besser als vorgefertigte Lösungen" sei: „Ein Kulturmanager darf nicht mit der Vorstellung kommen, hier ein Produkt zu verkaufen, sondern muss das Produkt erst mal kennen lernen."

Generell wurde auch für das Bewerbungsgespräch der enorme Wert von praktischer Erfahrung deutlich: „Ein Praktiker, der mit beiden Füßen im Leben steht" hat bessere Chancen als „ein promovierter Dr. Dr. mit theoretischem

Überbau". „Es kommt immer wieder vor, dass sich Leute mit abgeschlossenem Studium bewerben, aber noch nie in einer Kulturinstitution gearbeitet haben."

Häufig wurden auch persönliche Kompetenzen genannt, die nur im Bewerbungsgespräch deutlich werden können. Sie sind nicht nur für Bewerbungen im Kulturbetrieb relevant, aber auch dort wird stark auf sie geachtet. Oft war die Rede davon, wie wichtig ein sicheres und höfliches Auftreten mit „Selbstbewusstsein ohne Arroganz" sei.

Unerwartet hoch bewertet wurde manchmal die äußere Erscheinung: „Hat er ein gepflegtes Äußeres? Zum Beispiel: Sind die Schuhe geputzt? Eine Person mit ungepflegtem Äußeren nehme ich nicht ernst." Es sei ebenfalls wichtig, „ob sich der Bewerber eingehend mit der Institution, für die er sich bewirbt, beschäftigt und [sich] informiert hat. Man sieht so, ob jemand wirklich explizites Interesse an dem Job hat." Ein weiterer Aspekt, der gelegentlich genannt wurde: „Ist die betreffende Person fähig, die Anliegen der Institution zu transportieren und zu internalisieren – […] ganz, ganz wichtig!"

Bei der Frage nach den wichtigen Faktoren im Bewerbungsgespräch ergaben sich keine signifikanten Häufungen für eine Sparte oder einen Sektor; wie es scheint, sind Fachkenntnisse und praktische Erfahrung zusammen mit Motivation und überzeugender Selbstpräsentation in jedem Bereich der Schlüssel für ein erfolgreiches Bewerbungsgespräch.

3.4 „Welche persönlichen Kompetenzen sollte ein Kulturmanager haben, der sich bei Ihnen vorstellt?"

Zwischen den einzelnen Sektoren und Sparten konnte auch bei der Frage „Welche persönlichen Kompetenzen sollte ein Kulturmanager haben, der sich bei Ihnen vorstellt?", kein Unterschied festgestellt werden. Fast immer genannt wurden „kommunikative Kompetenzen". So soll der Kulturmanager die Fähigkeit der „differenzierte(n) Kommunikation mit verschiedenen Interessengruppen wie z.B. Künstlern und Kunden", aber auch Besuchern und dem eigenen Team besitzen. Eine „glatte, eindimensionale Kommunikation" sei für einen Kulturmanager unbrauchbar.

Er soll „komplexe Zusammenhänge in einfacher Sprache darstellen können, sich gut ausdrücken und vorstellen können." Und er muss die „Sprache der Wirtschaft und die der Kultur sprechen". Die „Lust mit Leuten umzugehen" muss ihm gegeben sein, denn „eine große Bandbreite an Menschen kommt zu einem, mit der man kommunizieren können muss, mit Menschen jeglichen Couleurs und Bildungshintergrund […]. Man muss eine chamäleonartige Form annehmen können. Der Kulturbereich hat eine flache Hierarchie, man kommt mit allen in Kontakt, muss mit allen kommunizieren können. [...] Alle sollen die Antwort bekommen, die sie verstehen und die angemessen ist." Ein Kulturmanager soll „Visionen erzeugen und kommunizieren können, Mitarbeiter motivieren und mitreißen können". Die kommunikativen Fähigkeiten seien vor allem auch im schriftlichen Bereich, insbesondere für die Presse- und Öffentlichkeitsarbeit notwendig.

Neben ausgeprägten kommunikativen Fähigkeiten wurde die Fähigkeit, vernetzt zu denken, ebenfalls häufig genannt. „Kontaktfreudig soll er sein und eine positive Ausstrahlung muss er haben. Vor allem muss er sich jedoch für die Sache begeistern." „Die Identifikation mit dem, was da gemacht wird, muss wesentlich höher sein als in anderen Branchen". Er sollte die „Arbeit als Teil und persönliche Bereicherung des Lebens betrachten" – vor allem da er „auch unkonventionelle Arbeitszeiten in Kauf nehmen" können sollte. Kulturmanager ist kein „nine to five Job". Gerade bei projektbezogener Arbeit muss eine „gewisse Belastbarkeit" gegeben sein. Häufiger wurden von den Befragten auch „Eigeninitiative und die Fähigkeit zu Eigenmotivation" genannt. „Die Person muss zupacken können und auch wollen, initiativ sein, aber auch Pflicht- und Verantwortungsbewusstsein haben, mit Verlässlichkeit und Konstanz arbeiten. [...]". Ein Kulturmanager sollte „Taten statt Worte" sprechen lassen und „anpacken können". Flexibilität und Teamfähigkeit gehören nach Ansicht der Befragten ebenfalls zu den gewünschten persönlichen Fähigkeiten eines Kulturmanagers.

3.5 „Welche theoretischen Kenntnisse sollte ein Kulturmanager haben, wenn er die Hochschule verlässt?"

Bei der Frage, welche theoretischen Kenntnisse ein Kulturmanager haben sollte, wenn er die Hochschule verlässt, wurden fast einhellig BWL-Kenntnisse genannt. „Das Verstehen von finanzwirtschaftlichen Zusammenhängen" spiele gerade im Bereich des Kulturmanagements eine erhebliche Rolle. Gerade hier wurden häufig die Schwächen der angehenden Kulturmanager gesehen: „Am Verständnis für Finanzen mangelt es häufig." Auch juristische Kenntnisse zählten zu den von fast allen genannten theoretischen Kenntnissen, die ein Kulturmanager haben sollte. Genannt wurden hier vor allem „Arbeitsrecht", „Steuerrecht" und „Veranstaltungsrecht". Eine breite Allgemeinbildung gehört ebenfalls zu den am häufigsten gewünschten theoretischen Kenntnissen eines Kulturmanagers. „Eine hohe Allgemeinbildung bringt viel wegen der Gesprächssituationen, in denen man unterschiedliche Kenntnisse mitbringen [...]" und „einen Überblick [...] haben" muss.

Neben der Allgemeinbildung kommt je nach Stelle ein erwünschtes Spezialwissen hinzu, welches je nach Branche differiert. Dies reicht über „Wissen über zeitgenössische Musik", „Musikverständnis" und „selbst musizieren" als gewünschte Kenntnisse im Musikbereich über „kunstgeschichtliche Fachkenntnisse", „literarische Kenntnisse" im Kunstbetrieb und „Theatertheorie" im Bereich Theater. Anderen war wiederum eine Spezialisierung gar nicht wichtig: „Er muss nicht spezialisiert sein, aber Grundkenntnisse haben und Zusammenhänge erkennen können" und „eher Generalist als Spezialist" sein. „Von der großen Linie im Pressebereich bis wie viel Tesarollen man für das Ankleben von Stuhlnummern braucht, muss ein Kulturmanager alles können." Er „muss sowohl über Anschlusskabel Kenntnisse besitzen, als auch wissen, was ein 1000er Kontaktpreis ist und wie eine öffentliche Verwaltung funktioniert."

Andere waren wiederum der Meinung, dass das „Kulturwissenschaftliche [...] für [den] Berufseinstieg nicht so relevant" sei und hielten „von theoretischen Kenntnissen [...] nicht viel". „Theoretische Kenntnisse sind nicht elementar wichtig. Was hilfreich ist, ist eine bestimmte Denke".

Bei den theoretischen Kenntnissen lässt sich also feststellen, dass diese bis auf BWL- und juristische Kenntnisse sehr stark von der entsprechenden Stelle abhängen. „Nicht jeder Markt braucht die gleichen Kulturmanager."

Auch hier tauchte immer wieder auf, dass der Kulturmanager eben seinen Markt kennen sollte. Das Wissen über die eigene Kulturszene, den eigenen Betrieb und seine Strukturen, eben ein gewisses „Organisationswissen", sollte vorhanden sein. Auch Sprachkenntnisse wurden immer wieder gewünscht, ebenso wie die Fähigkeit zur Personalführung.

3.6 „Welche Fähigkeiten und Kenntnisse werden in Zukunft noch an Bedeutung gewinnen?"

Die Fähigkeiten und Kenntnisse, die zukünftig noch an Bedeutung gewinnen, werden vor allem im Bereich der neuen Medien, des Internets gesehen. Auch hier unterschieden sich die Meinungen der Vertreter der unterschiedlichen Branchen und Sparten nicht. Die „Kommunikation wird weiterhin eine der wichtigsten Fähigkeiten bleiben", doch wird es in Zukunft auch wichtiger werden, sich die Fähigkeit zu bewahren, auch „über Maschinen hinaus mit Menschen reden" zu können, also das persönliche Gespräch und die Kommunikation per E-Mail. Im Rahmen der E-Mail-Kommunikation wird noch ein weiterer Aspekt in Zukunft an Bedeutung gewinnen, nämlich die „Bewältigung von Masse!!! Purer Masse!! 60 Mails am Tag sind totale Routine".

Doch auch die Persönlichkeit des Kulturmanagers wird zukünftig noch wichtiger werden: „Die Persönlichkeit an sich wird an Bedeutung gewinnen, da man sich als Person profilieren muss, um aus der Masse der vielen Bewerber herauszuragen."

Zudem muss der Kulturmanager in der Zukunft noch stärker „in einem überreichen Markt das eigene Produkt an den Mann" bringen können. „Daher die große Frage: Wie werde ich in dieser Reizüberflutung sichtbar? Aus diesem Grund werden Marketingfähigkeiten und konzeptionelle Fähigkeiten immer wichtiger, um neue Wege zu finden und zwar quer durch alle Medien."

Im Fokus steht hier neben den Marketingfähigkeiten auch eine „Vermittlungsfähigkeit, um die Kultur zu den Menschen zu bringen und Kultur in der Gesellschaft zu erhalten". „Bedürfnisse von morgen" müssen zukünftig noch besser erkannt und ermöglicht werden.

Immer wichtiger wird nach Ansicht der Befragten in Zukunft auch der Bereich Sponsoring. „Immer mehr kommt es darauf an, Chancen und Möglichkeiten, vor allem auch finanzieller Art auszuloten und zusammenzubringen. Daher braucht man Überzeugungskraft, um Argumente an der richtigen Stelle anzubringen. In diesem Zusammenhang sind Fundraising und Sponsoring sehr wichtig, denn Kulturarbeit finanziert sich immer mehr aus verschiedenen Töpfen. Daher muss man gezielt Multiplikatoren werben können." Auch hier kommt es also wieder auf die Kommunikationsfähigkeiten und die Fähigkeit an, vernetzt zu denken, auf die „Fähigkeit zur Schaffung von Netzwerken und Fähigkeiten, diese aufzubauen und zu pflegen." Der Kulturmanager müsse zukünftig immer häufiger zum „Strippenzieher" werden.

3.7 „Würden Sie in Ihrem Betrieb ausgebildete Kulturmanager einsetzen?"

Bei der ersten Frage aus dem Themenbereich Ausbildung antwortete die überwiegende Mehrheit der Befragten mit einem klaren „Ja". Besonders in den Bereichen Projektmanagement, Marketing und der Presse- und Öffentlichkeitsarbeit werden ausgebildete Kulturmanager gerne eingesetzt bzw. würden mehrere der Interviewpartner sie gerne einsetzen. Einer der Befragten machte gar die Erfahrung, dass „Kulturmanager sehr peppig sind". Teilweise wurde darauf hingewiesen, dass auf jeden Fall „Praxis vorhanden sein sollte" und das ein „grundständiges Kulturmanagement Studium ohne jegliche Zusatzqualifikationen oder Erfahrungen gar nichts bringt".

Nur wenige zeigten sich unentschlossen darüber, ob sie einen Kulturmanager in ihrem Betrieb anstellen würden. Als Begründung wurden hierfür fehlende finanzielle Mittel und die Meinung angegeben, es würde reichen, Kulturmanager nur „projektbezogen und nicht fest angestellt" einzusetzen. Einer der Befragten antwortete als einziger mit „Nein, Kulturmanager werden in einem musealen Betrieb nicht gebraucht" und fügte hinzu, „ein Kulturmanager organisiert, koordiniert und sieht Kultur als Ware". Der Ursprung des Studiengangs Kulturmanagement liegt seiner Ansicht nach in der „Versachlichung und Optimierung städtischer Kulturinstitutionen, wobei Qualität und Inhalte keine Rolle spielen".

Bezogen auf Sektoren und Sparten lassen sich keine besonderen Unterschiede feststellen, da die überwiegende Mehrheit die Frage mit „Ja" beantwortet haben. Die einzige „Nein"-Stimme kam aus einem öffentlich-rechtlichen Bereich und ist in die Sparte der Kunst einzuordnen.

3.8 „Auf was achten Sie in einem Lebenslauf eines Bewerbers besonders?"

Die am häufigsten genannten Kriterien auf diese Frage waren berufs- und kulturpraktische Erfahrungen sowie Praktika, wobei beide Kriterien öfter auch in Verbindung gebracht wurden. So seien Praktika beispielsweise „nicht wichtig, wenn sonstige kulturpraktische Erfahrungen vorhanden sind". Uneinigkeit herrschte über die Anzahl der Praktika. Wichtig seien „verschiedene Praktika, nicht nur im Kulturbereich", „kein oder nur ein Praktikum" seien „eher schlecht". Konträr dazu meinten zwei Befragte, „zu viele verschiedene Praktika sind negativ" und „ein Praktikum ist gut, viele wirken abschreckend". Auf die Qualität der Praktika wird dagegen einstimmig Wert gelegt. Praktika seien „gut, es sollten aber die Richtigen sein", bedeutend sei auch, ob der Bewerber „Kurven gemacht hat, d.h. sich in Kulturinstitutionen umgetan und dabei kleine und große Einrichtungen kennen gelernt hat, aber auch in der Wirtschaft tätig war".

Einer der Interviewten meinte zudem: „Ein Praktikum muss mindestens drei Monate dauern und das bedeutet auch, dass es bezahlt werden muss". Andere Befragte halten „Praktika, die schon eine gewisse Berufsnähe oder das Interesse daran vermitteln" für sehr wichtig, da diese eine „Zielorientierung zeigen". Weiter würden Praktika zeigen, „dass man bereit ist, auch schon vor dem Berufsstart Einsatz zu bringen" und dies ein Zeichen von „Antrieb und Motivation" seitens des Bewerbers sei. Wichtig bei einem Bewerber sei die Frage: „Was hat er alles gemacht, nicht: Was hat er studiert."

Neben den berufspraktischen Erfahrungen wurden sehr häufig Soft Skills, oft auch in Verbindung mit nebenberuflichen Tätigkeiten, als wichtiger Bestandteil des Lebenslaufs genannt. So beweise beispielsweise die Einbindung in eine Gruppe bei Mannschaftssportarten, eine „gewisse Teamfähigkeit". Erfahrungen und Interesse in verschiedenen Bereichen zeigen, dass jemand auch „über den Tellerrand blicken kann" und „open minded" sei. Darüber hinaus beurteilten einige der Befragten „gemeinnütziges und soziales Engagement" als „ganz, ganz wichtig" für den Lebenslauf.

Unstimmigkeit herrschte hingegen bei den Kriterien „Fremdsprachen" und „Auslandserfahrung", die von über der Hälfte der Interviewten genannt wurden. Fremdsprachen, insbesondere Englisch, stellen besonders bei international tätigen Unternehmen und Institutionen ein wichtiges Auswahlkriterium dar. Sprachen seien „immer gut" und besonders Englisch sei gerade als Wirtschaftssprache „sehr wichtig". Bei Befragten anderer Institutionen hingegen wurden Fremdsprachenkenntnisse als „nicht besonders wichtig" und „nicht unbedingt notwendig" beurteilt.

Auslandserfahrung wurde ebenfalls von einigen Befragten als sehr wichtig eingestuft: „Sie beweist Weltoffenheit" und sorge für „Erfahrung" sowie die „Erweiterung des eigenen Horizonts". Jedoch gab es auch hier kritische Stimmen, die Auslandserfahrung als „nicht so wichtig" oder „nicht unbedingt wichtig" bezeichneten. Einer der Befragten aus dem öffentlichen Sektor meinte, dass „Auslandserfahrung nur in direktem schulischen oder universitären Zusammenhang" sinnvoll sei.

Generell wurde hinsichtlich des Lebenslaufs des Bewerbers auch großer Wert auf dessen Ausbildung sowie die Stringenz und Form des Lebenslaufs an sich gelegt: „Welche Grundqualifikationen hat der Bewerber?", „Gab es einen Studienwechsel?" und „Hat er ein konsequent durchgezogenes, geradliniges Studium?" sind einige der Anmerkungen der Verantwortlichen in Bezug auf die Ausbildung des Bewerbers.

Das Anschreiben verrate „viel über Intentionen", sollte „in den Formulierungen kreativ sein" und insgesamt „neugierig auf den Bewerber machen". Auch auf die Darstellung und die Ausführlichkeit des Lebenslaufs legen viele der Befragten großen Wert: „Der Lebenslauf sollte gut dargestellt und schnell erfassbar", dabei „auf aktuellem Stand und nach modernen Standards gestaltet sein" und „so viel wie möglich beinhalten".

Betrachtet man die verschiedenen Sektoren, lassen sich einige Auffälligkeiten feststellen. Fremdsprachen werden beispielsweise nicht nur im kommerziellen, wirtschaftlich geprägten Bereich als wichtig angesehen, sondern auch im öffentlich-rechtlichen Sektor. Interessanterweise wird Auslandserfahrung im kommerziellen Bereich jedoch gleichermaßen als nützlich und unbedeutend bewertet. Alle Befragten aus dem gemeinnützigen Bereich sahen wiederum Auslandserfahrung als ein wichtiges Kriterium bei der Bewertung des Lebenslaufs an.

Soft Skills werden von allen drei Sektoren als wichtig eingestuft, während man auf die Hochschulausbildung, die Form des Lebenslaufs und auf berufs- und kulturpraktische Erfahrungen etwas stärker im öffentlich-rechtlichen Bereich Wert legt.

Hinsichtlich der Sparten ist erkennbar, dass besonders im Musik- und Kunstbereich Praktika und kulturpraktische Erfahrungen, Soft Skills sowie insbesondere Fremdsprachen eine wichtigere Rolle als in anderen Sparten spielen.

3.9 „Welche Rolle spielen Praktika bei der Einstellung?"

In der vorhergehenden Frage wurde bereits sichtbar, dass Praktika und berufspraktische Erfahrungen wichtig im Hinblick auf die Bewertung des Lebenslaufs erscheinen. Nun wurde noch präziser danach gefragt, welche Rolle Praktika bei der Einstellung spielen. Allgemein wurden Praktika auch bei dieser Frage häufig als „sehr wichtig" bezeichnet. Praktika seien „das Wesentliche für Berufseinsteiger überhaupt". Da sei es „völlig egal, was man studiert hat". Einige der Befragten waren der Meinung, dass Praktika besonders wichtig für die „Arbeitserfahrung", den „generellen Erfahrungsgewinn" und für die Orientierung seien, d.h. „ob jemand interessiert und aktiv ist und reflektiert, ob das Arbeitsfeld das Richtige für ihn/sie ist". Ein Befragter war sogar der Ansicht, dass man „mit einem Studium ohne Praktikum keine Einstiegschance" habe und dann „lieber noch ein Semester" länger studieren solle. Konträr dazu meinte ein anderer: „Das Studium sollte unter Praktika nicht leiden und dadurch um Jahre verlängert werden, sondern immer Vorrang vor Arbeit und Praktika haben".

Hinsichtlich der Dauer der Praktika gab es viele verschiedene und oft auch auseinandergehende Meinungen. Der größere Teil der Befragten war der Meinung, dass „Praktika ab drei Monaten" oder „über einen längeren Zeitraum" Sinn machen, „vier bis sechs Wochen" seien „eindeutig zu kurz". Es sei „sinnlos innerhalb von drei bis vier Jahren zwölf Praktika von jeweils drei Wochen" absolviert zu haben. Ein anderer Interviewpartner war der Auffassung, dass die „Dauer der Praktika egal ist"; wichtiger sei, „dass etwas hängen geblieben ist".

Die gleiche leichte Divergenz der Meinungen konnte man auch bei den Aussagen über die Anzahl der Praktika erkennen: Zu viele Praktika seien „eher negativ zu bewerten", es entstehe „oftmals der Eindruck einer Übergangslösung". Die „richtige Zahl in der richtigen Abfolge" sei wichtig, ob „Engagement" dahinter stecke und nicht etwa „Lückenbüßerei". „Nicht die Menge", sondern „die Richtung" sei wichtig, es sollten „nicht zu viel und nicht zu wenig sein", und sie sollten „solide und seriös" wirken. Einer der Interviewten meinte, „viele Praktika" seien „nicht unbedingt negativ, es kommt auf die Vorgeschichte an"; „Büropraktika" seien beispielsweise gut, „um im Büroteam harmonieren zu können".

Neben den vielen, überdurchschnittlich guten Bewertungen von Praktika als Einstellungschance, gab es auch einige wenige kritische Stimmen: „Praktika" seien „nur bei einer großen Auswahl an Bewerbern wichtig", aber „kein erstes Entscheidungskriterium". Sie seien „hilfreich", „Motivation und die Fähigkeit selbständig zu arbeiten" seien aber „wichtiger".

Einen interessanten Vorschlag brachte einer der Befragten aus dem kommerziellen Bereich: Wünschenswert wäre seiner Ansicht nach „ein Beleg dafür, dass das Praktikum sinnvoll war und eine Wirkung auf den Bewerber hatte" und er das Praktikum nicht nur „abgesessen" habe.

Bezüglich der Sektoren lässt sich sagen, dass die kritischen Stimmen etwas stärker aus dem kommerziellen Bereich kamen. Bei den Sparten ließen sich keine erkennbaren Unterschiede feststellen.

3.10 „Wie bewerten Sie eine höhere Qualifikation (z.B. Promotion) für die praktische Arbeit eines Kulturmanagers?"

Die überwiegende Mehrheit der Befragten Personen bewertete eine höhere Qualifikation für die praktische Arbeit eines Kulturmanagers als „nicht sehr wichtig". Viele meinten, es sei „abhängig von der Stelle", spiele aber für die praktische Arbeit eines Kulturmanagers „keine große Rolle". „Methodisches Wissen" und „wissenschaftliches Arbeiten" sollte man „bis zum Magister genügend vertieft haben", so dass „die Promotion nicht mehr notwendig" sei „fürs Praktische."

Ein Befragter meinte, dass eine Promotion „für die Ersteinstellung überhaupt nicht wichtig" sei, und wies darauf hin, dass gerade im Organisationsbereich, wie beispielsweise dem Konzertmanagement, eine Promotion sogar „eher schädlich" sein könne. Andere waren der Ansicht, dass eine Promotion einfach „bedeutungslos" für die praktische Arbeit eines Kulturmanagers sei und eine höhere Qualifikation oft eher „eine Verlegenheitswahl aus Mangel an Perspektiven". Öfter wurde auch betont, dass man mit einer höheren Qualifikation „das Wissen zwar noch ausbauen kann", „die Persönlichkeit" aber „entscheidender für die Aufgaben des Kulturmanagers" sei.

Es äußerten sich jedoch auch einige wenige Befragte durchweg positiv zum Verhältnis einer höheren Qualifikation und der praktischen Arbeit des Kulturmanagers: „Mit Menschen mit viel Wissen" sei „generell besser zu arbeiten", „Überqualifikation" sei „üblich" und lasse „viel Entwicklungsspielraum zu". Gerade auch im Bezug auf leitende Stellen sei eine Promotion „immer gut", um beispielsweise „bei Geldgebern und Verwaltung seine Kompetenzen herauszustellen" und „deutlich durchschlagskräftiger, um neue Kundenbeziehungen zu etablieren". Ein Interviewpartner aus dem öffentlich-rechtlichen Sektor meinte, für eine Leitungsfunktion im Museum sei eine Promotion „unerlässlich". „Master und Promotion" seien „wichtige Qualifikationen", die die „Zielstrebigkeit des Kulturmanagers zeigen". „Sehr positiv" sei eine Promotion auch bei „gleichzeitiger beruflicher Tätigkeit."

Hinsichtlich der Sektoren fällt auf, dass die wenigen ausschließlich positiven Stimmen überwiegend aus dem öffentlich-rechtlichen Sektor stammen. Bezüglich der unterschiedlichen Sparten lässt sich feststellen, dass die Befürworter einer höheren Qualifikation stärker aus den Bereichen der Musik und der bildenden Kunst stammen, jedoch niemand beispielsweise aus dem Theaterbereich.

3.11 „Haben Kulturmanager nach ihrer Ausbildung eine realistische Vorstellung vom Berufsleben?"

Bei den Antworten auf die Frage nach realistischen Vorstellungen zum Berufsleben von angehenden Kulturmanagern war sowohl sektorenübergreifend wie auch spartenübergreifend eine einheitliche Tendenz erkennbar. Die meisten Antworten verweisen darauf, dass Praktika und Praxiserfahrungen oder auch Berufserfahrung die wichtigste Grundlage für eine realistische Einschätzung des bevorstehenden Berufsalltags sind.

„Damit sie zu einer realistischen Einschätzung kommen, müssen sie Praktika machen. Das hängt von jedem ab." Wichtig scheint jedoch auch, dass im Plural gesprochen, also nicht nur von einem Praktikum ausgegangen wird. „Wenn sie genügend Praktika haben, ja, sonst eher nicht" oder auch eine Antwort wie „Wenn Kulturmanager Praktika ausgeübt haben und bei Projekten mitgearbeitet haben, haben sie durchaus realistische Vorstellungen vom Berufsleben" zeigen dies relativ deutlich. Praktika werden also eindeutig als das wichtigste Instrument eingeschätzt, um als angehender Kulturmanager einen realitätsnahen Einblick in die Berufswelt zu bekommen.

Einige der Befragten differenzieren in ihren Antworten jedoch, ob realistische Vorstellungen im Studium vermittelt oder durch Praxiserfahrung erzeugt werden. So ist es für diese „[...] unmöglich, von der Theorie her Kenntnis über die praktische Arbeit zu haben, weil dort ganz andere Anforderungen herrschen [...]" Sie sehen in der Ausbildung nur eine „[...] theoretische Modellsituation" und denken, dass dort ein „[...] idealistisches Bild, das man in der Praxis eher selten antrifft" vermittelt wird. Durch Praktika, die nicht in allen Studiengängen zum Pflichtteil gehören, kann dies jedoch verbessert werden, „[...], deswegen sind auch Praktika so wichtig".

Vereinzelt sehen befragte Personen aber Schwierigkeiten in der Einschätzung des Arbeitspensums von Kulturmanagern, wo das „[...] tägliche Arbeitspensum von acht bis zehn Stunden langfristig eine andere Qualität hat [...]." - „[...] eine 40 Stunden-Wochen reicht nicht aus [...]".

3.12 „Welche Stärken, welche Schwächen sehen Sie in der Hochschulausbildung von Kulturmanagern?"

Diese Frage haben einige Befragte mit Verweis auf mangelnde Kenntnis der Lehrangebote nicht beantwortet, weshalb die Antworten nicht umfangreich ausgefallen sind. Die Stärken wurden sektorenübergreifend weit weniger umfangreich beantwortet als die Schwächen, was aber durchaus kein unerwartetes Phänomen ist. Auch zeigte sich bei manchen Befragten, dass diese durchaus gute Kenntnisse über die Hochschulbildung haben, was sowohl in positiven wie auch in negativen Äußerungen zu erkennen war.

Eine kleine Auffälligkeit ist in der unterschiedlichen Bewertung der „Praxisnähe" zu erkennen, die sowohl bei den Stärken – „[...] guter Kontakt zur Praxis", „Praktiker, die Kenntnisse vermitteln und Seminare abhalten" – als auch bei den Schwächen – „[...]Präxisbezug fehlt noch immer" oder „Dozenten sind meist fern von der Praxis" – in den Interviews auftaucht.

Ebenso wird auch die „Vielseitigkeit" des Studiums bewertet, dessen Stärke ein „[...] breiter Blick über verschiedene Fächer" ist, was von manchen aber auch negativ als „[...] zu generalistisch [...] und bleibt an der Oberfläche" bewertet wird. Als weitere Stärken sehen die Befragten ein „bipolares Denken zwischen Theorie und Praxis" und die „theoretischen Grundlagen", die im Studium vermittelt werden, sowie die Ausbildung in Projektmanagement, Kulturpolitik und Kulturmarketing.

„Die Heterogenität der Studierenden" – also die daraus hervorgehende Vielfalt des Studiums – nannte ein Interviewpartner als Stärke, was ein anderer als Schwäche sah: „[...] je heterogener die Gruppe, desto niedriger ist das Einstiegslevel" Ein weiterer Befragter äußerte sich mit einem besonders positiven Zitat zum Kulturmanagementstudium: „Das Aufbaustudium finde ich super, da man dort eine echte Vertiefung hat, und damit am Markt auch Vorteile. Ein Kulturmanagement-Studium kann also ein echtes Plus sein, erweitert den Horizont und vermittelt Zusatzqualifikationen." Hier ist allerdings darauf zu verweisen, dass ausdrücklich das Aufbaustudium gelobt wird; an anderer Stelle erwähnt ein anderer Interviewpartner seine Angst vor grundständigen Studien, denen dann „[...] Grundlagen und Substanz" fehlen.

Bei der Frage der möglichen Schwächen des Studiums zeigt sich eine Verbindung mit der nachfolgenden Frage, welches Pflichtseminar die Befragten einführen würden. Die Angaben gleichen sehr häufig den genannten Schwächen. Da diese Frage auch sehr stark den eigenen Interessen, Neigungen und Erfahrungen entspricht, sind, wenn die Frage beantwortet wurde, sehr verschiedene Schwächen benannt worden. Es zeigen sich aber auffällige Häufungen der Benennung der Schwächen. Diese sind auch sektorenübergreifend gleich.

Am häufigsten ist die Nennung verschiedener Elemente von Kommunikationsprozessen, wie „keine Kommunikationsgrundlagen (Konfliktmanagement)", „Kommunikationstraining", „kein Konfliktmanagement", „Personal und Mitarbeiterführung", „Mitarbeitermotivation" und „Moderation, Kommunikation, Rhetorik" sind typische Beispiele hierfür. Es scheint, dass viele Befragte in diesem Bereich einen Mangel sehen. Ein Interviewpartner bringt es folgendermaßen auf den Punkt: „Theoretisch lässt sich alles kommunizieren, aber der menschliche Faktor wird zu wenig in den Fokus genommen. Entscheidungen bei einem Glas Bier sind in Wirklichkeit die Regel." Gerade Fähigkeiten rund um Kommunikationsprozesse und Konflikte, die daraus häufig entstehen, werden auch in den Antworten der nachfolgenden Frage noch einmal genannt. Eine weitere Auffälligkeit ist die Kritik, dass die Vermittlung oder der Ausbau von Kenntnissen in „Fremdsprachen" nicht Teil des Studiums sind.

Ein Gesprächspartner verwies darauf, dass das „Label Kulturmanagement" nicht so wichtig sei, denn man könne ebenso Betriebswirtschaftslehre und Kunstgeschichte studieren, aber „[...] bei reinen Kulturmanagement-Studiengängen fällt eher das Künstlerische weg."

Weiter sind bei den Schwächen unterschiedlichste Antworten gegeben worden, wie: „Es sollten mehr Kulturveranstaltungen besucht werden, um daraus Sensibilisierung für Niveauunterschiede der Darbietungen zu erhalten [...]", anstatt sich nur theoretisch mit etwas auseinander zu setzen.

Eine sektorenbezogene Besonderheit ist, dass die meisten überhaupt gegebenen Antworten aus dem öffentlichen Kulturbereich kommen und sich aus den anderen beiden Sektoren nur wenige der Befragten ein Urteil zutrauen.

3.13 „Wenn Sie ein Pflichtseminar für Kulturmanager einführen könnten, welches wäre das?"

Diese Frage lässt ebenso breiten Raum wie die vorherige, aber auch hier sind signifikante Häufigkeiten zu erkennen, die sich im Bereich „Kommunikation" mit den Auffälligkeiten der Defizite decken.

Die Nennungen sind hier gleich mehrfach „Kommunikationstraining", „Kommunikations- und Teamfähigkeit", „psychologische Grundlagen", „[...] man braucht ein psychologisches Gespür, das ist sehr wichtig! Sonst stößt man auf Gegenwehr" und auch „Konfliktmanagement". Eine Befragter sagte auch einfach „Menschliche Phänomene/Umgang mit Menschen/Sozialisation", ein anderer brachte das so auf den Punkt: „Das ist das A und O im Beruf, weil man mit unterschiedlichen Gesprächspartnern vom Techniker bis zum Präsidialamt zu tun hat, Gespräche moderieren muss. Eine ergebnisorientierte Gesprächsleitung, die nicht emotional negativ beeinflusst ist, ist wichtig. Die Ergebnisse aus dem Kommunikationsprozess müssen für alle Beteiligten in Ordnung sein."
„Für Künstler ist man oft Psychologe, man muss reden, reden, reden in verschiedenen Situationen und Probleme lösen." Hieraus kann der Schluss gezogen werden, dass gerade in diesem Bereich noch Nachholbedarf bestehen kann. Allerdings sollte man sich auch Gedanken machen, wie dies sinnvoll in ein Studium eingebracht werden kann.

Weiterhin auffällig und auch etwas überraschend war, dass viele der Interviewpartner explizit auch „Kulturgeschichte" nannten, da die Grundbildung der Studierenden oftmals sehr punktuell ist, d.h. rudimentäres Verständnis für Kulturgeschichte ist sehr wichtig.

Das in der vorherigen Frage bereits bemängelte Fehlen von Fremdsprachen taucht hier in den Antworten häufig wieder auf, auch einmal mit der Forderung nach einem „Auslandspraktikum". Ebenso häufig wird auch „Projektmanagement" genannt.

Einige der weiteren Antworten lassen sich dem Bereich der Öffentlichkeitsarbeit und externen Kommunikation und Marketing zuordnen, was Antworten wie „Multimediale Vermittlungsformen", „Publikationsmöglichkeiten", „Virales Marketing" und „Marketing, Presse- und Öffentlichkeitsarbeit, aber auch unter dem Schwerpunkt Kundenorientierung" nahe legen. Dies zeigt, dass mehrere Antworten den Fokus auf Kundenorientierung und Kundenbindung legen, was auch in weiteren Antworten wie „Kundenbedürfnisse: feststellen, befriedigen" deutlich wurde.

3.14 Fazit der qualitativen Interviews

Fasst man die wesentlichen Aussagen der narrativen, qualitativen Leitfadeninterviews zusammen, so ergibt sich hieraus in etwa folgendes Bild des „idealen Kulturmanagers".

Der ideale Kulturmanager sollte nach Ansicht der Befragten u. a. über folgende Eigenschaften verfügen:

1. Der ideale Kulturmanager „brennt" für seinen Beruf im Kulturbereich und ist bereit, vieles dafür zu geben, hat aber gleichzeitig auch ausreichende theoretische Grundlagen und Sachkompetenzen, die dies unterfüttern. Zudem ist er aber kein verkopfter Denker, sondern ein denkender Praktiker.
2. Oftmals kann er aus einer entsprechenden Vorbildung in einem anderweitigen Erststudium profitieren und verfügt über eine gute Allgemeinbildung und hat sich das für seinen spezifischen Job notwendige Spezialwissen angeeignet. Dazu gehört bspw. Wissen auf dem Gebiet der Betriebswirtschaftslehre und des Finanzwesens oder dem juristischen Bereich wie z.B. Steuerrecht, Arbeitsrecht, Veranstaltungsrecht.
3. Kenntnisse über Projektmanagement und Organisation sind ausgeprägt und er bringt das erforderliche „Know-how" mit für den immer wichtigeren Bereich der externen und internen Kommunikation, verknüpft mit Presse- und Öffentlichkeitsarbeit. Er besitzt zudem die Fähigkeit, vernetzt zu denken und schwierige Zusammenhänge einfach und schnell zusammenzufassen.
4. Entsprechend weitergehende Bildung bzw. „Skills" besitzt er in den Bereichen der Betreuung von Kommunikationsprozessen, so z.B. in Psychologie, Soziologie, Konfliktmanagement sowie Rhetorik. Er ist in der Lage, Gespräche mit großem Konfliktpotential zu moderieren und auch in schwierigen und unterschiedlichen Situationen adäquat zu reagieren und zu kommunizieren. Seine ausgeprägte Sozialkompetenz zeigt sich in seiner Teamfähigkeit, aber auch in der Fähigkeit zu führen.
5. Er besitzt die Fähigkeit zur Schaffung und Pflege von Netzwerken, die er auch in den Bereichen des Sponsoring und Fundraising anwendet. Mit Hilfe seiner Persönlichkeit, aber auch seiner konzeptionellen Fähigkeiten, bietet er sein Produkt erfolgreich an. Durch eine hohe Belastbarkeit und Übersicht sowie durch seine Fähigkeiten und Kenntnisse im Bereich der neuen Medien und des Internets, ist er zudem den heutigen Anforderungen des Kulturmarkts gewachsen.
6. Schließlich verfügt er gleichzeitig über ausreichend kulturpraktische Erfahrungen und Praktika, die ihm Einblick in den Kulturbetrieb und die Kulturarbeit ermöglicht haben. In seinen Praktika hat er engagiert mitgearbeitet und die Zeit nicht nur abgesessen. Diese Praktika erweitern sein Wissen

3.14 Fazit

und helfen ihm, eine realistische Einschätzung der Arbeitspraxis eines Kulturmanagers vorzunehmen.

In einem nächsten Schritt wird nun zu untersuchen sein, inwieweit sich diese Feststellungen mit den Ergebnissen der quantitativen Untersuchung mit Hilfe geschlossener Fragen bestätigen lassen.

4 Gesamtauswertung

Martin Lang, Stefan Schleifer

4.1 Einleitung

Innerhalb der Gesamtauswertung werden zuerst stringent alle Fragen und deren Ergebnisse in der gleichen Reihenfolge wie im Fragebogen beschrieben. So kann ein allgemeiner Überblick über die Ergebnisse der quantitativen Befragung gegeben werden.

Innerhalb dieser Auswertung werden die unterschiedlichen Sparten nicht berücksichtigt. Am Ende wird anhand einer thematischen Reihung und unter Zusammenfassung verschiedener Aspekte versucht, eine Typologie des Kulturmanagers zu entwerfen. Dieselbe Abfolge wird auch innerhalb der Spartenauswertungen verwendet.

4.1.1 „Stellen Sie sich vor, Sie führen ein Einstellungsgespräch. Auf was würden Sie vorrangig achten?"

In der ersten Frage des Fragebogens wurden die Befragten gebeten, maximal fünf Nennungen aus einer vorgegebenen Auswahl an Antworten und einer selbst zu ergänzenden Nennung zu wählen.

Am häufigsten wurde hierbei die „Sozialkompetenz (gut im Umgang mit Menschen)" ausgewählt, was auch eine der Erkenntnisse aus den qualitativen Interviews bestätigt, wonach Sozialkompetenz eine der wichtigsten Eigenschaften von Kulturmanagern und angehenden Kulturmanagern zu sein scheint.

Am zweit- und dritthäufigsten wurden „Verantwortungsgefühl" und „Eigenständige Persönlichkeit" in den Fragebögen angekreuzt. Beide Nennungen sind jedoch innerhalb eines Einstellungsgesprächs eher subjektiv nachprüfbare Dinge, auf die geachtet werden kann.

Die Häufigkeit der Nennungen lässt den Schluss zu, dass es sich um durchaus wichtige Faktoren bei der Einstellung von Kulturmanagern handelt.

Am vierthäufigsten aus der vorgegebenen Auswahl an Antwortmöglichkeiten, wurde mit „Kommunikationsfähigkeit" eine Fähigkeit ausgewählt, welche ebenfalls innerhalb der qualitativen Interviews bereits auffallend häufig genannt wurde und auch mit der am häufigsten ausgewählten Eigenschaft „Sozialkompetenz" im Zusammenhang gesehen werden sollte. Denn Sozialkompetenz und die Fähigkeit zu kommunizieren beeinflussen sich wechselseitig.

Auf den Plätzen fünf und sechs der Kriterien, auf welche die Befragten bei einem Einstellungsgespräch achten würden, folgen „Eigeninitiative" und „Organisationsgeschick".

Während „Eigeninitiative" sich sowohl auf die jeweilige Situation als auch auf einen bisherigen Werdegang beziehen kann, ist auch dies eher eine Eigenschaft, welche innerhalb eines Bewerbungsgesprächs kaum objektiv bewertet werden kann.

4.1 Einleitung

Abbildung 1: *„Stellen Sie sich vor, Sie führen ein Einstellungsgespräch. Auf was würden Sie vorrangig achten."* Antworten aller Befragten

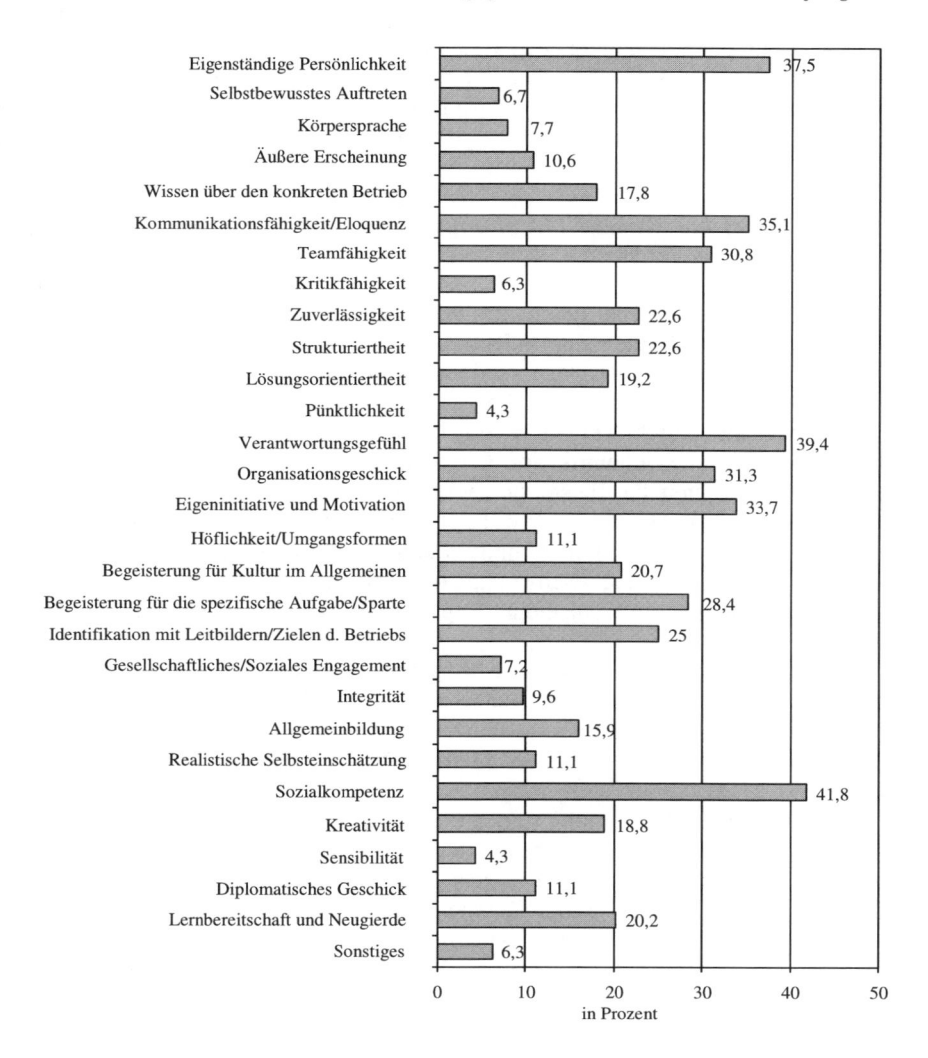

Merkmal	Prozent
Eigenständige Persönlichkeit	37,5
Selbstbewusstes Auftreten	6,7
Körpersprache	7,7
Äußere Erscheinung	10,6
Wissen über den konkreten Betrieb	17,8
Kommunikationsfähigkeit/Eloquenz	35,1
Teamfähigkeit	30,8
Kritikfähigkeit	6,3
Zuverlässigkeit	22,6
Strukturiertheit	22,6
Lösungsorientiertheit	19,2
Pünktlichkeit	4,3
Verantwortungsgefühl	39,4
Organisationsgeschick	31,3
Eigeninitiative und Motivation	33,7
Höflichkeit/Umgangsformen	11,1
Begeisterung für Kultur im Allgemeinen	20,7
Begeisterung für die spezifische Aufgabe/Sparte	28,4
Identifikation mit Leitbildern/Zielen d. Betriebs	25
Gesellschaftliches/Soziales Engagement	7,2
Integrität	9,6
Allgemeinbildung	15,9
Realistische Selbsteinschätzung	11,1
Sozialkompetenz	41,8
Kreativität	18,8
Sensibilität	4,3
Diplomatisches Geschick	11,1
Lernbereitschaft und Neugierde	20,2
Sonstiges	6,3

in Prozent

Organisationsgeschick hingegen ist eine Fähigkeit, die zum größten Teil erlernt werden kann und auch durch Erfahrungen belegbar ist. Zwar gibt es Personen mit Organisationstalent, aber Organisationsgeschick kann erlernt und sollte daher innerhalb der Ausbildung auch systematisiert werden.

Aus den vorgegebenen Nennungen am seltensten ausgewählt wurden „Sensibilität, „Gesellschaftliches/Soziales Engagement", „Kritikfähigkeit" sowie „Körpersprache" und „Selbstbewusstes Auftreten".

4.1.2 „Wie wichtig schätzen Sie folgende persönliche Kompetenzen für Kulturmanager ein?"

Bei der Betrachtung der Häufigkeitstabelle zu dieser Frage zeigt sich eine breite Zustimmung der Befragten zur Wichtigkeit der verschiedenen persönlichen Kompetenzen eines Kulturmanagers. Mehr als die Hälfte der Befragten halten alle Kompetenzen für „ganz wichtig" bzw. „wichtig".

An erster Stelle und somit als wichtigste persönliche Kompetenz eines Kulturmanagers wird „Kommunikationsfähigkeit" eingeschätzt. Insgesamt 92,8 Prozent der Befragten halten sie für „wichtig" und 64,9 Prozent dieser 92,8 Prozent halten sie sogar für „ganz wichtig". An zweiter Stelle mit 90,8 Prozent für die Ausprägung „ganz wichtig" und „wichtig" liegt die Kompetenz „Organisationsvermögen". Fast identisch zu „Kommunikationsfähigkeit" halten 64,4 Prozent der Befragten die Kompetenz „Organisationsvermögen" sogar für „ganz wichtig".

Für „ganz wichtig" und „wichtig" halten zwischen 75,5 und 84,2 Prozent der Befragten die Kompetenzen „Entscheidungsfähigkeit", „Selbständigkeit", „Pflicht und Verantwortungsbewusstsein", „Belastbarkeit", „Strukturiertes Denken", „Vermittlungsfähigkeit", „Teamfähigkeit", „Leidenschaft und Engagement" sowie „Flexibilität".

Etwas weniger Zustimmung finden die Kompetenzen „Auftreten" mit 71,2 Prozent für die Ausprägungen „ganz wichtig" und „wichtig", „Offenheit und Toleranz" mit 69,3 Prozent, „Netzwerken" mit 67,3 Prozent und „Führungsqualitäten" mit 63,0 Prozent. Bei der Kompetenz „Auftreten" fällt dabei auf, dass 53,4 Prozent der Befragten sie als „wichtig" bewerten und nur 17,8 Prozent als „ganz wichtig". Dies ist der zweitschwächste Wert für die Ausprägung „ganz wichtig".

Als am wenigstens wichtig bewerten die Befragten die persönlichen Kompetenzen „Kreativität", die lediglich von 61,6 Prozent als „wichtig" beziehungsweise „ganz wichtig" bewertet wurde. Auch „Reflexivität" wird nur von 51,9 Prozent als „ganz wichtig" und „wichtig" erachtet.

4.1 Einleitung

Die Häufigkeitsverteilung bei der Bewertung der persönlichen Kompetenzen eines Kulturmanagers zeigt auf, dass strukturelle Kompetenzen wie „Kommunikationsfähigkeit", „Organisationsvermögen" und „Entscheidungsfähigkeit" wichtiger angesehen werden als weichere Kompetenzen, wie etwa „Kreativität" und „Reflexivität". Ebenso zeigt sich auch innerhalb der zweiten Frage, wie wichtig die kommunikativen und sozialen Fähigkeiten von Kulturmanagern sind.

Tabelle 3: „Wie wichtig schätzen Sie folgende persönliche Kompetenzen für Kulturmanager ein?"

	gar nicht	nicht	eher nicht	eher wichtig	wichtig	ganz wichtig	k. A.
Kommunikationsfähigkeit	0 %	0 %	0,5%	5,3%	27,9%	**64,9%**	1,4%
Offenheit und Toleranz	0 %	0,5%	4,3%	23,6%	**46,2%**	23,1%	2,4%
Flexibilität	0 %	0 %	2,9%	20,2%	**43,8%**	31,7%	1,4%
Kreativität	0 %	1,0%	7,7%	27,9%	**33,2%**	28,4%	1,9%
Reflexivität	0,5 %	1,4%	8,2%	**34,1%**	35,1%	16,8%	3,8%
Strukturiertes Denken	0,5%	1,4%	2,9%	13,0%	37,5%	**42,8%**	1,9%
Organisationsvermögen	0 %	0 %	0,5%	7,2%	26,0%	**64,4%**	1,9%
Vermittlungsfähigkeit	0 %	0,5%	2,9%	15,9%	**46,6%**	31,7%	2,4%
Entscheidungsfähigkeit	0 %	0 %	0,5%	13,0%	**48,1%**	36,1%	2,4%
Teamfähigkeit	0 %	0 %	2,9%	16,8%	**42,8%**	34,6%	2,9%
Führungsqualitäten	0 %	1,0%	4,3%	29,3%	**37,0%**	26,0%	2,4%
Pflicht- und Verantwortungsbewusstsein	0 %	1,0%	1,4%	14,4%	**42,8%**	38,5%	1,9%
Belastbarkeit	0 %	0 %	1,0%	16,3%	36,5%	**44,7%**	1,4%
Auftreten	0 %	0,5%	3,8%	22,6%	**53,4%**	17,8%	1,9%
Leidenschaft und Engagement	0 %	1,0%	2,4%	17,8%	**39,4%**	37,5%	1,9%
Selbstständigkeit	0 %	1,0%	1,4%	13,5%	40,4%	**41,3%**	2,4%
Netzwerken	0 %	1,0%	7,2%	20,2%	**34,6%**	32,7%	4,3%

4.1.3 „Wie wichtig schätzen Sie folgende theoretischen Kompetenzen für Kulturmanager ein?"

Im Vergleich zu den persönlichen Kompetenzen fällt die Zustimmung für die theoretischen Kompetenzen deutlich geringer aus. So gibt es bezüglich der Beurteilung der Wichtigkeit keine Kompetenz mit der Bewertung „ganz wichtig" und sechs Kompetenzen wurden sogar nur mit „eher wichtig" beurteilt.

Am wichtigsten sehen die Befragten die Kompetenz „Zeitmanagement", die 80,8 Prozent für „ganz wichtig" oder „wichtig" halten. Mit 34,6 Prozent stellt das „Zeitmanagement" auch die theoretische Kompetenz dar, die am häufigsten mit „ganz wichtig" bewertet wurde. Dicht darauf folgen die Kompetenzen „Selbstmanagement" mit 76,4 Prozent und „Fähigkeit vernetzt zu denken" mit 70,7 Prozent für die Ausprägungen „ganz wichtig" und „wichtig".

Etwas geringere Wichtigkeit werden den Kompetenzen „Kulturpolitische Kenntnisse", „Organisationswissen", „Fundraising- und Sponsoringkenntnisse", „Konflikt- und Krisenmanagement", „Medienkompetenz", „Breite Kulturelle Kenntnisse" sowie „Kenntnisse in ÖA und PR" beigemessen. Zwischen 63,5 Prozent und 68,2 Prozent der Befragten halten diese theoretischen Kompetenzen für „ganz wichtig" und „wichtig".

Ein weiteres Häufigkeitscluster zwischen 58,2 Prozent und 60,6 Prozent für die Ausprägungen „ganz wichtig" und „wichtig", bildet sich um die Kompetenzen „Personalführung", „Unternehmerisches Denken", „IT-Kenntnisse", „Projektmanageriale Kenntnisse", „Marketing Techniken" und „Spartenbezogenes Fachwissen".

Die Kompetenz „Präsentations- und Moderationstechniken" halten gerade noch 50,4 Prozent für „ganz wichtig" oder „wichtig". Die Kompetenzen „Management-Techniken" und „Finanzen" werden gerade noch von mit 47,1 Prozent und 45,2 Prozent mit „ganz wichtig" und „wichtig" bewertet.

Als am wenigsten wichtige theoretische Kompetenzen eines Kulturmanagers werden „Kulturtheoretisches Grundwissen", „Kulturtheoretische Kenntnisse" sowie „BWL-Kenntnisse" gesehen. Sie erhalten nur noch zwischen 35,6 Prozent und 36,6 Prozent der kumulierten Prozente für die Ausprägungen „ganz wichtig" und „wichtig". Das bedeutet, dass über 60,0 Prozent der Befragten diese Kompetenzen für „eher wichtig", „eher nicht wichtig", „nicht wichtig" oder „gar nicht wichtig" halten. Die höchste Ausprägung für die Ausprägungen „gar nicht wichtig" mit 1,9 Prozent, „nicht wichtig" mit 5,8 Prozent und „eher nicht wichtig" mit 18,3 Prozent erhält dabei die Kompetenz „Kulturhistorische Kenntnisse". An letzter Stelle mit 27, 9 Prozent für die kumulierten Prozente der Ausprägungen „ganz wichtig" und „wichtig" bewerten die Befragten die Kompetenz „Juristisches Wissen", wobei 47,6 Prozent sie immerhin noch für „eher wichtig" halten.

Einige der Ergebnisse des letzten Absatzes verwundern, werden in den qualitativen Interviews doch bspw. gerade BWL-Kenntnisse und juristisches Fachwissen beinahe von allen Interviewpartnern als besonders wichtige theoretische Kompetenzen herausgestellt.

Tabelle 4: „*Wie wichtig schätzen Sie folgende theoretische Kompetenzen für Kulturmanager ein?*"

	gar nicht	nicht	eher nicht	eher wichtig	wichtig	ganz wichtig	k. A.
Marketing-Techniken	0,5 %	0,5 %	8,2%	30,8%	**41,3%**	16,8%	1,9%
BWL-Kenntnisse	1,0 %	3,4%	14,9%	**42,3%**	28,4%	7,2%	2,9%
Unternehmerisches Denken	0 %	2,9 %	9,6%	26,0%	**38,0%**	21,2%	2,4%
Management-Techniken	1,4 %	4,3%	11,5%	33,2%	**34,6%**	12,5%	2,4%
Konflikt- und Krisenmanagement	0,5 %	1,0%	4,8%	25,5%	**34,1%**	31,7%	2,4%
Präsentations- und Moderationstechniken	1,9%	2,4%	8,7%	**34,1%**	**34,1%**	16,3%	2,4%
Fundraising- und Sponsoringtechniken	0,5 %	1,4 %	5,3%	24,5%	**45,7%**	20,7%	1,9%
Personalführung	0 %	1,0%	8,2%	27,4%	**40,9%**	19,7%	2,9%
Projektmanageriale Kenntnisse	0 %	0 %	4,8%	31,3%	**37,5%**	20,7%	5,8%
Organisationswissen	0 %	1,9 %	4,3%	24,5%	**46,2%**	20,2%	2,9%
Kulturpolitische Kenntnisse	0,5 %	0,5%	6,7%	21,2%	**41,8%**	26,4%	2,9%
Kenntnisse über Kulturvermittlung	0,5 %	1,9%	7,2%	29,8%	**40,4%**	17,8%	2,4%
IT-Kenntnisse	0 %	1,9 %	9,1%	27,4%	**38,9%**	20,2%	2,4%
Medienkompetenz	0 %	1,0%	3,8%	27,4%	**43,8%**	21,6%	2,4%
Kenntnisse in ÖA und PR	0 %	0 %	4,8%	26,4%	**42,8%**	20,7%	4,3%
Juristisches Wissen	0 %	4,8%	16,3%	**47,6%**	24,0%	3,8%	3,4%
Fähigkeit, vernetzt zu denken	0 %	0,5%	3,8%	21,6%	**43,3%**	27,4%	3,4%
Kulturtheoretisches Grundwissen	1,9 %	4,3%	14,9%	**38,5%**	27,9%	8,7%	3,8%
Kulturhistorische Kenntnisse	1,9 %	5,8%	18,3%	**34,6%**	26,4%	9,6%	3,4%
Spartenbezogenes Fachwissen	0,5 %	2,4 %	9,6%	26,0%	**38,0%**	20,2%	3,4%
Breite Kulturelle Kenntnisse	0 %	1,0%	9,1%	21,2%	**33,7%**	31,7%	3,4%
Selbstmanagement	0,5 %	0 %	1,9%	17,3%	**44,7%**	31,7%	3,8%
Zeitmanagement	0,5 %	0,5%	3,4%	11,1%	**46,2%**	34,6%	3,8%
Fremdsprachenkenntnisse	0 %	1,0%	6,3%	30,8%	**42,8%**	16,3%	2,9%
Finanzen	0,5 %	4,3%	10,1%	**36,1%**	**36,1%**	9,1%	3,8%

4.1.4 "Was wird in Zukunft ganz besonders wichtig sein?"

Schaut man auf die Häufigkeitsverteilung der Zahlenwerte bei den verschiedenen Kompetenzen und Aspekten, die in Zukunft als besonders wichtig erachtet werden, lässt sich feststellen, dass alle Antwortmöglichkeiten von über der Hälfte der Befragten als wichtig bewertet werden. Obwohl es keine starken Ausreißer gibt, lassen sich doch einige Auffälligkeiten bei den verschiedenen Items dieser Frage beobachten. Die Kompetenz „Zielorientierung" halten bspw. 76,9 Prozent der Befragten in Zukunft für „ganz wichtig" und „wichtig" und somit insgesamt am wichtigsten. „Belastbarkeit" mit 76,4 Prozent, „Vermittlungsfähigkeit" mit 75,0 Prozent und „Kommunikation mit verschiedenen Interessengruppen" mit 74,5 Prozent folgen dicht darauf.

Die Kompetenz „Belastbarkeit" halten sogar 42,3 Prozent der 76,4 Prozent für „ganz wichtig", was den höchsten Wert für die Kompetenzen, die in Zukunft besonders wichtig sind, innerhalb dieser Frage darstellt.

Die Antwortmöglichkeiten „Sponsoring-Akquise", „Netzwerken", „Besucherbindung und Kundenorientierung" bewegen sich bei den zusammengefassten Prozenten der Ausprägungen „ganz wichtig" und „wichtig" zwischen 71,7 und 73,1 Prozent. „Selbstmanagement", „Mobilität" und „Gespür für Trends" halten zwischen 65,8 und 67,8 Prozent der Befragten für „ganz wichtig" und „wichtig".

Die letzten beiden Plätze nehmen die Antwortmöglichkeiten „Medienkompetenz" mit 61,5 Prozent und „Fremdsprachenkenntnisse" mit 57,6 Prozent für die Ausprägungen „ganz wichtig" und „wichtig" ein. Letztere hat mit 7,2 Prozent auch am häufigsten die Ausprägung „eher nicht wichtig" erhalten. Dabei muss jedoch beachtet werden, dass immer noch weit über 50 Prozent der Befragten die Kompetenz „Fremdsprachenkenntnisse", die sich auf dem letzten Rang der Kompetenzen befindet, für „wichtig" oder sogar „ganz wichtig" halten.

Tabelle 5: „*Was wird in Zukunft ganz besonders wichtig sein?*"

	gar nicht	nicht	eher nicht	eher wichtig	wichtig	ganz wichtig	k.A.
Sponsoringakquise	0,5 %	0,5 %	4,3%	18,3%	**36,1%**	35,6%	4,8%
Netzwerken	0,5 %	0 %	3,4%	18,8%	**40,9%**	32,2%	4,3%
Besucherbindung	0 %	0 %	2,4%	20,2%	36,1%	**37,0%**	4,3%
Kommunikation mit verschiedenen Interessengruppen	0 %	0,5%	1,9%	17,8%	**45,7%**	28,8%	5,3%
Kundenorientierung	0 %	1,9%	3,8%	18,8%	**38,9%**	33,2%	3,4%
Mobilität	1,0%	2,9%	6,7%	34,6%	**33,2%**	17,8%	3,8%
Belastbarkeit	0 %	1,9 %	3,8%	14,4%	**34,1%**	**42,3%**	3,4%
Vermittlungsfähigkeit	0 %	1,0%	1,9%	17,8%	**51,0%**	24,0%	4,3%
Medienkompetenz	0 %	0,5 %	5,8%	28,8%	**37,0%**	24,5%	3,4%
Gespür für Trends	1,0 %	1,0 %	6,7%	21,6%	**41,3%**	24,5%	3,8%
Zielorientierung	0 %	1,0%	3,4%	14,4%	**39,9%**	37,0%	4,3%
Fremdsprachenkenntnisse	0 %	2,9%	7,2%	27,9%	**41,3%**	16,3%	4,3%
Selbstmanagement	0 %	1,9 %	2,9%	22,6%	**38,0%**	29,8%	4,8%

4.1.5 „Arbeiten in Ihrem Betrieb studierte Kulturmanager?"

Bei der Frage konnten die Befragten aus den drei Antwortmöglichkeiten „Ja", „Nein" und „Weiß nicht" auswählen.

Die Mehrheit von 66,3 Prozent gab zur Antwort, dass in ihrem Betrieb derzeit keine studierten Kulturmanager arbeiten.

Bei 30,3 Prozent aller Befragten arbeiteten bereits studierte Kulturmanager im Betrieb. Die verbleibenden 3,4 Prozent verteilen sich mit 0,5 Prozent auf die Angabe „Weiß nicht" und mit 2,9 Prozent, auf die nicht beantworteten.

In lediglich knapp einem Drittel der befragten Kulturbetriebe sind bereits studierte Kulturmanager beschäftigt. Auffallend ist somit, dass in mehr als zwei Drittel aller befragten Einrichtungen bisher keine studierten Kulturmanager arbeiten, was noch großes Entwicklungspotential zeigt.

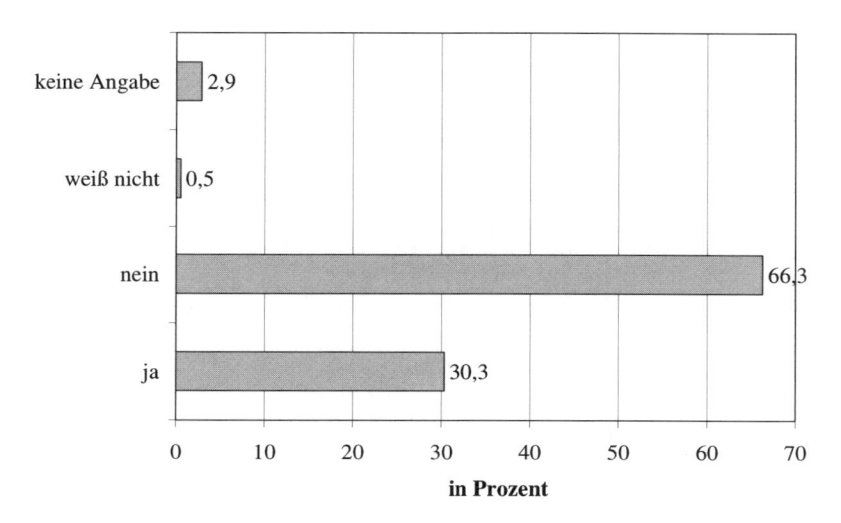

4.1 Einleitung

Abbildung 2: *Arbeiten in Ihrem Betrieb studierte Kulturmanager? Antworten der Befragten*

Antwort	Prozent
keine Angabe	2,9
weiß nicht	0,5
nein	66,3
ja	30,3

in Prozent

4.1.6 „Haben Sie vor, in Zukunft studierte Kulturmanager in Ihrem Betrieb einzusetzen?"

Bei der Beantwortung der Frage konnten die Befragten zwischen den Ausprägungen „nein", „eher nein" sowie „vielleicht" und „eher ja", „ja" und „weiß nicht" wählen.

Nimmt man die Antworten „nein" mit 17,3 Prozent derer, die keine Kulturmanager in ihrem Betrieb einsetzen wollen, und diejenigen, die mit der Antwort „Eher Nein" mit 13 Prozent tendenziell auch keine Kulturmanager einsetzen wollen, zusammen, so ergeben sich kumuliert 30,3 Prozent, die dem zukünftigen Einsatz von Kulturmanagern in ihrem Betrieb eher negativ gegenüber stehen.

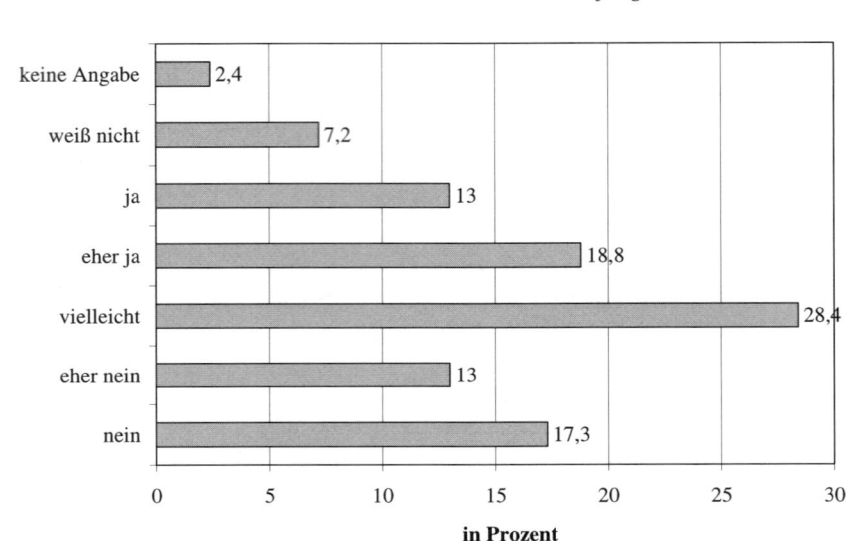

Abbildung 3: *"Haben Sie vor, in Zukunft studierte Kulturmanager in Ihrem Betrieb einzusetzen?" Antworten der Befragten*

Antwort	in Prozent
keine Angabe	2,4
weiß nicht	7,2
ja	13
eher ja	18,8
vielleicht	28,4
eher nein	13
nein	17,3

Dem gegenüber stehen kumuliert 31,8 Prozent der Befragten, die dieselbe Frage zu 18,8 Prozent mit „Eher ja" und zu 13 Prozent mit „Ja" beantwortet haben und der zukünftigen Einstellung von Kulturmanagern eher positiv gegenüber stehen.

Hinzu kommen noch weitere 28,4 Prozent welche sich für die Antwort „vielleicht" entschieden und die eher gering zu bewertenden Antwortkategorien „weiß nicht" und diejenigen, die keine Angaben machen wollten. Hier wird eine wichtige Aufgabe der Zukunft für die Studiengänge sein, für die Akzeptanz des Faches und den Einsatz von Kulturmanagern aktiv zu werben.

Bei der Betrachtung der Ergebnisse fällt auf, dass die kumulierten Prozente auf positiver wie auch negativer Seite sich nur leicht voneinander unterscheiden und auch der Anteil der Unentschiedenen nur geringfügig abweicht.

4.1.7 „Wie wichtig sind Ihnen folgende Aspekte in den Bewerbungsunterlagen?"

Betrachtet man die Häufigkeitsverteilung der Antwortkategorien, fällt auf, dass die Befragten einige Aspekte in den Bewerbungsunterlagen als sehr wichtig erachten, viele ihnen aber auch kaum wichtig erscheinen.

An erste Stelle, mit 73,1 Prozent der Antworten für die Ausprägungen „ganz wichtig" und „wichtig" wurde die Antwort „Soziale Kompetenzen" gewählt. Mit etwas größerem Abstand folgen die Antworten „Berufserfahrung", „Kultur- bzw. berufsfremde Erfahrungen", „Kreativität", „Sprachkenntnisse", „Praktikumserfahrungen" und „Anschreiben". Sie erreichen bei den kumulierten Prozenten der Ausprägungen „ganz wichtig" und „wichtig" zwischen 48,5 Prozent und 54,8 Prozent. Zwischen 26,9 Prozent und 43,3 Prozent der Befragten bewerten sie noch als „eher wichtig". Interessanterweise sehen die Befragten die Kompetenzen „Kreativität" und „Sprachkenntnisse" als wichtige Aspekte bei der Bewerbung, obwohl sie bei der Einschätzung der persönlichen wie auch der theoretischen Kompetenzen auf den untersten Plätzen gelandet sind. Im Vergleich der kumulierten Prozente der Ausprägungen „ganz wichtig" und „wichtig" werden beide Kompetenzen in dieser Frage jedoch schlechter bewertet als in den Fragen zu den persönlichen und theoretischen Kompetenzen. Dies hängt damit zusammen, dass die Aspekte der Bewerbungsunterlagen in dieser Frage insgesamt als deutlich weniger wichtig erachtet werden als die persönlichen und theoretischen Kompetenzen der Kulturmanager.

Die Aspekte „Breites Spektrum an Tätigkeiten", „Universitäre Leistungen", „Äußere Form des Lebenslaufs", „Stringenz im Lebenslauf", „Äußere Form der Bewerbungsmappe" und „Ehrenamtliches Engagement" werden von den Befragten bereits als deutlich weniger wichtig bewertet. Sie bewegen sich bei den kumulierten Prozenten der Ausprägungen „ganz wichtig" und „wichtig" nur noch zwischen 26,0 Prozent und 35,5 Prozent. Bis auf die Antwortmöglichkeiten „Breites Spektrum an Tätigkeiten", und „Universitäre Leistungen" finden sogar zwischen 36,1 Prozent und 44,7 Prozent der Befragten die gerade genannten Aspekte „gar nicht wichtig", „nicht wichtig" oder „eher nicht wichtig".

Als noch weniger wichtig wurden bei den Bewerbungsunterlagen die Aspekte „Auslandserfahrungen" mit 21,6 Prozent für die Ausprägungen „ganz wichtig" und „wichtig" und 36,1 Prozent für die Ausprägung „eher wichtig" angesehen. Ähnliches gilt für „Moderner Standard der Bewerbung" mit 17,3 Prozent für die Ausprägungen „wichtig" und „ganz wichtig" und 32,1 Prozent für die Ausprägung eher wichtig.

An den letzten beiden Stellen stehen die Aspekte „Hobbys" und „Schulnoten". Nur 8,6 Prozent der Befragten bewerten „Hobbys" als „ganz wichtig" und

„wichtig" bei den Bewerbungsunterlagen und 69,7 Prozent bewerten sie sogar als „gar nicht wichtig", „nicht wichtig" oder „eher nicht wichtig". Mit 5,8 Prozent der Ausprägungen „ganz wichtig" und „wichtig" werden „Schulnoten" als noch unwichtiger hinsichtlich der Bewerbungsunterlagen eingeschätzt, 59,1 Prozent sehen sie als „gar nicht wichtig", „nicht wichtig" oder „eher nicht wichtig" und 31,3 Prozent bewerten sie immerhin noch als „eher wichtig".

Insgesamt gesehen legen die Befragten mehr Wert auf „Soziale Kompetenzen" sowie „Berufs- und Praktikumserfahrung im Kultur bzw. auch im berufsfremden Bereich" und weniger auf die klassischen Bewerbungskriterien wie „Universitäre Leistungen" und „Schulnoten". Erstaunlich wenig Wert im Vergleich zu den anderen Aspekten wird zudem auf die äußere Form des Lebenslaufs gelegt.

Tabelle 6: „*Wie wichtig sind Ihnen folgende Aspekte in Bewerbungsunterlagen?*"

	gar nicht	nicht	eher nicht	eher wichtig	wichtig	ganz wichtig	k. A.
Schulnoten	6,3%	8,7%	**44,2%**	31,3%	4,8%	1,0%	3,8%
Universitäre Leistungen	1,0%	2,4%	16,8%	**43,3%**	27,4%	5,3%	3,8%
Sprachkenntnisse	0,0%	0,5%	9,1%	**36,5%**	35,1%	15,4%	3,4%
Berufserfahrung	0,0%	1,4%	9,6%	31,7%	**32,7%**	22,1%	2,4%
Kultur- bzw. berufsfremde Erfahrungen	0,0%	2,4%	9,1%	30,3%	**40,9%**	13,5%	3,8%
Breites Spektrum an Tätigkeiten	0,0%	4,8%	20,2%	**35,6%**	26,4%	9,1%	3,8%
Praktikumserfahrungen	0,5%	4,8%	12,5%	29,8%	**34,6%**	13,9%	3,8%
Auslandserfahrungen	2,4%	5,8%	27,9%	**38,5%**	17,3%	4,3%	3,8%
Hobbys	15,9%	17,3%	**36,5%**	18,3%	6,7%	1,9%	3,4%
Kreativität	1,9%	4,8%	12,0%	26,9%	**34,1%**	16,8%	3,4%
Soziale Kompetenzen	0,5%	2,4%	2,4%	18,3%	**40,4%**	32,7%	3,4%
Ehrenamtliches Engagement	6,7%	14,9%	23,1%	**26,0%**	18,3%	7,7%	3,4%
Äußere Form des Lebenslaufes	2,4%	10,6%	23,1%	**29,3%**	22,6%	7,2%	4,8%
Äußere Form der Bewerbungsmappe	3,4%	11,1%	26,0%	**26,4%**	22,1%	6,7%	4,3%
Anschreiben	2,4%	5,3%	15,4%	**27,4%**	26,9%	19,2%	3,4%
Stringenz im Lebenslauf	5,3%	12,0%	20,2%	**29,3%**	22,1%	6,7%	4,3%
Moderner Standard der Bewerbung	8,2%	13,0%	23,6%	**32,7%**	12,0%	5,3%	5,3%

4.1.8 „Welche Rolle spielen Praktika bei der Einstellung?"

Im Rahmen dieser Frage wurde versucht herauszufinden, welche Rolle Praktika bei der Einstellung von Kulturmanagern spielen. Es konnte bei den Antworten zwischen „unwichtig", „eher unwichtig", sowie „wichtig" und „sehr wichtig" ausgewählt werden.

Für „unwichtig" hält nur ein geringer Teil der Befragten die Rolle von Praktika. Aber der Anteil von 24,5 Prozent der Befragten, die Praktika bei der Einstellung für „eher unwichtig" befinden, erstaunt, wird Praxiserfahrung doch oft von der Kulturwirtschaft als entscheidende Voraussetzung kommuniziert, was sich auch sich in den Ergebnissen der qualitativen Interviews bestätigt.

Für „wichtig" befindet die Mehrheit mit 55,8 Prozent die Bedeutung von Praktika und weitere 14,9 Prozent sogar für „sehr wichtig". Zusammengenommen ergibt sich daraus sogar eine deutliche Mehrheit, für die Praktika eine große Rolle bei der Einstellung von studierten Kulturmanagern spielen.

Abbildung 4: *„Welche Rolle spielen Praktika bei der Einstellung?"*
Antworten der Befragten

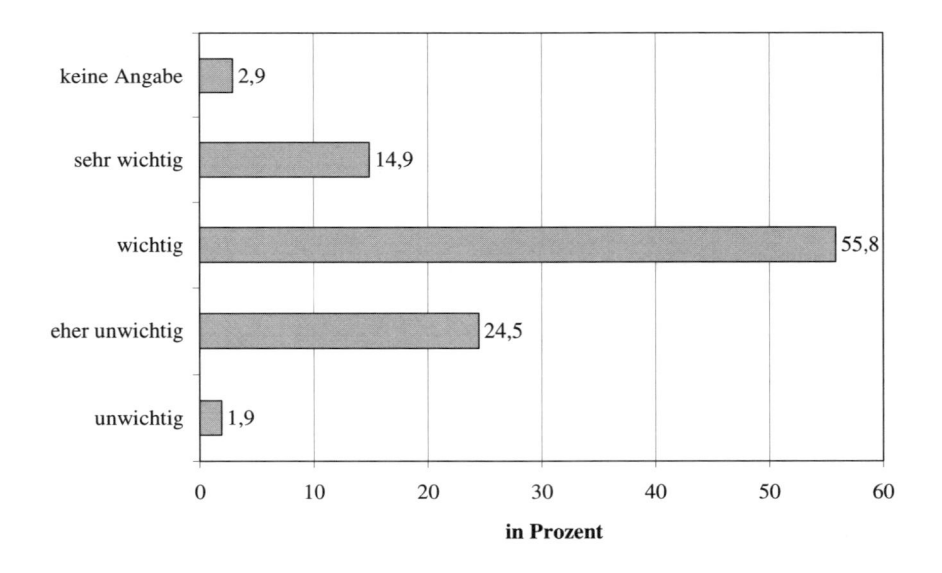

Kategorie	Prozent
keine Angabe	2,9
sehr wichtig	14,9
wichtig	55,8
eher unwichtig	24,5
unwichtig	1,9

in Prozent

4.1.9 „Wie lange sollte ein Praktikum dauern?"

Auf der Frage nach der Rolle von Praktika aufbauend, wurde in der nächsten Frage danach gefragt, wie lange ein Praktikum dauern sollte. Möglich waren hierbei die Antworten „1 Monat", „3 Monate", „6 Monate" und „12 Monate", sowie „>12 Monate" oder eine selbst gewählte Anzahl. Hierbei ist die Mehrheit sehr eindeutig auf „3 Monate" mit 47,6 Prozent und „6 Monate" mit 38,9 Prozent fokussiert. Die anderen Angaben erzielten somit nur verschwindend gering-

4.1 Einleitung

fügige Prozente. So lässt sich eindeutig sagen, dass Praktika idealerweise zwischen drei und sechs Monaten dauern sollten.

Abbildung 5: *„Wie lange sollte ein Praktikum dauern?" Antworten der Befragten*

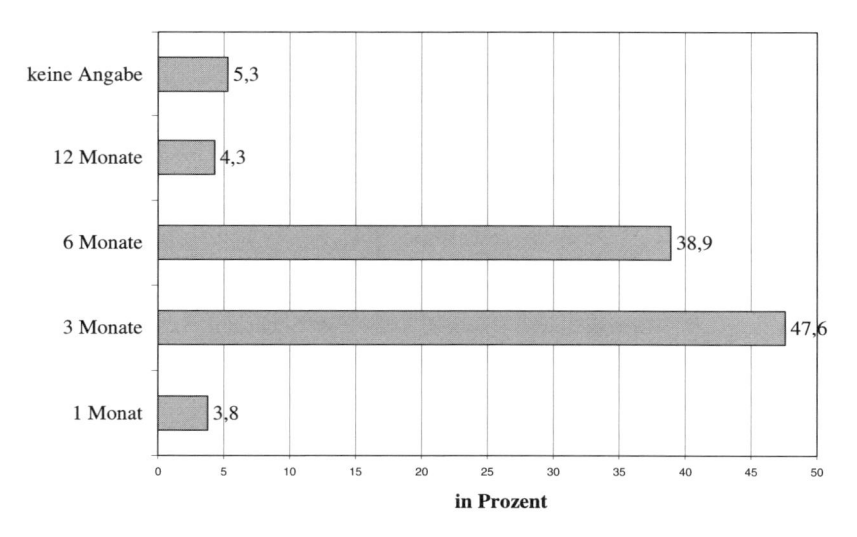

Dauer	Prozent
keine Angabe	5,3
12 Monate	4,3
6 Monate	38,9
3 Monate	47,6
1 Monat	3,8

in Prozent

4.1.10 „Was ist die ideale Anzahl an Praktika?"

Hinsichtlich der der idealen Anzahl von Praktika standen die Werte „0", „1-3", sowie „3-6" oder „mehr als 6 Praktika" zur Auswahl. Ebenso war eine eigene Angabe möglich.

Eine deutliche Mehrheit der Befragten spricht sich mit 77,4 Prozent für ein bis drei Praktika als die ideale Anzahl von Praktika aus. Lediglich weitere 15,9 Prozent der Befragten für drei bis sechs Praktika. Die weiteren Prozentverteilungen sind bei 6,7 Prozent eher vernachlässigbar. Diese Ergebnisse decken sich weitestgehend mit den Erkenntnissen aus den qualitativen Interviews, bei denen der größere Teil der Befragten wenige zielgerichtete Praktika für sinnvoll erachten.

Die deutliche Anzahl derer, die die ideale Anzahl mit ein bis drei Praktika angibt, ist in Anbetracht der Erfahrungen dessen, was heute als „Generation Praktikum" bezeichnet wird, überraschend. Gerade auch im Bereich des Kulturmanagements.

Abbildung 6: „Was ist die ideale Anzahl an Praktika?" Antworten der Befragten

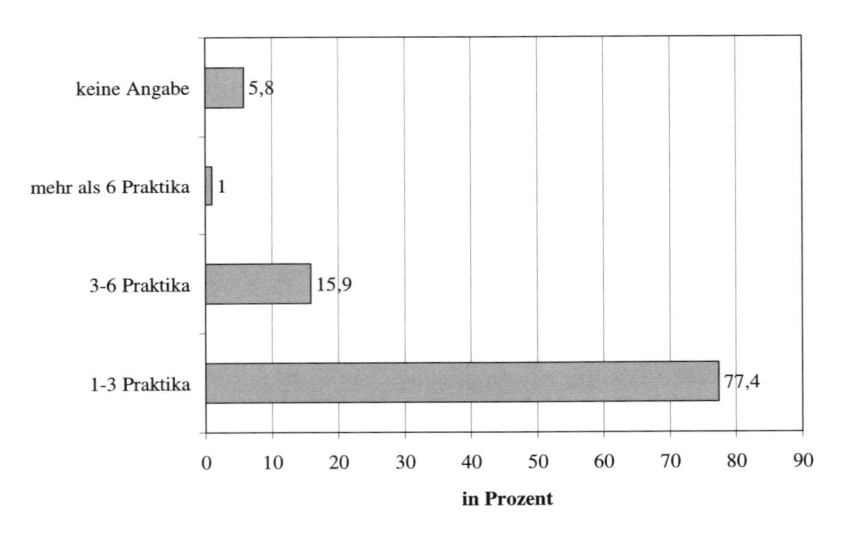

Kategorie	Prozent
keine Angabe	5,8
mehr als 6 Praktika	1
3-6 Praktika	15,9
1-3 Praktika	77,4

in Prozent

4.1.11 „Wie wichtig sind folgende Qualifikationen?"

Bei der Frage nach der Wichtigkeit der Qualifikationen, also den verschiedenen universitären Abschlüssen, lassen sich deutliche Unterschiede feststellen. Die Promotion wird von allen Qualifikationen für die praktische Arbeit als am wenigsten wichtig angesehen. Mit 59,1 Prozent hält sie über die Hälfte der Befragten für „gar nicht wichtig", „nicht wichtig" und „eher nicht wichtig". 18,8 Prozent der Befragten halten die Promotion für „eher wichtig" und nur 13,4 Prozent halten sie für „ganz wichtig" und „wichtig". Für die Bewerbung wird der Promotion insgesamt etwas mehr Bedeutung zugemessen.

Der Bachelor-Abschluss erhält schon mehr Zustimmung. 45,2 Prozent und somit knapp die Hälfte der Befragten sieht den Bachelor als „gar nicht wichtig",

4.1 Einleitung

„nicht wichtig" und „eher nicht wichtig". 29,3 Prozent halten ihn für „eher wichtig" und 14,9 Prozent für „ganz wichtig" und „wichtig". Somit ist die Meinung über die Wichtigkeit des Bachelors ausgeglichen. Die Rolle des Bachelor-Abschlusses wird von den Befragten für die Bewerbung als geringfügig wichtiger angesehen als für die praktische Arbeit.

Als am Wichtigsten für die praktische Arbeit wird der Magister-/Diplom-Abschluss bewertet. Jedoch sehen auch hier 30,3 Prozent der Befragten den Abschluss als „gar nicht wichtig", „nicht wichtig" und „eher nicht wichtig". 31,3 Prozent bewerten ihn als „eher wichtig" und 28,8 Prozent sogar als „wichtig" und „ganz wichtig". Die Rolle des Magister-/Diplom-Abschlusses für die Bewerbung wird wiederum nochmals als insgesamt wichtiger angesehen. Lediglich 20,2 Prozent der Befragten schätzen diesen Abschluss bei der Bewerbung als „gar nicht wichtig", „nicht wichtig" und „eher nicht wichtig" ein. Dafür stimmen 33,2 Prozent der Befragten für die Ausprägungen „eher wichtig" und 33,1 Prozent für die Ausprägungen „ganz wichtig" und „wichtig". Insgesamt wird also die Rolle des Magisters oder Diploms, wie auch bei den anderen Qualifikationen bereits zu sehen war, für die Bewerbung als wichtiger eingeschätzt als für die praktische Arbeit.

Beinahe identisch mit den Magister-/Diplom-Abschluss bewerten die Befragten den Master-/MBA-Abschluss, welcher auch von der Qualifikation dieselben Zugangsvoraussetzungen schafft. Insgesamt werden Master und MBA geringfügig schlechter bewertet als Magister oder Diplom.

Anhand der Ergebnisse zeichnet sich ab, dass der Bachelor-Abschluss auch fünf Jahre nach seiner Einführung an deutschen Universitäten noch oder generell nicht die Akzeptanz findet, wie sie der klassische Magister- oder Diplom-Titel hat. Der Master-/MBA-Abschluss wird hingegen ebenso akzeptiert wie die bekannten Abschlüsse. Der Promotion wird, wie es sich schon in der qualitativen Auswertung angedeutet hat, weniger Relevanz für die allgemeine Bewerbung und praktische Arbeit zugemessen. Insgesamt halten die Befragten jede der verschiedenen Qualifikationen für die Bewerbung etwas wichtiger als für die praktische Arbeit.

Tabelle 7: „Wie wichtig sind folgende Qualifikationen?"

	gar nicht	nicht	eher nicht	eher wichtig	wichtig	ganz wichtig	k.A.
Bachelor							
für die praktische Arbeit	12,0%	8,2%	25,0%	**29,3%**	10,6%	4,3%	10,6%
bei der Bewerbung	8,2%	3,4%	**27,9%**	26,9%	14,4%	5,3%	13,9%
Magister/Diplom							
für die praktische Arbeit	7,2%	6,3%	16,8%	**31,3%**	25,0%	3,8%	9,6%
bei der Bewerbung	3,4%	1,9%	14,9%	**33,2%**	26,4%	6,7%	13,5%
Master/MBA							
für die praktische Arbeit	7,7%	8,7%	17,3%	**33,2%**	17,8%	4,3%	11,1%
bei der Bewerbung	4,3%	3,4%	17,8%	**30,3%**	23,6%	6,7%	13,9%
Promotion							
für die praktische Arbeit	18,3%	15,4%	25,5%	18,8%	9,6%	3,8%	8,7%
bei der Bewerbung	12,0%	10,1%	27,9%	18,8%	14,9%	4,3%	12,0%

4.1.12 „Wie wichtig ist das Thema der Abschlussarbeit?"

Bei der letzten Frage der Untersuchung, wie wichtig das Thema der Abschlussarbeit für die praktische Arbeit und bei der Bewerbung angesehen wird, ist der Unterschied in der Wichtigkeit deutlich größer. 53,8 Prozent der Befragten halten das Thema der Abschlussarbeit für die praktische Arbeit „gar nicht wichtig", „nicht wichtig" und „eher nicht wichtig". 25,5 Prozent halten es für „eher wichtig" und nur 15,4 Prozent halten es für „ganz wichtig" und „wichtig".

Für die Bewerbung kommt dem Thema der Abschlussarbeit hingegen mehr Bedeutung zu. Mit 34,1 Prozent halten es fast 20 Prozent weniger für „gar nicht wichtig", „nicht wichtig" und „eher nicht wichtig". 33,2 Prozent der Befragten bewerten das Thema der Abschlussarbeit bei der Bewerbung mit „eher wichtig" und 27,9 halten es sogar für „ganz wichtig" und „wichtig". Das bedeutet, dass über die Hälfte der Befragten das Thema der Abschlussarbeit für die Bewerbung als „eher wichtig", „wichtig" oder „ganz wichtig" ansieht.

4.2 Interpretation

Tabelle 8: „Wie wichtig ist das Thema der Abschlussarbeit?"

	gar nicht	nicht	eher nicht	eher wichtig	wichtig	ganz wichtig	k.A.
für die praktische Arbeit	10,6%	10,1%	**33,2%**	25,5%	14,4%	1,0%	5,3%
bei der Bewerbung	5,3%	6,3%	22,6%	**33,2%**	23,1%	4,8%	4,8%

4.2 Interpretation der Ergebnisse

In diesem Abschnitt werden die Ergebnisse der Gesamtauswertung noch einmal thematisch zusammengefasst und interpretiert. Allerdings ist es innerhalb der Gesamtauswertung schwierig, eine für alle Betriebe gültige Tendenz zu identifizieren, da die Anforderungen innerhalb der Sparten und Sektoren oftmals sehr unterschiedlich sind. Darauf wird unten eingegangen.

4.2.1 Situation der Kulturmanager aktuell

Es zeigt sich an den Ergebnissen der Befragung, dass lediglich knapp ein Drittel der befragten Kultureinrichtungen bisher studierte Kulturmanager in ihrem Betrieb einsetzen, wie Abbildung 2 deutlich zeigt. Allerdings wird in dieser Frage speziell nach *studierten* Kulturmanagern gefragt und so müssen die Ergebnisse auch vor diesem Hintergrund bewertet werden. Die Befragten stehen dem zukünftigen Einsatz von studierten Kulturmanagern in ihren Betrieben jedoch eher aufgeschlossen gegenüber, was die Ergebnisse dieser Frage bestätigen (vgl. Abbildung 3). Geht man nur von den klaren Angaben aus, vernachlässigt also die Nennungen von „weiß nicht" und „keine Angabe", steht ein Drittel der Befragten dem zukünftigen Einsatz von Kulturmanagern positiv gegenüber. Ein weiteres Drittel ist mit der Antwort „vielleicht" dem Einsatz jedenfalls nicht grundsätzlich abgeneigt.

Gerade eine Studie wie diese kann aber zukünftigen Kulturmanagementabsolventen zeigen, mit welchen Argumenten und Kompetenzen sie die Entscheider doch noch überzeugen können.

Zudem muss das Kulturmanagement auch am Image der eigenen Marke arbeiten, denn gerade Kulturmanager sind noch mit großen Vorurteile konfrontiert. Hier sind sowohl die Studierenden als auch die Lehrenden gefragt, gute Argumente zu finden und auch Wege zur besseren Kommunikation der Kompetenzen und des Auftrags von Kulturmanagern zu finden.

4.2.2 Generelle Kompetenzen

Hinsichtlich der Kompetenzen, die ein Kulturmanager mitbringen sollte, sind folgende Erkenntnisse besonders auffällig: Als wichtigste persönliche Kompetenzen mit über 90 Prozent werden „Kommunikationsfähigkeit" und „Organisationsfähigkeit" genannt (vgl. Tabelle 3). Nimmt man diese Nennungen als Überbegriffe für Arbeitsbereiche im Kulturbetrieb, also Kommunikation und Organisation, so kann man diesen Überbegriffen durchaus einige Nennungen aus dem Bereich von über 75 Prozent wie „Entscheidungsfähigkeit", „Strukturiertes Denken", „Vermittlungsfähigkeit" und z.B. „Teamfähigkeit" zuordnen.

So zeigt sich bei den Ergebnissen der persönlichen Kompetenzen eines Kulturmanagers, dass es wichtig ist, organisieren zu können und in diesen Prozessen strukturiert sowie mit viel Leidenschaft und Engagement vorzugehen und selbständig und verantwortungsbewusst Entscheidungen zu treffen. Gleichzeitig ist der Kulturmanager sehr kommunikationsfähig und mit sicherem Auftreten in der Lage, seine Entscheidungen zu vermitteln, flexibel zu reagieren und eben nicht als Einzelkämpfer, sondern als Teamplayer zu arbeiten. Sein gutes Netzwerk, seine Belastbarkeit sowie seine Offenheit und Toleranz helfen ihm zusätzlich.

Bei den theoretischen Kompetenzen lässt sich anhand der Ergebnisse (vgl. Tabelle 4) sehen, dass als „sehr wichtig" bewertete theoretische Kompetenzen, die wie bspw. „Zeit- und Selbstmanagement" der Effizienzsteigerung dienen oder struktursteigernde Kompetenzen, wie die „Fähigkeit, vernetzt zu denken", von den Befragten als am Wichtigsten bewertet werden.

Etwas dahinter in der Bewertung finden sich Kompetenzen, die recht klassisch zu dem Kulturmanagement passen, wie Öffentlichkeitsarbeit, Fundraising, kulturpolitische Kenntnisse und Organisationswissen.

Auffällig ist die Wichtigkeit von „Konflikt- und Krisenmanagement", was aber auch in das Bild bei den persönlichen Kompetenzen, mit großer Vermittlungs- und Kommunikationsfähigkeit von Kulturmanagern passt.

Interessanterweise werden „Medienkompetenz" und „IT-Kenntnisse" als überdurchschnittlich wichtig angesehen und somit ihre wachsende Bedeutung für den Kulturbetrieb und auch im Kulturmarketing anerkannt. Am wenigsten Bedeutung wurde dem Grundwissen im kulturwissenschaftlichen, im betriebswissenschaftlichen sowie im juristischen Bereich zugemessen.

Gerade bei der Betriebswirtschaft und den juristischen Kenntnissen ist dies doch bemerkenswert, da man heute eigentlich die Grundkenntnisse darin erwarten würde und z.B. Vertragsrecht, Stiftungsrecht und Steuerrecht heute im Kulturbereich eine durchaus bedeutenden Rolle spielen.

Bei der Frage nach den für die Zukunft wichtigen Kenntnissen und Kompetenzen lässt sich nur schwer ein differenziertes Bild zeichnen, da alle Antwortmöglichkeiten von mehr als der Hälfte der Befragten als wichtig bewertet werden.

Aber auch hier lassen die häufigsten Antworten sich den Überbegriffen „Kommunikation" und dem Bereich der „Organisation" zuordnen. Darüber hinaus zeigt sich, dass sich die Befragten auch der zukünftigen Bedeutung von Besucherbindung und Kundenorientierung für den Beruf des Kulturmanagers bewusst sind, ebenso bei Sponsoring und Netzwerken.

Ein differenzierteres Bild zur Wichtigkeit und Bedeutung von verschiedenen Aspekten kann aus den Ergebnissen der einzelnen Sparten gewonnen werden.

4.2.3 Schriftliche Bewerbung

Beim Blick auf die Relevanz der verschiedenen Kompetenzen und Kriterien, die eine wichtige Rolle bei den Bewerbungsunterlagen spielen, wird der Antwort „Soziale Kompetenzen" am meisten Bedeutung zugemessen. Dies deckt sich jedoch nur leicht mit der Zustimmung zur Antwort „Ehrenamtliches Engagement", die zwar ebenfalls Zustimmung erhält, jedoch wesentlich weniger als „Soziale Kompetenzen". So könnte es bedeuten, dass die Befragten die Antwortmöglichkeit „Soziale Kompetenzen" eher in Bezug darauf sehen, wie gut der Bewerber sich in ein Team bzw. in ein neues Arbeitsumfeld integrieren kann und wie kompetent er in der Zusammenarbeit mit Kunden oder Außenstehenden agiert.

Bei den zweit- und drittwichtigsten Aspekten der schriftlichen Bewerbung wird neben der normalen „Berufserfahrung" auch auf „Kultur- bzw. berufsfremde Erfahrungen" großer Wert gelegt. Dies könnte darauf hindeuten, dass Bewerber mit kultur- bzw. berufsfremden Erfahrungen neue Ansichten und Ideen mit in den Kulturbereich bringen. Etwas weniger Wert wird auf „Praktikumserfahrungen" gelegt, da diese vielleicht eher als vorberufliche Erfahrungen angesehen werden und somit im Vergleich zur tatsächlichen Berufserfahrung etwas in den Hintergrund rücken.

Überdurchschnittlich wichtig werden die Aspekte „Kreativität" und „Sprachkenntnisse" angesehen. Schwierig zu beurteilen ist hierbei, was die Befragten unter „Kreativität" verstehen. Es könnte sich dabei um die Kreativität der Bewerbungsunterlagen handeln, ob bspw. die Bewerbung besonders kreativ präsentiert ist. Dies steht wiederum im Widerspruch dazu, dass die Befragten die „Äußere Form der Bewerbungsmappe" für deutlich weniger wichtig halten.

Um hier eindeutigere Ergebnisse zu bekommen, bedarf es weiterer Untersuchungen.

Beim Vergleich zwischen Inhalt und Form der Bewerbungsunterlagen ist festzustellen, dass auf das „Anschreiben" wesentlich mehr Wert gelegt wird, als bspw. auf die „Äußere Form der Bewerbungsmappe" oder auf einen „Modernen Standart der Bewerbung".

Deutlich weniger Bedeutung als den berufspraktischen Erfahrungen wird den klassischen Bewerbungskriterien wie „Universitäre Leistungen" und „Schulnoten" beigemessen, letzteren sogar am wenigsten von allen Aspekten der Bewerbungsunterlagen. Hier überwiegen offenbar die gemachten Erfahrungen die rein theoretischen Kenntnisse.

Wie der Bewerber seine Freizeit verbringt und welche „Hobbys" er betreibt spielt eine beinahe ebenso geringe Rolle wie die Leistungen, die er in seiner Schulzeit erbracht hat.

4.2.4 Praktika

Dass Praktika heutzutage ein wichtiger Bestandteil der schriftlichen Bewerbungsunterlagen sind, wurde gerade aufgezeigt. Ähnlich zeigt sich das Ergebnis in der Frage nach der Rolle von Praktika bei der Einstellung. Es bewerten zwar etwa ein Viertel der Befragten Praktika als eher unwichtig bei der Einstellung, da sie vielleicht andere Aspekte als wichtiger erachten, jedoch halten 55,8 Prozent der Befragten Praktika bei der Einstellung für wichtig und 14,9 Prozent sogar für sehr wichtig. Zusammengenommen sind dies etwa 70 Prozent und somit die überwiegende Mehrheit.

Die Meinung zur Dauer eines Praktikums fällt eindeutig aus. Knapp 90 Prozent geben an, ein Praktikum sollte drei bzw. sechs Monate dauern, wobei sich ein etwas größerer Teil der Befragten für ein dreimonatiges Praktikum ausspricht. Um ein genaueres Bild zu erhalten, in welchen Bereichen eher ein dreimonatiges und in welchen ein sechsmonatiges Praktikum gewünscht wird, sollte man die Ergebnisse der verschiedenen Sparten und Träger betrachten. Auffällig ist auf jeden Fall, dass ein vierwöchiges bzw. einmonatiges Praktikum von den Befragten ebenso wenig gewünscht wird wie ein zwölfmonatiges. Dies mag mit der geringen ökonomischen Effizienz für den Betrieb im ersten Falle erklärbar sein, wie auch in beiden Fällen mit der Rücksicht auf die Anliegen des Praktikanten.

Bei der Frage nach der Anzahl wird deutlich, dass es tatsächlich ein „Zuviel" an Praktika geben kann. Beinahe 80,0 Prozent geben an, die ideale Anzahl an Praktika liege bei eins bis drei, und immerhin noch knapp 16,0 Prozent meinen, sie liege bei drei bis sechs. Alles, was über diese Anzahl hinaus geht, wird als nicht ideal angesehen.

4.2.5 Qualifikation und Abschlussarbeit

Schaut man auf die Bedeutung der unterschiedlichen Qualifikationen für die Bewerbung und die praktische Arbeit, fällt auf, dass interessanterweise die Akzeptanz des Master/MBA-Abschlusses beinahe genauso hoch ist wie die der alten Diplom- und Magisterabschlüsse. Der Master-Abschluss, der ursprünglich als wissenschaftliche Erweiterung für eine kleine Anzahl der Bachelor-Absolventen gedacht war, wird sozusagen als äquivalent zu den alten Abschlüssen angenommen. Dies ist problematisch für die Bewerber im Kulturbereich mit einem Bachelor-Abschluss, da dieser nach wie vor in Konkurrenz zu den alten Abschlüssen steht. Doch dieses Problem betrifft vermutlich nicht alleine den Kulturbereich, sondern auch andere Branchen und Arbeitsfelder. Eine positive Erkenntnis dieser Untersuchung ist, dass zwar knapp die Hälfte der Befragten den Bachelor-Abschluss für weniger wichtig bis gar nicht wichtig hält, jedoch auch ebenso viele den Bachelor als eher wichtig und einige ihn sogar als ganz wichtig erachten. Hier sei wiederum auf die Ergebnisse der untersuchten Träger und Sparten verwiesen, um weitere Tendenzen zu erkennen.

Am wenigsten wichtig wird die Promotion bei Bewerbung und für die praktische Arbeit gesehen. Über die Hälfte der Befragten spricht ihr kaum bis keine Bedeutung zu, jedoch gibt es auch einige wenige, die sie sogar für wichtig und sehr wichtig halten. Dies mögen Einzelfälle sein, auf die bereits im qualitativen Teil der Untersuchung hingewiesen wurde.

Insgesamt gesehen werden alle Qualifikationen wie auch das Thema der Abschlussarbeit für die Bewerbung wichtiger eingeschätzt als für die praktische Arbeit. Dies könnte darauf hindeuten, dass der Bewerber, ist er erstmal eingestellt, nicht mehr an seinen theoretischen, sondern an seinen praktischen Fähigkeiten und Erfahrungen gemessen wird.

4.2.6 Bewerbungsgespräch

Im Vergleich zu den anderen Stufen des Auswahlverfahrens eines Bewerbers und den Schwerpunkten, die die Befragten setzen, lassen sich zum Bewerbungsgespräch einige Parallelen ziehen.

Wie auch bei der schriftlichen Bewerbung wird „Sozialkompetenz" am wichtigsten angesehen. Jedoch scheint auch hier die Vermutung bekräftigt, dass die Befragten hierunter die Fähigkeit des Bewerbers sehen, sich in zwischenmenschlichen Herausforderungen und neuen Aufgabenstellungen zu behaupten. Dies wird unterstützt durch die geringe Bedeutung, von „Gesellschaftlichem/Sozialem Engagement" und den starken Werten für „Teamfähigkeit" und „Kommunikationsfähigkeit/Eloquenz" bei der Frage zum Bewerbungsgespräch. „Kommunikationsfähigkeit" wurde wiederum bei der Frage nach den persönlichen Kompetenzen eines Kulturmanagers als wichtigste Kompetenz bewertet.

Dass beim Bewerbungsgespräch auf eine starke Persönlichkeit mit Führungsqualitäten und hoher Motivation Wert gelegt wird, unterstreicht die hohe Zustimmung zu den Antwortmöglichkeiten „Eigenständige Persönlichkeit", „Verantwortungsgefühl" und „Eigeninitiative und Motivation", allesamt zwischenmenschliche Eigenschaften, die das Gesamtbild eines sozial kompetenten Bewerbers mitprägen.

Einen ähnlich hohen Wert erhält die Eigenschaft „Organisationsgeschick", die auch in der Frage nach den persönlichen Kompetenzen eines Kulturmanagers als besonders wichtig erachtet wurde und auf dessen Vermittlung im Kulturmanagement-Studium immer wieder Wert gelegt wird.

Dass die Befragten beim Einstellungsgespräch kaum auf „Pünktlichkeit", „Äußere Erscheinung" und „Höflichkeit/Umgangsformen" achten, mag daran liegen, dass sie diese Eigenschaften als gegeben betrachten und daher im Vergleich zu berufsrelevanteren vernachlässigen.

5 Auswertung der Sparte Bildende Kunst

Kristin Kretzschmar, Antje Mohrmann

In der Sparte „Bildende Kunst" sind vor allem Museen, Galerien und Kunstvereine angeschrieben worden. Der Rücklauf umfasst in diesem Bereich insgesamt 37 Fragebögen, die ausgewertet werden konnten. Diese Antworten stammen zu 21,6 Prozent aus dem öffentlich-rechtlichen Sektor (8 Antworten), 45,9 Prozent aus dem privatwirtschaftlich-gemeinnützigen (17 Antworten) und zu 27,0 Prozent aus dem privatwirtschaftlich-kommerziellen Bereich (10 Antworten). Insgesamt betrachtet liefert die Sparte Bildende Kunst, wie schon bei der Betrachtung der Methodik erwähnt wurde, einen Rücklauf von 37 Antworten. Bei einer Aussendung von 142 Fragebögen macht dies eine eher zurückhaltende Quote von knapp 24,7 Prozent, somit knapp einem Viertel.

Abbildung 7: *Verteilung der Antworten auf Trägerschaften*

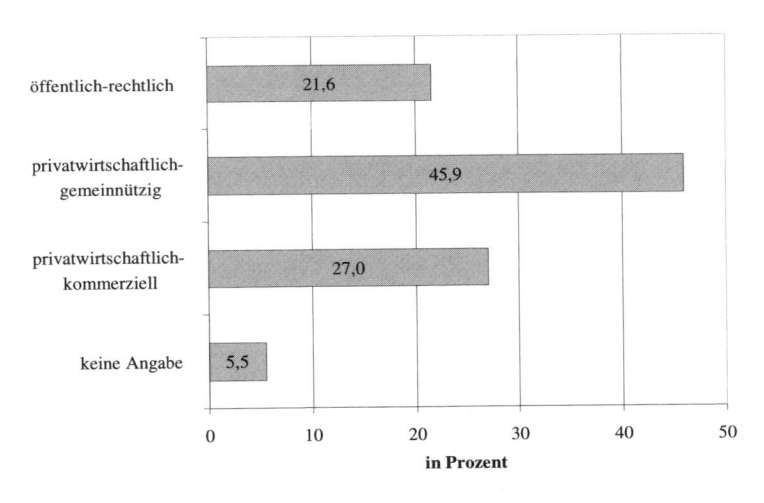

Trägerschaft	in Prozent
öffentlich-rechtlich	21,6
privatwirtschaftlich-gemeinnützig	45,9
privatwirtschaftlich-kommerziell	27,0
keine Angabe	5,5

5.1 Einsatz von Kulturmanagern in Betrieben der Bildenden Kunst

Laut der vorliegenden Umfrage sind in der heutigen Zeit in knapp einem Drittel der Institutionen in der Sparte der Bildenden Kunst Kulturmanager tätig. Mit 62,2 Prozent ist jedoch die Mehrzahl der Befragten bisher Kulturmanagern gegenüber noch nicht aufgeschlossen. Diese Zahlen decken sich mit dem Einsatz von Kulturmanagern im gesamten Kulturbereich.

Eine leichte Abweichung lässt sich jedoch bei der Frage, ob künftig geplant ist, Kulturmanager im Betrieb einzusetzen, ablesen. Stehen in der Gesamtbetrachtung weniger als ein Drittel einer solchen Planung ablehnend gegenüber, so sind es in der Bildenden Kunst über 40 Prozent.

Abbildung 8: *„Arbeiten in Ihrem Betrieb studierte Kulturmanager?" Auswertung der Sparte Bildende Kunst*

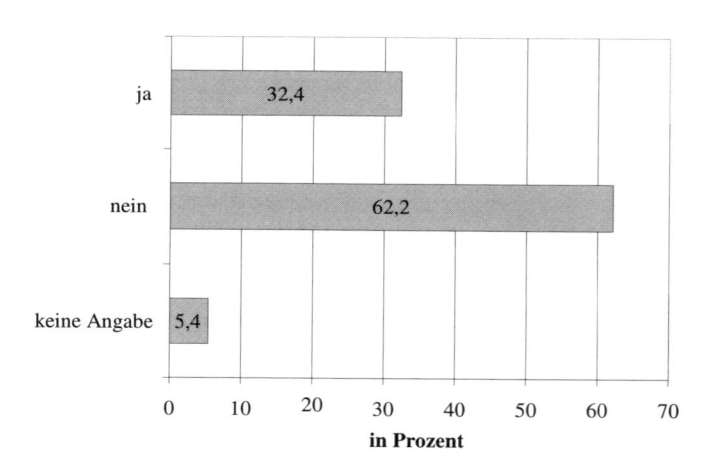

Antwort	in Prozent
ja	32,4
nein	62,2
keine Angabe	5,4

Bei der Betrachtung der Frage gegliedert nach Trägerschaften ist auffällig, dass sich im öffentlich-rechtlichen Sektor die Hälfte der Befragten gegen den künftigen Einsatz von ausgebildeten Kulturmanagern aussprechen. Dort wird möglicherweise bis heute sehr auf den traditionellen Werdegang: Studium, Promotion und nachfolgend Volontariat Wert gelegt. Während der privatwirtschaftlich-kommerzielle Sektor erwartungsgemäß ausgebildeten Kulturmanagern aufgeschlossener ist, kann eine ablehnende Haltung gegenüber Kulturmanagern im privatwirtschaftlich-gemeinnützigen Sektor erkannt werden. Wie Tabelle 9 verdeutlicht, schließt eine Vielzahl der befragten Institutionen mit 41,2 Prozent den Einsatz eines Kulturmanagers grundsätzlich aus. Eine Begründung hierfür liefert der verstärkte Einsatz von Ehrenamtlichen in privatwirtschaftlich-gemeinnützigen Institutionen, vorwiegend in Kunstvereinen.

Tabelle 9: „Haben Sie vor, in Zukunft studierte Kulturmanager in Ihrem Betrieb einzusetzen?" Auswertung der Sparte Bildende Kunst

	nein	eher nein	vielleicht	eher ja	ja	weiß nicht
öffentlich-rechtlich	25,0%	25,0%	12,5%	12,5%	12,5%	12,5%
privatwirtschaftlich-gemeinnützig	41,2%	5,9%	17,6%	11,8%	17,6%	5,9%
privatwirtschaftlich-kommerziell	20,0%	10,0%	20,0%	30,0%	20,0%	0%

5.2 Anforderung an Kulturmanager

5.2.1 Persönlich-soziale Kompetenzen

Eine ganze Reihe von Merkmalen, die in das Portfolio der persönlichen Kompetenzen eingeordnet werden, wurden auf ihre Wichtigkeit hinsichtlich der Ausübung des „Kulturmanagens" abgefragt. Spitzenreiter in der Gesamtauswertung wie auch in der Sparte der Bildenden Kunst mit allein über der Hälfte der „ganz wichtig"-Antworten, was 51,4 Prozent entspricht und kumuliert mit den „wichtig" Nennungen einen Prozentsatz von 86,5 Prozent ergibt, ist die Kommunikationsfähigkeit. Dicht darauf folgt bei den so genannten „soft skills" die Organisationsfähigkeit mit 62,2 Prozent „ganz wichtig" und zusammen mit „wichtig" 83,3 Prozent. Dies sind mit Abstand die relevantesten Nennungen bei der Frage nach den persönlichen Kompetenzen. Auch in der Gesamtbetrachtung deckt sich die hohe Einschätzung dieser beiden Charakteristika mit den gerade beschriebenen in der Sparte der Bildenden Kunst. Etwas gleichmäßiger verteilt zwischen 43,2 Prozent für die Ausprägung „ganz wichtig" und 40,5 Prozent „wichtig", aber mit zusammengerechnet 83,7 Prozent, folgt das „Verantwortungs- und Pflichtbewusstsein", wiederum dem Gesamtbild entsprechend. Das Merkmal „Entscheidungsfähigkeit" erhält keine Nennung von „nicht wichtig" und wird von insgesamt 75,6 Prozent als „ganz wichtig" und „wichtig" empfunden.

Abbildung 9: *"Wie wichtig schätzen Sie folgende persönlichen Kompetenzen für Kulturmanager ein?" Auszug der fünf höchsten Wertungen in einem Betrieb der Bildenden Kunst*

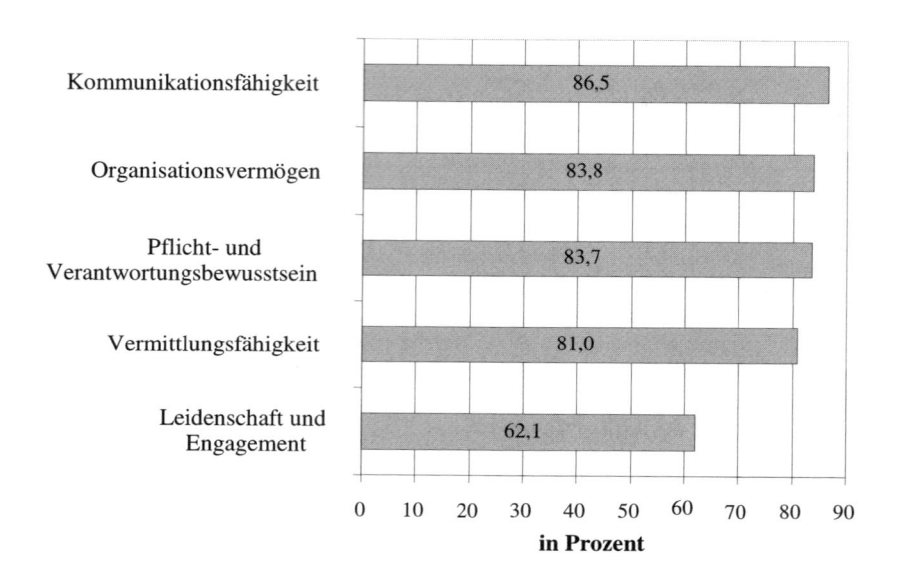

Kompetenz	in Prozent
Kommunikationsfähigkeit	86,5
Organisationsvermögen	83,8
Pflicht- und Verantwortungsbewusstsein	83,7
Vermittlungsfähigkeit	81,0
Leidenschaft und Engagement	62,1

Erstaunlich ist, dass das Merkmal „Kreativität" mit 27,0 Prozent der „eher nicht wichtig"-Antwortmöglichkeiten bei der Frage nach den wichtigen Bestandteilen im Spektrum der persönlichen Kompetenzen keine signifikante Relevanz erhält. Gerade bei den Bildenden Künsten fällt eine schnelle Assoziation mit dem Begriff „Kreativität" nicht schwer. Umso eher würde man vermuten, dass von Kulturmanagern, die in dieser Branche arbeiten, auch eine Affinität hierzu gefordert wird. Wie die Umfrage jedoch zeigte, wird eher ein kommunikativer, organisatorisch kompetenter Entscheider als Kulturmanager gesucht. Dies deckt sich auch mit der Betrachtung der Gesamtbewertung. Allerdings wird diese eher sachlich strukturierte Aufgliederung der persönlichen Eigenschaften, die in dieser Form unter viele Managerpositionen zu subsumieren wäre, durch 78,3 Prozent der „ganz wichtig"- und „wichtig"-Nennungen für das Charakteristikum „Leidenschaft und Engagement" durchbrochen. Dieses Merkmal lässt dann doch in der Skala der Bewertung der persönlichen Kompetenzen zumindest ein wenig den Kulturbetrieb als Arbeitsort erahnen.

5.2.2 Methodisch-fachliche Kompetenzen

Bei der Abfrage der methodisch-fachlichen Fähigkeiten zeigt sich an der Spitze der Nennungen eine Kongruenz zur oben beschriebenen Wichtigkeit der Kommunikationsfähigkeit. Die wichtigsten Charakteristika sind hier in diesem Bereich die IT-Kompetenz mit 64,8 Prozent und Medienkompetenz mit 67,5 Prozent, denen kommunikative Elemente immanent sind. Aber auch die Erfordernis nach Fremdsprachenkenntnissen, welche 70,2 Prozent der „ganz wichtig"- und „wichtig"-Nennungen erhält und damit etwas über dem Prozentsatz der Gesamteinschätzung liegt, lässt sich unter die Kommunikation subsumieren und stellt damit eine Besonderheit der Sparte der Bildenden Kunst dar. Gerade in diesem Bereich könnte die Internationalität Einfluss auf die erforderlichen Kompetenzen haben.

Es reihen sich in dieses Feld noch das Zeitmanagement mit 78,3 Prozent sowie das Selbstmanagement und Organisationswissen mit jeweils 70,2 Prozent der „ganz wichtig"- und „wichtig"-Nennungen ein. Diese spiegeln als Pendants innerhalb der theoretischen Kompetenzen die Voraussetzungen auf der Ebene der harten Faktoren wider, die für die oben genannte „Organisationsfähigkeit" wichtig sind.

Abbildung 10: *„Wie wichtig schätzen Sie folgende theoretische Kompetenzen für Kulturmanager ein?" Auszug der fünf höchsten Wertungen in einem Betrieb der Bildenden Kunst*

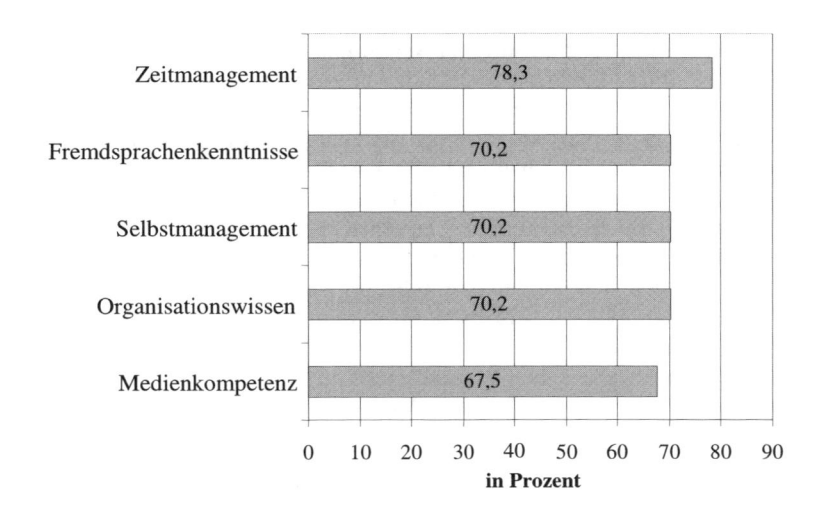

Kompetenz	in Prozent
Zeitmanagement	78,3
Fremdsprachenkenntnisse	70,2
Selbstmanagement	70,2
Organisationswissen	70,2
Medienkompetenz	67,5

Erstaunlich ist jedoch innerhalb der Abfrage dieser Charakteristika, dass BWL-Kenntnisse von 16,0 Prozent als „nicht wichtig" und von 46,0 Prozent als nur „eher wichtig" empfunden werden. Juristische Fähigkeiten werden zu einem Viertel als „nicht wichtig" aufgefasst. Auch die Managementfähigkeiten werden zu 16,2 Prozent als „nicht wichtig" wahrgenommen und als „eher wichtig" mit 35,1 Prozent eingeschätzt. Diese Bewertung deckt sich auch mit der Auswertung der Gesamtbetrachtung. Auch das Wissen über Finanzen spielt mit 35,0 Prozent eine nur „eher wichtige" Rolle. Damit scheinen gerade diese Komponenten als Bestandteile in den Kulturbetrieben nicht unter den zweiten Namensbestandteil „Management" in seinem klassischen Sinn gezählt, sondern davon abgekoppelt gesehen zu werden. Vielleicht wird davon ausgegangen, dass für diese kaufmännischen und juristischen Bereiche Spezialisten als Ansprechpartner zur Verfügung stehen. Dies verwundert ein wenig, da nicht nur in den privatrechtlich strukturierten Institutionen eigentlich kaufmännische Fertigkeiten gern gesehen werden müssten. Auch bei den öffentlich-rechtlichen Einrichtungen müsste dies gewünscht sein, werden doch viele kommunale Betriebe inzwischen in Eigenbetriebe bzw. Betriebe mit eigener Rechtspersönlichkeit überführt, um BWL-Instrumentarien einsetzen zu können. Bereits Anfang der 90er Jahre ist Nordrhein-Westfalen mit einem Modellversuch für die Einführung „Neuer Steuerungsmodelle" und „Neues Kommunales Finanzmanagement" gestartet, um von der Kameralistik abzukehren und Kommunen als erfolgreiche Wirtschaftsbetriebe zu gestalten. 2003 wurde der gesetzliche Weg frei gemacht, diese Modelle in allen Bundesländern zu implementieren (Klein, 2008: 419f). Entsprechendes kaufmännisches Know-how könnte in der gesamten Sparte unter diesen Gesichtspunkten also von Vorteil sein.

Eine Ausnahme zur Einschätzung der Wichtigkeit der allgemeinen finanziellen Kompetenzen bilden jedoch die „Fundraising- und Sponsoring-" Kenntnisse. Diese bewegen sich zwar mit 64,8 Prozent der „ganz wichtig"- und „wichtig"-Nennungen nicht ganz so hoch wie die zuerst genannten Charakteristika, liegen mit diesen Werten aber über den Einschätzungen zu den restlichen Merkmalen aus dem kaufmännisch-finanziellen Sektor. Hier scheint somit doch ein spezieller Bedarf gesehen zu werden, den ein Kulturmanager abdecken soll und nicht der rein kaufmännisch ausgebildete Spezialist.

Des Weiteren finden sich bei den methodisch-fachlichen Kompetenzen außer den erforderten Fremdsprachenkenntnissen keine Merkmale, die Rückschlüsse auf die Sparte Bildende Kunst zulassen würden. Sowohl „kulturhistorisches" als auch „kulturtheoretisches Wissen" wird zu einem Viertel als „nicht wichtig" angesehen. Es fehlt somit bei der Auflistung der Prioritäten theoretischer Fähigkeiten an solchen, die Hinweise auf die befragte Sparte geben könnten.

5.2.3 Zukünftig wichtige Kompetenzen

Die Antworten auf die Frage, was in Zukunft bei der Ausübung des Berufs „Kulturmanager" für wichtig erachtet wird, korrespondieren mit den soeben beschriebenen Anforderungen: Netzwerken wird zu 67,5 Prozent „ganz wichtig" und „wichtig" eingestuft, ebenso Sponsoringakquise und Zielorientierung mit 70,2 Prozent „ganz wichtig"- und „wichtig"-Nennungen führen die in Zukunft für wichtig eingeschätzten Merkmale eines Kulturmanagers an. Bei diesem Merkmal sowie auch bei dem Kriterium „Netzwerken" wird deutlich, dass sich im Vergleich zur spartenübergreifenden Auswertung eine höhere Wertung von „ganz wichtig" erkennen lässt. Während in der Gesamtauswertung das „Netzwerken" auf 32,2 Prozent der „ganz wichtig" Nennungen kommt, waren es in der Sparte der Bildenden Kunst 40,5 Prozent. Ein deutlicher Anstieg, der sich möglicherweise auf die steigende Notwendigkeit weiterer Finanzierungsmöglichkeiten zurückführen lässt. Aber auch den Fremdsprachenkenntnissen werden weiterhin mit 62,1 Prozent der Nennungen in den Bereichen „ganz wichtig" und „wichtig" Bedeutung beigemessen.

5.3 Kriterien für eine erfolgreiche Bewerbung

5.3.1 Schriftliche Bewerbung

Bei der Durchsicht der Bewerbungsunterlagen stellen für die Befragten insbesondere die „Sprachkenntnisse" ein wichtiges Entscheidungskriterium dar. Wie Abbildung 11 zeigt, sehen drei Viertel, genau 75,7 Prozent der Befragten, diese Kenntnis analog zu den Kompetenzen auch bei der schriftlichen Bewerbung als „ganz wichtig" bzw. „wichtig" an. Im Vergleich mit der gesamten Auswertung, deren Wert bei 50,5 Prozent liegt, lässt sich hier erkennen, dass dieses Kriterium im Bereich der Bildenden Kunst eine höhere Wichtigkeit hat. Überraschenderweise ist der Prozentwert des Kriteriums „Auslandserfahrung" nicht in gleicher Weise von Belang. Für 56,7 Prozent sind „Auslandserfahrungen" „eher nicht wichtig" bzw. nur „eher wichtig". Somit scheinen Erfahrungen im Ausland abgekoppelt von den Fremdsprachenkenntnissen gesehen zu werden und nicht in selbem Maße erforderlich zu sein.

Des Weiteren spielen auch soziale Kompetenzen und Kultur- bzw. berufsfremde Erfahrungen eine große Rolle bei der Auswahl der potenziellen Kandidaten. Knapp drei Viertel, exakt 72,9 Prozent der Befragten, sehen die sozialen Kompetenzen als „ganz wichtig" oder „wichtig" an, bei den Kultur- bzw. berufsfremden Erfahrungen macht dies einen Wert von 59,4 Prozent aus. Analog zu den benötigten Kompetenzen eines Kulturmanagers ist auffällig, dass dem Merkmal der Kreativität keine besondere Bedeutung beigemessen wird. 29,7 Prozent sehen die Kreativität nicht als wichtige Voraussetzung für eine erfolgreiche Bewerbung an, während dies in der Gesamtheit jedoch eine höhere Relevanz hat.

Die formale Gestaltung der Bewerbungsmappe sowie die Stringenz im Lebenslauf haben in der Sparte Bildende Kunst keinen hohen Stellenwert. So wird die äußere Form der Bewerbungsmappe und des Lebenslaufs von etwa der Hälfte, 51,3 Prozent/48,6 Prozent, als „gar nicht wichtig", „nicht wichtig" oder „eher nicht wichtig" erachtet. Auch die Stringenz im Lebenslauf ist mit 45,9 Prozent bei der Bewerbung nicht relevant. Dies steht im Gegensatz zu der Gesamtheit aller Sparten, bei der diese Faktoren wesentlich wichtiger beurteilt wurden. So liegt der Wert der Nennungen „gar nicht", „nicht" und „eher nicht" für die „äußere Form der Bewerbungsmappe" bei 40,4 Prozent, für die „äußere Form des Lebenslaufs" bei 36,1 Prozent und für die „Stringenz im Lebenslauf" bei 37,5 Prozent. Möglicherweise legt die Sparte der Bildenden Kunst wesentlich weniger Wert auf Äußerlichkeiten. Dies lässt sich eventuell auch mit dem geringen Prozentwert der Antwortmöglichkeit bei der „Kreativität" in Verbindung bringen. Die Bewerber sollen sich eher durch soziale Kompetenzen, einer internationalen Ausrichtung bzw. Aufstellung sowie Berufserfahrung hervorheben.

Abbildung 11: *Wichtigkeit der „Sprachkenntnisse" bei der schriftlichen Bewerbung im Spartenvergleich*

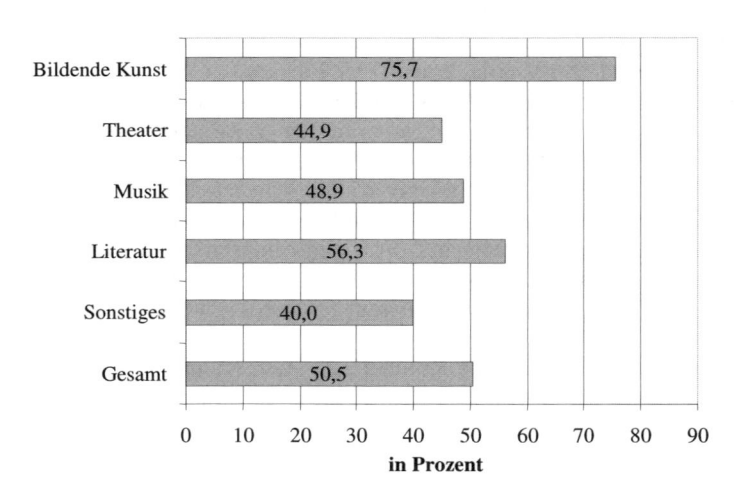

Sparte	in Prozent
Bildende Kunst	75,7
Theater	44,9
Musik	48,9
Literatur	56,3
Sonstiges	40,0
Gesamt	50,5

5.3 Bewerbungskriterien

5.3.2 Praxiserfahrung

Wie schon bei den relevanten Bewerbungsfaktoren deutlich wurde, spielt Berufserfahrung eine große Rolle. Dies lässt sich auch bei der Frage nach den absolvierten Praktika erkennen. Drei Viertel der Antworten (75,7 Prozent) messen den Praktika eine „sehr wichtige" beziehungsweise „wichtige" Bedeutung in der Bildenden Kunst bei, wobei die Praktikumsdauer für circa die Hälfte der Befragten optimalerweise drei Monate betragen sollte. Im Hinblick auf die Gesamtheit der Antworten lässt sich für die Bildende Kunst eine geringfügig höhere Relevanz der Praktika bei der Bewerbung erkennen.

5.3.3 Akademische Qualifikationen und Abschlussarbeit

In Bezug auf die schulische und universitäre Ausbildung wird deutlich, dass der Magister-/Diplom-Abschluss die höchste Anerkennung in der Branche findet, während der Master-Abschluss, die Promotion sowie der Bachelor (noch) nicht derart bedeutend sind. Diese Ergebnisse liefern keine signifikanten Unterschiede zum Gesamtergebnis, sondern spiegeln dieses wider. Weiter lässt sich erkennen, dass für über die Hälfte der Umfrageteilnehmer das Thema der Abschlussarbeit Einfluss auf die Beurteilung der Bewerbung hat. Im Hinblick auf das Gesamtergebnis stellt sich hier ein Dissens heraus. Unter Berücksichtigung aller Sparten sehen nur 27,9 Prozent die Abschlussarbeit bei der Bewerbung als „ganz wichtig" oder „wichtig" an. Im Sektor der Bildenden Kunst hingegen macht dies 54,0 Prozent aus. Auch für die praktische Arbeit ist das Thema der Abschlussarbeit wesentlich gewichtiger als in der Gesamtheit. Während die spartenübergreifende Auswertung mit 15,4 Prozent einen nur eher geringen Wert verzeichnet, empfinden mehr als ein Viertel (27,0 Prozent) der Befragten aus der Bildenden Kunst das Thema als relevant für die alltägliche Arbeit.

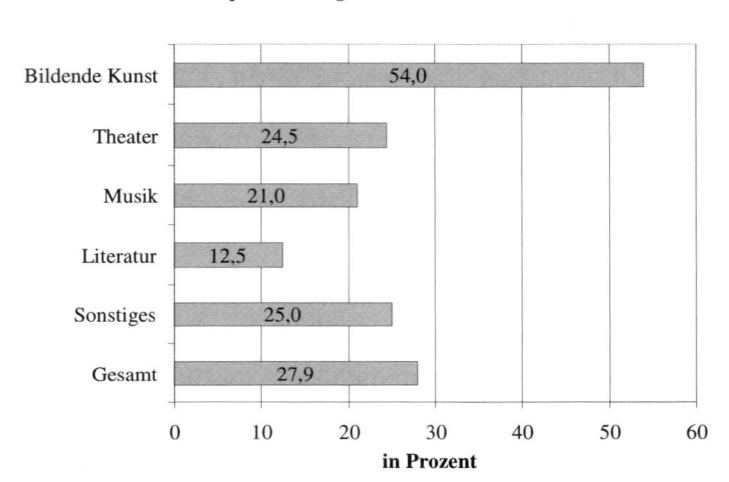

Abbildung 12: *Wichtigkeit des Thema einer Abschlussarbeit bei der Bewerbung im Spartenvergleich*

Sparte	in Prozent
Bildende Kunst	54,0
Theater	24,5
Musik	21,0
Literatur	12,5
Sonstiges	25,0
Gesamt	27,9

5.3.4 Bewerbungsgespräch

Wie in Tabelle 10 deutlich wird, spielen vor allem bei einem Vorstellungsgespräch im Bereich der Bildenden Kunst folgende Kriterien für die Umfrageteilnehmer eine große Rolle: „Sozialkompetenz" mit 40,5 Prozent Zustimmung, „Begeisterung für Kultur im Allgemeinen" mit 40,5 Prozent, „Eigeninitiative und Motivation" mit 37,8 Prozent, „Verantwortungsgefühl" beziehungsweise die „Fähigkeit Verantwortung zu übernehmen" mit 37,8 Prozent und eine „eigenständige Persönlichkeit" mit 35,1 Prozent. Hingegen nehmen die Eigenschaften „Pünktlichkeit" mit verschwindenden 2,7 Prozent, „Sensibilität" mit ebenso 2,7 Prozent und „Kritikfähigkeit" mit 5,4 Prozent nur eher unwichtige Positionen innerhalb der Auswahlkriterien ein.

Vergleicht man nun diese herausragenden Ergebnisse mit der Gesamtauswertung, so fällt vor allem auf, dass die „Begeisterung für Kultur im Allgemeinen" eine höhere Relevanz in der Sparte Bildende Kunst aufweist. Bei der Betrachtung der Prozentsätze wird die Signifikanz der Differenz deutlich: In der Sparte Bildende Kunst stimmten 40,5 Prozent der Befragten zu, während nur 20,7 Prozent der Gesamtheit dieses Kriterium als relevant erachteten. Dies legt den Schluss nahe, dass ein kultureller Überblick für die Bewerber bedeutend ist.

5.3 Bewerbungskriterien

Abbildung 13: *Wichtigkeit der „Begeisterung für Kultur im Allgemeinen" beim Einstellungsgespräch im Spartenvergleich*

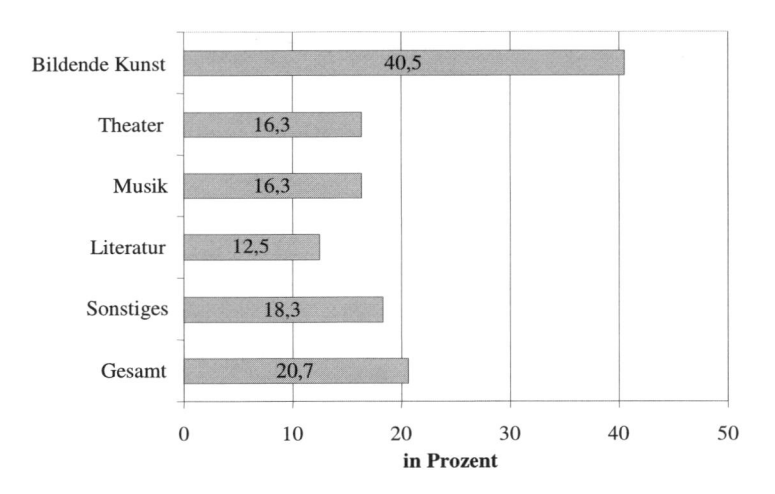

Sparte	in Prozent
Bildende Kunst	40,5
Theater	16,3
Musik	16,3
Literatur	12,5
Sonstiges	18,3
Gesamt	20,7

Auch das Kriterium „Wissen über den konkreten Betrieb" wird in der Bildenden Kunst fast als doppelt so wichtig bewertet, da es 32,4 Prozent erhält im Gegensatz zur Auswertung der gesamten Antworten mit 17,8 Prozent. Möglicherweise lässt sich dies darauf zurückführen, dass die Hälfte der Antworten im Sektor Bildende Kunst aus dem privatwirtschaftlich-gemeinnützigen Bereich hervorgeht und somit vor allem die Kunstvereine vertreten sind. Geprägt durch die unterschiedlichen Strukturen und Personalkonstellationen ist ein Einstellen auf den vorliegenden Betrieb unerlässlich.

Tabelle 10: „Stellen Sie sich vor, Sie führen ein Einstellungsgespräch. Auf was würden Sie vorrangig achten (maximal 5 Nennungen)?" Antworten der Betriebe in der Sparte Bildende Kunst absteigend sortiert

Sozialkompetenz	40,5%
Begeisterung für Kultur im Allgemeinen	40,5%
Eigeninitiative und Motivation	37,8%
Verantwortungsgefühl	37,8%
Eigenständige Persönlichkeit	35,1%
Teamfähigkeit	32,4%
Wissen über den konkreten Betrieb	32,4%
Organisationsgeschick	29,7%
Begeisterung für die spezielle Aufgabe / Sparte	27,0%
Zuverlässigkeit	27,0%
Kommunikationsfähigkeit / Eloquenz	27,0%
Lernbereitschaft und Neugierde	24,3%
Allgemeinwissen	18,9%
Äußere Erscheinung	18,1%
Realistische Selbsteinschätzung	16,2%
Identifikation mit den Leitbildern/Zielen des Betriebs	16,2%
Lösungsorientiertheit	16,2%
Strukturiertheit	16,2%
Höflichkeit / Umgangsformen	13,5%
Kreativität	10,8%
Integrität	10,8%
Sonstiges	8,1%
Diplomatisches Geschick	8,1%
Gesellschaftliches / Soziales Engagement	8,1%
Körpersprache	8,1%
Selbstbewusstes Auftreten	8,1%
Kritikfähigkeit	5,4%
Sensibilität	2,7%
Pünktlichkeit	2,7%

5.4 Zusammenfassung und Typologie

Der Kulturbetrieb in der Bildenden Kunst braucht einen kommunikativen, gut vernetzten und polyglotten Manager, der sich selbst und das Produkt optimal organisiert und mit Leidenschaft und Engagement zu Werke geht. Im Besonderen ist die optimale Nutzung der Zeit und der damit verbundenen effizienten Erledigung der anstehenden Aufgaben prägend für das Anforderungsprofil eines angehenden Kulturmanagers in der Bildenden Kunst. Obwohl dezidierte Kenntnisse in Betriebswirtschaft oder Jura nicht zwingend sind, steht doch fest, dass man für den Einsatz in der Sparte der Bildenden Künste fit sein muss in Fundraising und Sponsoring, um so neben den üblichen Finanzierungsinstrumenten auch neue Mittel erschließen zu können. Um hier tätig werden zu können ist eine einschlägige Abschlussarbeit in vielen Fällen eine erfolgreiche Eintrittskarte in den Kulturbetrieb der Bildenden Künste.

6 Auswertung der Sparte Musik

Julia Haß, Meng-Shan Wu

Die Ergebnisse der Sparte Musik stützen sich auf 43 von Managern aus Musikbetrieben beantwortete Fragebögen, die sich den drei unterschiedlichen Trägerschaftsmodellen folgendermaßen zuordnen lassen: 25,6 Prozent der Befragten kommen aus dem öffentlich-rechtlichen, jeweils 37,2 Prozent aus dem privatwirtschaftlich-gemeinnützigen und privatwirtschaftlich-kommerziellen Bereich. Der öffentlich-rechtliche Sektor wurde insbesondere von staatlichen bzw. städtischen Orchestern bedient, privatrechtlich organisierte Musikschulen repräsentieren überwiegend den privatwirtschaftlich-gemeinnützigen Bereich, privatrechtlich-kommerziell sind beispielsweise Konzertdirektionen und Festivals.

Von 43 Befragten waren neun (20,9 Prozent) weiblich und 29 (67,5 Prozent) männlich. Fünf Befragte machten hierzu keine Angaben.

Abbildung 14: *Verteilung der Befragten aus der Sparte Musik auf Trägerschaften*

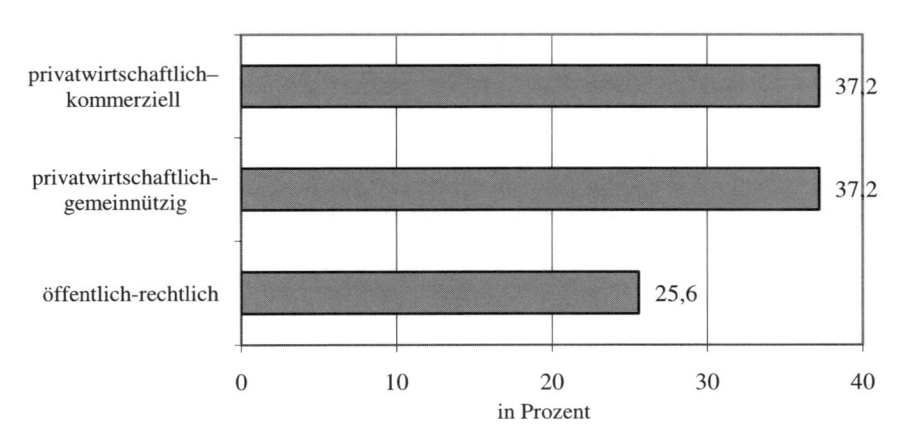

Trägerschaft	Prozent
privatwirtschaftlich–kommerziell	37,2
privatwirtschaftlich-gemeinnützig	37,2
öffentlich-rechtlich	25,6

in Prozent

6.1 Einsatz von Kulturmanagern im Musikbetrieb

Auf die Frage nach dem derzeitigen Einsatz von Kulturmanagern in Betrieben der Sparte Musik lässt sich das Verhältnis 1 : 2 feststellen: In 34,9 Prozent der Musikbetriebe arbeiten bereits Kulturmanager, 65,1 Prozent beschäftigen bisher keine Kulturmanager. Dieses Verhältnis findet sich so auch in der Gesamtauswertung wieder.

Ein gutes Drittel der befragten Musikmanager würde auch in Zukunft Kulturmanager einstellen, ein Anteil von 21 Prozent spricht sich dagegen aus. Im Vergleich zu den anderen Sparten sind dies Werte, die musikinteressierte Kulturmanager hoffen lassen, denn Tabelle 11 zeigt, dass in den meisten anderen Sparten die Bereitschaft, zukünftig Kulturmanager einzustellen, z. T. deutlich geringer ist.

Tabelle 11: „Haben Sie vor, in Zukunft studierte Kulturmanager in Ihrem Betrieb einzusetzen?" Antworten der Musikmanager

Sparte	nein	eher nein	vielleicht	eher ja	ja
Bildende Kunst	29,7%	10,8%	16,2%	16,2%	16,2%
Theater	18,4%	6,1%	28,6%	24,5%	14,3%
Musik	**9,3%**	**11,6%**	**34,9%**	**16,3%**	**20,9%**
Literatur	6,3%	18,8%	43,8%	18,8%	6,3%
Sonstige	18,3%	18,3%	28,3%	16,7%	6,7%

6.2 Anforderungen an Musikmanager

Kernpunkt der Untersuchung war, die derzeit an Kulturmanager gestellten Anforderungen zu erheben. Hierzu wurden sowohl persönlich-soziale Eigenschaften als auch methodisch-fachliche Kenntnisse abgefragt, ebenso wie die zukünftig wichtigsten Kompetenzen.

6.2.1 *Persönlich-soziale Kompetenzen*

Bei der Frage nach der Wichtigkeit (kumulierte Prozentwerte für „wichtig" und „ganz wichtig") der persönlich-sozialen Kompetenzen eines Kulturmanagers fällt auf, dass keines der Attribute als völlig unwichtig eingeschätzt wurde.

6.2 Anforderungen

Dennoch war ein Konsens unter den Befragten bei einigen Merkmalen deutlicher zu spüren als bei anderen. So sind für 40 der Befragten (93,1 Prozent) „Kommunikationsfähigkeit" sowie „Pflicht- und Verantwortungsbewusstsein" die wichtigsten Qualifikationen. Weiter bedeutend sind die Eigenschaften „Organisationsvermögen" (90,7 Prozent) und „Entscheidungsfähigkeit" (88,3 Prozent).

„Sich zu reflektieren" und „Netzwerke" zu pflegen, erschien den Befragten eher weniger wichtig. Insbesondere im Bereich „Netzwerken" fällt auf, dass die Sparte Musik im Spartenvergleich den niedrigsten Prozentwert hält (60,4 Prozent). Dies mag daran liegen, dass die befragten Musikinstitutionen durch ihre unterschiedlichen Organisationsweisen und Trägerschaftsmodelle verschieden stark auf Kooperation und Austausch mit vergleichbaren Institutionen angewiesen sind. Die Personalorganisation städtischer Musikschulen beispielsweise, die einen Großteil der hier untersuchten Musikinstitutionen ausmachen, greift bei krankheitsbedingten Ausfällen weniger auf externe Aushilfen zurück als ein Berufsorchester. Kommerziell agierende Konzertdirektionen und Agenturen hängen aufgrund ihrer originären Aufgabe der Konzertveranstaltung und Künstlervermarktung wiederum stark von Kontakten und Beziehungen und somit vom „Netzwerken" ab.

Interessant ist hierbei auch der Vergleich zur Einschätzung von „Netzwerken" in der Zukunft (siehe 6.2.3).

Die Gesamtauswertung zeigt, dass die oben genannten, im Musikbereich wichtigsten persönlich-sozialen Eigenschaften durch alle Sparten eine große Wertschätzung erfahren. Jedoch scheinen die Attribute „Entscheidungsfähigkeit" und „Auftreten" den Managern im Musikbereich besonders wichtig zu sein: „Entscheidungsfähigkeit" wird lediglich von den Managern aus der Sparte „Sonstiges" als noch wichtiger erachtet, wohingegen die Sparte Musik beim Merkmal „Auftreten" den im Spartenvergleich höchsten Prozentwert verzeichnet. Tabelle 12 gibt einen Überblick über die Antworten der Befragten aus dem Musikbereich zu den persönlich-sozialen Kompetenzen:

Tabelle 12: „Wie wichtig schätzen Sie folgende persönliche Kompetenzen für Kulturmanager ein?" Antworten der Musikmanager

	gar nicht	nicht	eher nicht	eher wichtig	wichtig	ganz wichtig	k. A.
Kommunikationsfähigkeit	0%	0%	0%	7,0%	23,3%	**69,8%**	0%
Offenheit und Toleranz	0%	0%	2,3%	23,3%	**53,5%**	18,6%	2,3%
Flexibilität	0%	0%	12,5%	32,6%	**34,6%**	32,6%	0%
Kreativität	0%	2,3%	2,3%	**32,6%**	**32,6%**	30,2%	0%
Reflexivität	2,3%	0%	9,3%	**37,2%**	25,6%	18,6%	7,0%
Strukturiertes Denken	2,3%	2,3%	2,3%	11,6%	23,3%	**58,1%**	0%
Organisationsvermögen	0%	0%	0%	9,3%	27,9%	**62,8%**	0%
Vermittlungsfähigkeit	0%	0%	2,3%	18,6%	**48,8%**	30,2%	0%
Entscheidungsfähigkeit	0%	0%	0%	11,6%	39,5%	**48,8%**	0%
Teamfähigkeit	0%	0%	2,3%	20,9%	37,2%	**39,5%**	0%
Führungsqualitäten	0%	2,3%	0,0%	20,9%	**46,5%**	27,9%	2,3%
Pflicht-/Verantwortungsbewusstsein	0%	0%	2,3%	4,7%	**46,5%**	**46,5%**	0%
Belastbarkeit	0%	0%	0%	16,3%	**44,2%**	39,5%	0%
Auftreten	0%	0%	2,3%	16,3%	**62,8%**	18,6%	0%
Leidenschaft, Engagement	0%	2,3%	0%	23,3%	32,6%	**41,9%**	0%
Selbstständigkeit	0%	0%	4,7%	16,3%	**46,5%**	32,6%	0%
Netzwerken	0%	0%	9,3%	27,9%	**39,5%**	20,9%	2,3%

6.2.2 Methodisch-fachliche Kompetenzen

Als unwichtig für den Kulturmanager erachteten die Befragten keine der aufgeführten Kenntnisse, es kann jedoch eine deutliche Abstufung nach Wichtigkeit festgestellt werden. Die herausragenden Kategorien bei der Frage nach den wichtigsten methodisch-fachlichen Kompetenzen eines Kulturmanagers waren „Selbst- und Zeitmanagement", „Konflikt- und Krisenmanagement", die „Fähigkeit, vernetzt zu denken" sowie die Beherrschung von „Marketing-Techniken". Diese fünf Kategorien wurden von 70 bis 93 Prozent der befragten Musikmanager im Bereich „wichtig" bzw. „ganz wichtig" eingeordnet. Die

6.2 Anforderungen

höchste Einstufung erfuhren hierbei „Zeit- und Selbstmanagement" mit 93,0 bzw. 90,7 Prozent.

Tabelle 13: Top 5 der Frage „Wie wichtig schätzen Sie folgende theoretische Kompetenzen für Kulturmanager ein?" Antworten der Musikmanager

	gar nicht	nicht	eher nicht	eher wichtig	wichtig	ganz wichtig	k. A.
Marketing-Techniken	0%	0%	7,0%	14,0%	62,8%	16,3%	0%
Konflikt-management	0%	2,3%	0%	27,9%	37,2%	32,6%	0%
Fähigkeit, vernetzt zu denken	0%	0%	2,3%	25,6%	37,2%	34,9%	0%
Selbstmanagement	0%	0%	0%	7,0%	58,1%	32,6%	2,3%
Zeitmanagement	0%	0%	2,3%	2,3%	55,8%	37,2%	2,3%

Der Blick auf die Gesamtauswertung zeigt, dass Zeit- und Selbstmanagement auch in den anderen Sparten höchste Werte erzielen und als dementsprechend wichtig anzusehen sind. So wird im Kulturbereich erwartet, dass man im Zuge komplexer Aufgabenfelder und steigender Herausforderungen fähig ist, Prioritäten zu setzen und sich, sowie die zur Verfügung stehende Zeit, optimal organisiert.

Im Vergleich zu allen anderen Kultursparten scheint die Beherrschung von „Marketing-Techniken" im Musikbetrieb jedoch von besonderer Bedeutung zu sein, denn 79,1 Prozent der Musikmanager bewerteten diese Kompetenz mit „wichtig" und „ganz wichtig" – der mit Abstand höchste Wert dieser Qualifikation in allen Sparten, klar zu erkennen in Abbildung 15.

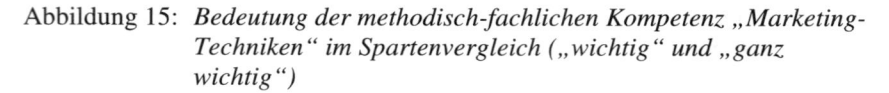

Abbildung 15: *Bedeutung der methodisch-fachlichen Kompetenz „Marketing-Techniken" im Spartenvergleich („wichtig" und „ganz wichtig")*

Balkendiagramm (in Prozent):
- Bildende Kunst: 45,9
- Theater: 53,0
- Musik: 79,1
- Literatur: 37,6
- Sonstige: 60,0

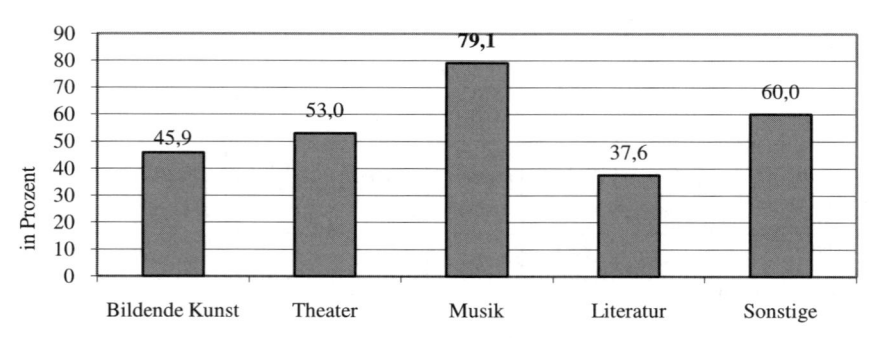

Die Manager der Musikbetriebe legen im Vergleich zu den anderen Sparten also den größten Wert darauf, dass ein Kulturmanager die Fähigkeit besitzt, das Kulturprodukt in idealer Weise zu vermarkten. Gründe hierfür liegen zum einen möglicherweise in der Entwicklung klassischer Musik, deren Vertreter einen Großteil der Befragten aus Musikinstitutionen ausmachen – durch alle Trägerschaftsmodelle hindurch. Klassische Musik spricht eher wenige Jugendliche und junge Erwachsene an (vgl. MIZ-Bericht zur Musikwirtschaft 2007). Diese stellen jedoch wiederum das Kulturpublikum von morgen dar, das es heute schon zu erreichen gilt – gegebenenfalls mithilfe modifizierter Maßnahmen im Marketing-Bereich. Zum anderen ist die Erschließung zusätzlicher Einnahmequellen (z. B. über Sponsoring als Teilbereich des Marketings) in Zeiten rückläufiger kommunaler Kulturausgaben von Bedeutung – insbesondere in personalintensiven und damit an hohe Fixkosten gebundenen Kulturbetrieben wie Orchestern (vgl. Klein 2005: 43), die in dieser Untersuchung den öffentlich-rechtlichen Anteil an befragten Musikinstitutionen dominieren. Nicht zuletzt machen sich aber auch das breite, in allen Stilrichtungen und Genres ausdifferenzierte musikalische Gesamtangebot sowie andere kulturelle Veranstaltungen Abend für Abend das Recht am Besucher streitig, wodurch die optimale Positionierung des einzelnen Musikprodukts am Markt umso notwendiger wird.

Darüber hinaus wird „Kreativität" insbesondere von Musikmanagern geschätzt: 62,8 Prozent halten sie für „wichtig" und „ganz wichtig" – einzig die Sparte Literatur verzeichnet hier einen noch höheren Wert.

Auch das Thema „Personalführung" ist im Spartenvergleich bei den Musikmanagern von größter Bedeutung: Für 69,7 Prozent ist es „wichtig" oder sogar „ganz wichtig", in diesem Bereich firm zu sein.

„Kenntnisse in Kulturvermittlung" nehmen im Musikbetrieb im Vergleich zu allen anderen Sparten einen relativ geringen Stellenwert ein, denn lediglich 46,5 Prozent der Musikmanager halten dies für „wichtig" oder „ganz wichtig". Dies ist verwunderlich, ist doch Musikvermittlung schon seit Jahren ein in Studien und Fachbüchern (z.B. Schneidewind 2003), aber auch ganz aktuell in Fachzeitschriften diskutiertes Thema (vgl. Allwardt 2008: 10ff).

Als am wenigsten wichtig für das theoretische Können des Kulturmanagers werden juristisches Wissen sowie kulturhistorische und kulturtheoretische Kenntnisse erachtet.

6.2.3 Zukünftig wichtige Kompetenzen

Neben den derzeit erwarteten Kenntnissen im Kulturbereich wurden die Umfrageteilnehmer zu zukünftig erforderlichen Kompetenzen befragt. Sämtliche zur Auswahl gestellten Merkmale wurden hierbei als „wichtig" empfunden, jedoch mit unterschiedlicher Gewichtung.

Als in Zukunft am wichtigsten erachten die Befragten die Eigenschaften „Zielorientierung" (90,7 Prozent „wichtig" bzw. „ganz wichtig"), „Besucherbindung" (88,4 Prozent), Belastbarkeit (83,7 Prozent) sowie die Bereiche „Kundenorientierung" und „Sponsoringakquise" (79,1 Prozent).

Zielorientiertes Handeln wird im Musikbetrieb, verglichen mit den anderen Sparten, erheblich mehr geschätzt: 70,2 bis 76,7 Prozent befinden es für „sehr wichtig" und „wichtig". Der Musikmanager soll wissen, was und wohin er will. Erwartet wird, dass er sich für seine Ziele mit Entschlossenheit einsetzt.

Die Bedeutung der drei Merkmale „Sponsoringakquise", „Kundenorientierung" und „Besucherbindung" bestätigen als Ausprägungen von „Marketing" das Ergebnis aus dem vorhergehenden Teil *„Methodisch-fachliche Kompetenzen"*, wo festgestellt wurde, dass die befragten Musikmanager bereits heute besonderen Wert auf Kenntnisse in diesem Bereich legen. Ein Grund für die verstärkte Orientierung am Besucher ist z. B. ein verändertes Publikumsverhalten – der Kulturnutzer hat vor dem Hintergrund einer „pluralisierten Kultur" (vgl. Schneidewind 2003: 11) quasi täglich die Qual der Wahl: Konzert oder Kino, Musical oder Museum, Poetry-Slam oder Picasso. Diese verstärkte Konkurrenzsituation zwingt den Musikschaffenden, sich seinem Besucher intensiv zu widmen, um ihn nicht an ein anderes attraktives Kulturangebot zu verlieren.

Die Bewertung des Merkmals „Selbstmanagement" ist auffällig: Nur 76,7 Prozent der Musikmanager empfinden die Fähigkeit, sich und seine Aufgaben reibungslos zu organisieren, als wichtig für die Zukunft. Bei der Abfrage der wichtigsten methodisch-fachlichen Kompetenzen wurde zuvor „Selbstmanagement" als zweitwichtigste Kategorie genannt. Hier interessiert der Blick auf die Entwicklung der Bewertung von „Selbstmanagement" durch die anderen Sparten.

Abbildung 16: *Wichtigkeit der Kompetenz „Selbstmanagement" heute und zukünftig im Spartenvergleich*

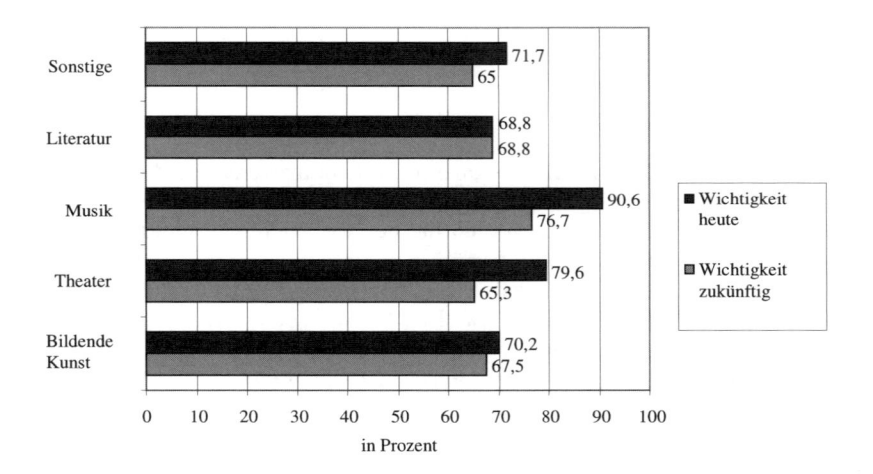

Sparte	Wichtigkeit heute	Wichtigkeit zukünftig
Sonstige	71,7	65
Literatur	68,8	68,8
Musik	90,6	76,7
Theater	79,6	65,3
Bildende Kunst	70,2	67,5

Mit Ausnahme der Sparte Literatur sind bei der Bewertung von „Selbstmanagement" durch alle Sparten hinweg niedrigere Prozentwerte für die Zukunft zu verzeichnen. Sich selbst optimal zu organisieren wird sicher nicht an Bedeutung verlieren, sondern die zuvor festgestellte große Wichtigkeit beibehalten. Vermutlich erscheint sie den Befragten jedoch zukünftig nicht so steigerungswürdig, wie das bei anderen kulturmanagerialen Kompetenzen der Fall sein wird.

Beim Merkmal „Netzwerken" ist eine umgekehrte Entwicklung festzustellen: 74,4 Prozent der Befragten aus Musikbetrieben sind der Ansicht, dass „Netzwerken" zukünftig wichtig sein wird. Interessant ist hierbei, dass genau dieses Attribut zuvor bei der Frage nach der Wichtigkeit persönlich-sozialer Eigenschaften nur von 60,4 Prozent der Befragten aus dem Musikbetrieb als wichtig bewertet wurde. Im Spartenvergleich findet sich eine ähnliche Steigerung der Wichtigkeit von „Netzwerken" in den kommenden Jahren nur in der Sparte Theater, alle anderen Kultursparten machen hier zwischen heute und der Zukunft keinerlei Unterschied. Daraus lässt sich schließen, dass kommunikative

6.2 Anforderungen

Fähigkeiten und Aufgaben wie das Errichten und Pflegen von Netzwerken und die Verfolgung verschiedenster Marketingaktivitäten zunehmend ins Bewusstsein der Musikmanager dringen und dass dem verstärkt nachgegangen werden soll.

„Mobilität" erzielte mit 51,2 Prozent Wichtigkeit den mit Abstand niedrigsten Wert. Dies überrascht, denn der Wunsch nach mobilen Arbeitnehmern schien gesamtgesellschaftlich gesehen während der letzten Jahre stetig zugenommen zu haben.

Abbildung 17: „Was wird in Zukunft besonders wichtig sein?" Antworten der Musikmanager

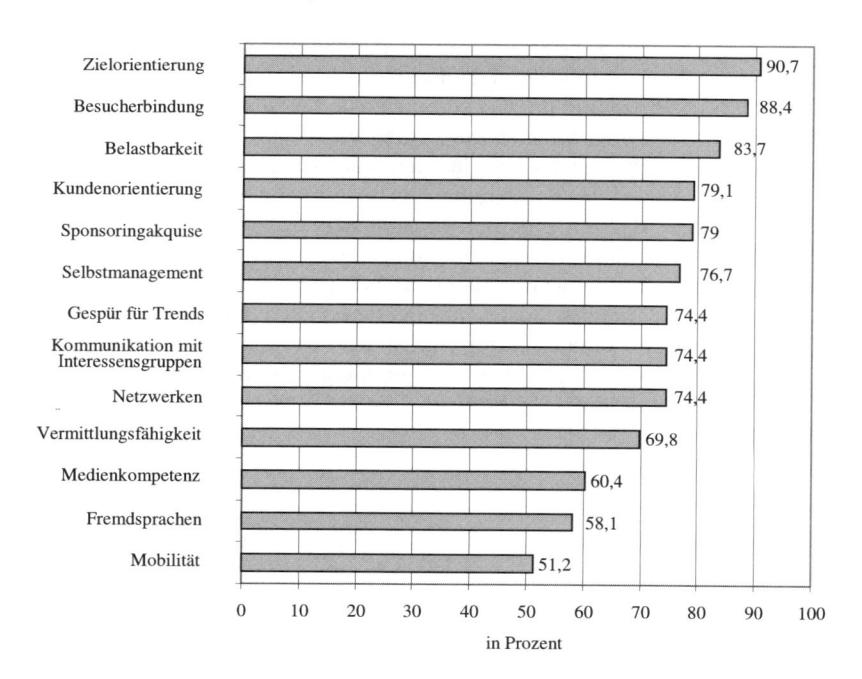

Kategorie	Prozent
Zielorientierung	90,7
Besucherbindung	88,4
Belastbarkeit	83,7
Kundenorientierung	79,1
Sponsoringakquise	79
Selbstmanagement	76,7
Gespür für Trends	74,4
Kommunikation mit Interessensgruppen	74,4
Netzwerken	74,4
Vermittlungsfähigkeit	69,8
Medienkompetenz	60,4
Fremdsprachen	58,1
Mobilität	51,2

in Prozent

6.3 Kriterien für eine erfolgreiche Bewerbung

Nach abgeschlossenem Studium gilt es für den „frischgebackenen" Kulturmanager, Bewerbungen zu schreiben und sich im Idealfall im Einstellungsgespräch wiederzufinden. Worauf Musikmanager hierbei besonders achten und Wert legen, wird im Folgenden betrachtet.

6.3.1 Schriftliche Bewerbung

Anhand der schriftlichen Bewerbung entsteht beim zukünftigen Arbeitgeber ein erster Eindruck. Das Top-5-Ranking der von den Musikmanagern als „ganz wichtig" oder „wichtig" empfundenen Merkmale in Bewerbungsunterlagen zeigt, dass 60,5 Prozent der Befragten insbesondere auf „soziale Kompetenzen" des Bewerbers achten, gefolgt vom „Anschreiben" mit 60,4 Prozent. „Kreativität" sollte für 53,5 Prozent in den Bewerbungsunterlagen ersichtlich sein. Insbesondere beim Anschreiben schauen die Manager aus dem Musikbetrieb weitaus genauer hin als Entscheidungsträger aus anderen Sparten, von denen nur zwischen 40 und 50 Prozent das Anschreiben als bedeutsam ansehen.

Weiter halten 51,2 Prozent der Musikmanager „Berufserfahrung", 48,9 Prozent „Sprachkenntnisse" für wichtig und aussagekräftig. Dass Fremdsprachen einen so hohen Stellenwert einnehmen, ist nicht verwunderlich, denn welche Musikinstitution arbeitet nicht mit internationalen Künstlern zusammen, welches professionelle Orchester reist nicht ins Ausland. Selbst Musikschulorchester tun dies heutzutage bereits regelmäßig und pflegen internationale Partnerschaften. Abbildung 18 gibt einen Überblick über die mit dieser Frage erörterten Attribute:

6.3 Bewerbungskriterien

Abbildung 18: *„Wie wichtig sind Ihnen folgende Aspekte in Bewerbungsunterlagen?"* Antworten der Musikmanager

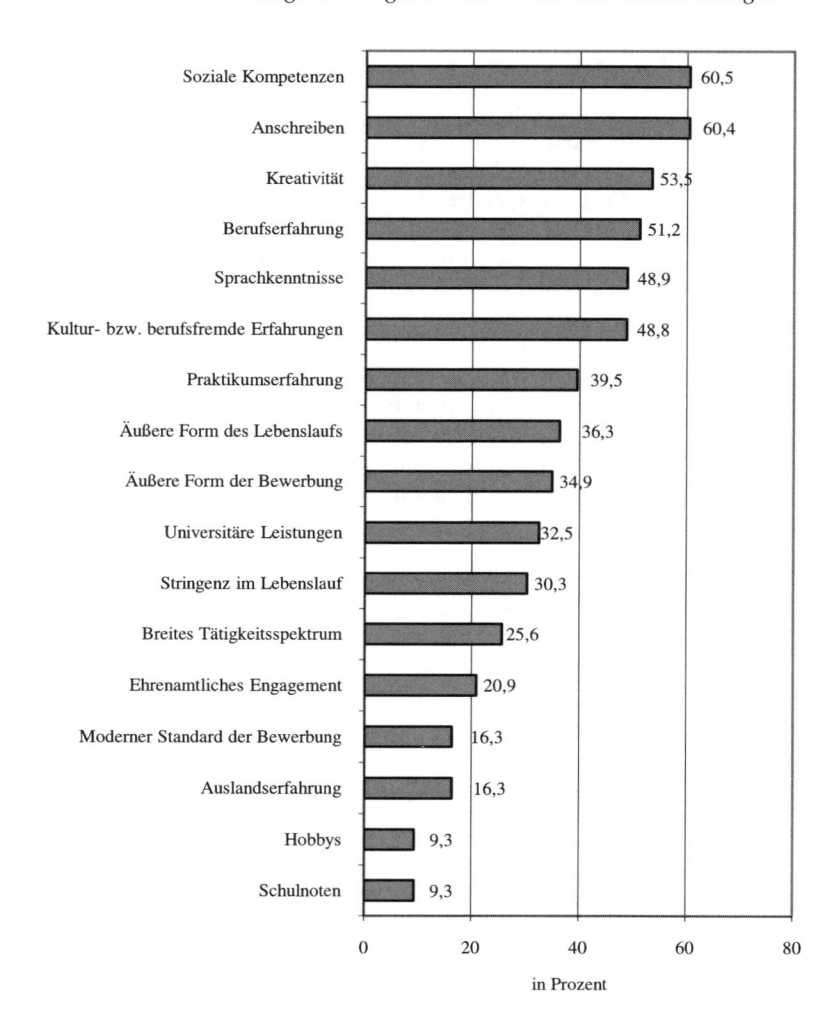

Aspekt	Prozent
Soziale Kompetenzen	60,5
Anschreiben	60,4
Kreativität	53,5
Berufserfahrung	51,2
Sprachkenntnisse	48,9
Kultur- bzw. berufsfremde Erfahrungen	48,8
Praktikumserfahrung	39,5
Äußere Form des Lebenslaufs	36,3
Äußere Form der Bewerbung	34,9
Universitäre Leistungen	32,5
Stringenz im Lebenslauf	30,3
Breites Tätigkeitsspektrum	25,6
Ehrenamtliches Engagement	20,9
Moderner Standard der Bewerbung	16,3
Auslandserfahrung	16,3
Hobbys	9,3
Schulnoten	9,3

in Prozent

Ebenfalls von Interesse ist die Bewertung des Merkmals „Praktikumserfahrung", das von 39,5 Prozent der Befragten als „sehr wichtig" und „wichtig" betrachtet wird (46,5 Prozent „eher wichtig"-Nennungen), da diese Kategorie mit Frage 5 des Fragebogens (siehe 6.3.2) noch einmal ausführlicher abgefragt wurde.

Die höchsten Werte im Bereich „nicht wichtig" und „eher nicht wichtig" wurden bei den Eigenschaften „Hobbys" (65,1 Prozent), „Ehrenamtliches Engagement" (55,8 Prozent) und „Schulnoten" (51,2 Prozent) erzielt. Auf diese Merkmale legen die Musikmanager bei der Betrachtung der Bewerbungsunterlagen demzufolge den geringsten Wert.

6.3.2 Praxiserfahrung

Die Manager aus dem Musikbetrieb sehen die Rolle der Praktika beim Einstellungsgespräch differenziert: 34,9 Prozent halten sie für „eher unwichtig" bis „unwichtig", wohingegen sich insgesamt 65,1 Prozent für „wichtig" und „sehr wichtig" aussprechen. Verglichen mit dem gesamten Kulturbetrieb scheinen Erfahrungen aus der Praxis beim Einstellungsgespräch im Musikbereich eine etwas kleinere Rolle zu spielen.

Abbildung 19: *Wichtigkeit von Praktika bei der Einstellung – Sparte Musik*

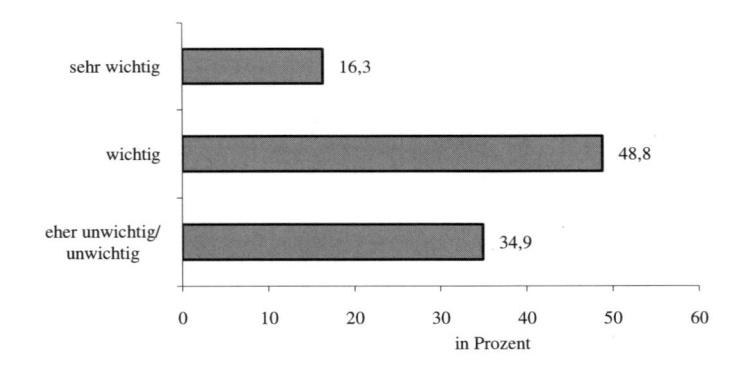

Kategorie	in Prozent
sehr wichtig	16,3
wichtig	48,8
eher unwichtig/ unwichtig	34,9

Bezüglich der Bedeutung von Praktika in Bewerbungsunterlagen (siehe 6.3.1) lässt sich feststellen, dass knapp 40 Prozent der befragten Musikmanager bei der Durchsicht von Bewerbungsunterlagen großen Wert auf Praktikumserfahrung legen und 46,5 Prozent diese für „eher wichtig" halten – das sind insgesamt gut 86 Prozent, welche Praxiserfahrung in Bewerbungsunterlagen positiv bewerten. Beim Einstellungsgespräch beziehen lediglich 65,1 Prozent der Musikmanager Praktikumserfahrung mit ein.

Die optimale Dauer eines Praktikums beziffern insgesamt 88,4 Prozent der Befragten aus dem Musikbereich mit drei bis sechs Monaten, wobei der Schwerpunkt mit 53,5 Prozent auf 3 Monaten liegt. Die Gesamtauswertung zeigt hierbei folgendes Bild: 47,6 Prozent der Befragten halten drei Monate für sinnvoll, 38,9 Prozent tendieren zu Halbjahrespraktika. Längere oder kürzere Praktika waren in beiden Betrachtungen lediglich von einer sehr geringen Anzahl der Befragten erwünscht. So geht der Trend im Musik- als auch im gesamten Kulturbereich also eher in Richtung Kurzzeitpraktika.

Als ideale Praktikumsanzahl geben die Musikschaffenden größtenteils 1 bis 3 an (79,1 Prozent), was mit der allgemeinen Auswertung mit 77,4 Prozent korrespondiert.

6.3.3 Akademische Qualifikation und Abschlussarbeit

Bei der Auswahl von Bewerbern scheinen die Musikmanager grundsätzlich dem universitären Abschluss „Magister/Diplom" zu vertrauen: 25,6 Prozent stimmen für „sehr wichtig" und „wichtig". Denselben Wert erzielt der Abschluss „Bachelor". Doch auch die Qualifikation Master/MBA wird geschätzt (21 Prozent). Weniger Ausschlag bei Bewerbung und für die praktische Arbeit gibt eine Promotion.

Bei der Bewerberauswahl anhand von Bewerbungsunterlagen betrachtet nur ein Fünftel der Befragten das Thema der Abschlussarbeit als „wichtig" und „ganz wichtig", lediglich 13,9 Prozent der Musikmanager sehen darin eine Relevanz für die praktische Arbeit.

Das Thema der Abschlussarbeit ist für zwei Drittel der Befragten bei der Durchsicht von Bewerbungsunterlagen bedeutend, knapp die Hälfte der Musikmanager betrachtet es für die praktische Arbeit als wichtig.

6.3.4 Bewerbungsgespräch

An erster Stelle in der Auswertung der Charakteristika, auf die die Befragten aus dem Musikbereich bei einem Einstellungsgespräch achten würden, steht mit 48,8 Prozent Zustimmung das Merkmal „Verantwortungsgefühl/Fähigkeit, Verantwortung zu übernehmen". Knapp die Hälfte der Befragten spricht sich für diese Eigenschaft aus – der höchste Wert im Vergleich zu den anderen Sparten und somit insbesondere für die Musikmanager offenbar von besonderer Bedeutung.

Die Attribute „Kommunikationsfähigkeit" (39,5 Prozent) und „Identifikation mit Leitbildern und Zielen" (37,2 Prozent) schneiden im Musikbereich ebenfalls überdurchschnittlich ab, betrachtet man die jeweiligen Werte in den anderen Sparten. Der zukünftige Musikmanager sollte also im Bewerbungsgespräch zeigen, dass er kontaktfreudig ist, sich seiner Institution sowie seinen Aufgaben gegenüber verantwortlich und den übergeordneten Leitbildern und Zielen verpflichtet fühlt.

Eher wenige Befragte legen bei einem Vorstellungsgespräch Wert auf „Auftreten", „Körpersprache", „Pünktlichkeit", „gesellschaftliches/soziales Engagement" und „Sensibilität" (zwischen 5 und 7 Prozent).

6.3 Bewerbungskriterien

Abbildung 20: „Stellen Sie sich vor, Sie führen ein Einstellungsgespräch. Worauf würden Sie vorrangig achten?" Antworten der Musikmanager

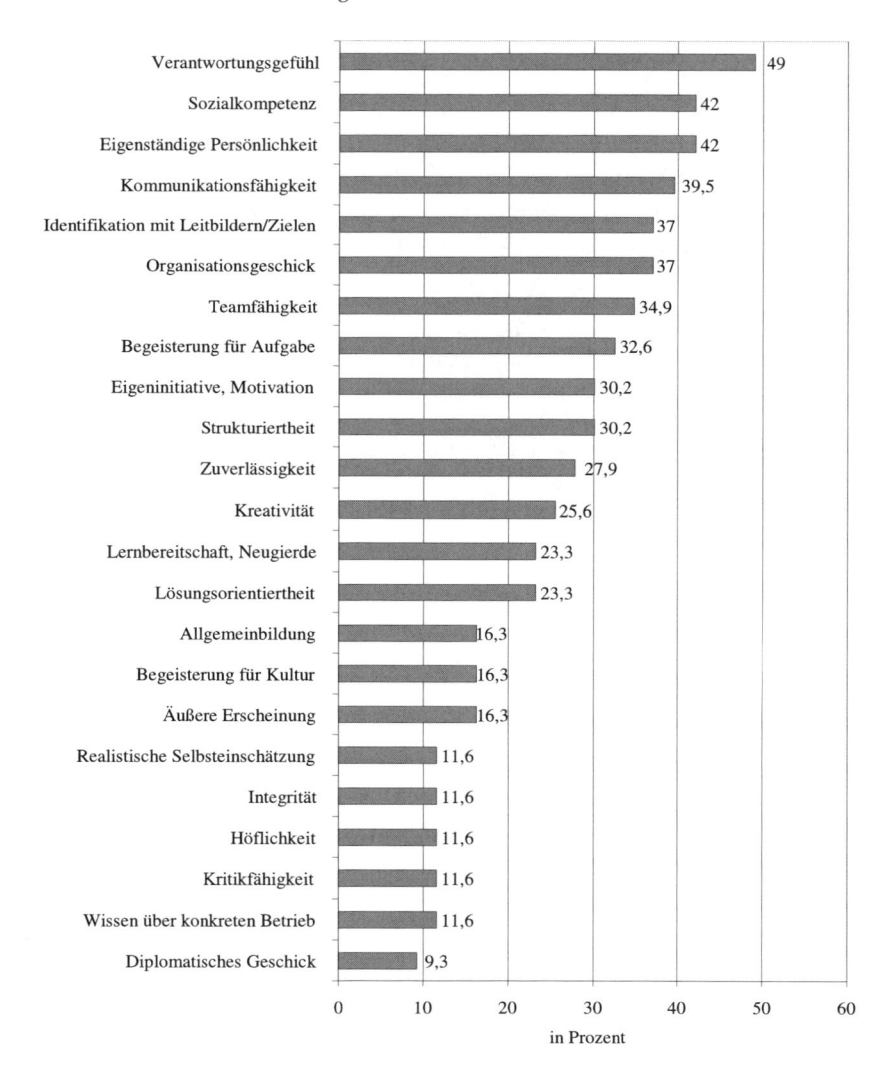

Kriterium	Prozent
Verantwortungsgefühl	49
Sozialkompetenz	42
Eigenständige Persönlichkeit	42
Kommunikationsfähigkeit	39,5
Identifikation mit Leitbildern/Zielen	37
Organisationsgeschick	37
Teamfähigkeit	34,9
Begeisterung für Aufgabe	32,6
Eigeninitiative, Motivation	30,2
Strukturiertheit	30,2
Zuverlässigkeit	27,9
Kreativität	25,6
Lernbereitschaft, Neugierde	23,3
Lösungsorientiertheit	23,3
Allgemeinbildung	16,3
Begeisterung für Kultur	16,3
Äußere Erscheinung	16,3
Realistische Selbsteinschätzung	11,6
Integrität	11,6
Höflichkeit	11,6
Kritikfähigkeit	11,6
Wissen über konkreten Betrieb	11,6
Diplomatisches Geschick	9,3

in Prozent

Die fünf meistgenannten Kategorien spiegeln sich in der Gesamtauswertung an gleicher Stelle wider. Insbesondere der Eigenschaft „Sozialkompetenz", also der Fähigkeit, gut im Umgang mit Menschen zu sein, wird allgemein hohe Bedeutung zugemessen.

6.4 Typologie

Der ideale Musikmanager...

- ... ist kommunikativ und kommunikationsfähig. Er ist darüber hinaus entscheidungsfreudig und tritt selbstbewusst auf, arbeitet zielorientiert und weiß, was und wohin er will.
- ... versteht sich auf die gängigen Marketing-Techniken. Er ist kreativ und fähig, Personalverantwortung und -führung zu übernehmen.
- ... bewirbt sich mit einem ansprechenden Bewerbungsschreiben. Seine Bewerbungsunterlagen zeigen aussagekräftig, dass er den Umgang mit Menschen gelernt hat und kreativ ist.
- ... präsentiert sich im Einstellungsgespräch als Person, die Verantwortung übernehmen kann und will, die kommunikationsfreudig ist und sich mit den Leitbildern und Zielen der Institution identifiziert, bei der sie sich bewirbt.

7 Auswertung der Sparte Literatur

Antje Mohrmann, Tom Schößler

Nach Analyse der Sparte Musik folgt die Auswertung der Literaturbetriebe, die vor dem Hintergrund eines verhältnismäßig geringen Rücklaufs und damit im Vergleich zu anderen Sparten kleineren Zahl an ausgewerteten Fragebögen zu sehen ist. Leider konnten nur 16 Antwortbögen in die vorliegende Betrachtung einfließen. Von ihnen stammen 13 (81,3 Prozent) aus dem privatwirtschaftlich-gemeinnützigen Sektor, sowie drei (18,8 Prozent) aus dem öffentlich-rechtlichen Sektor. Aus dem privatwirtschaftlich-kommerziellen Sektor liegen keine Daten vor. Angeschrieben wurden im ersten Sektor vor allem die Leiter öffentlicher Bibliotheken und Museen. In den privatwirtschaftlichen Sektoren wurde der Fokus auf die Geschäftsführer kommerzieller Verlage sowie die Leiter von gemeinnützig anerkannten Literaturvereinen befragt.

7.1 Einsatz von Kulturmanagern in Literaturbetrieben

Drei Viertel der befragten Führungskräfte aus der Literaturbranche setzen zurzeit keine Kulturmanager in ihren Betrieben ein. Damit sind die Literaturbetriebe im Spartenvergleich diejenigen mit dem geringsten Anteil an Kulturmanagern. Tabelle 14 zeigt, dass in anderen Sparten mitunter fast doppelt so viele Betriebe Kulturmanager einsetzen.

Tabelle 14: „Arbeiten in Ihrem Betrieb studierte Kulturmanager?"
Spartenvergleich

Betriebe aus...	ja	nein	weiß nicht	k. A.
Bildender Kunst	32,4%	62,2%	0%	5,4%
Theater	38,8%	59,2%	2,0%	0%
Musik	34,9%	65,1%	0%	0%
Literatur	**18,8%**	75,0%	0%	6,3%
Sonstige	21,7%	75,0%	0%	3,3%
Gesamt	30,3%	66,3%	0,5%	2,9%

Allerdings stehen die Befragten der Literaturbranche einem zukünftigen Einsatz grundsätzlich nicht ablehnend gegenüber. Auf die Frage, ob sie vorhaben, in Zukunft Kulturmanager einzustellen, antwortet ein Viertel mit „Ja" und ein Viertel mit „Nein", womit die Hälfte der befragten Betriebe noch unentschieden über den zukünftigen Einsatz dieser Berufsgruppe ist. Das Verhältnis der „Vielleicht"-Antworten ist damit im Literaturbetrieb höher als in allen anderen Sparten, wo sich die Verteilung zumeist gleich, also zu jeweils einem Drittel auf die Antworten verteilt.

Abbildung 21: *„Haben Sie vor, in Zukunft studierte Kulturmanager in Ihrem Betrieb einzusetzen?" Antworten der Literaturbetriebe insgesamt*

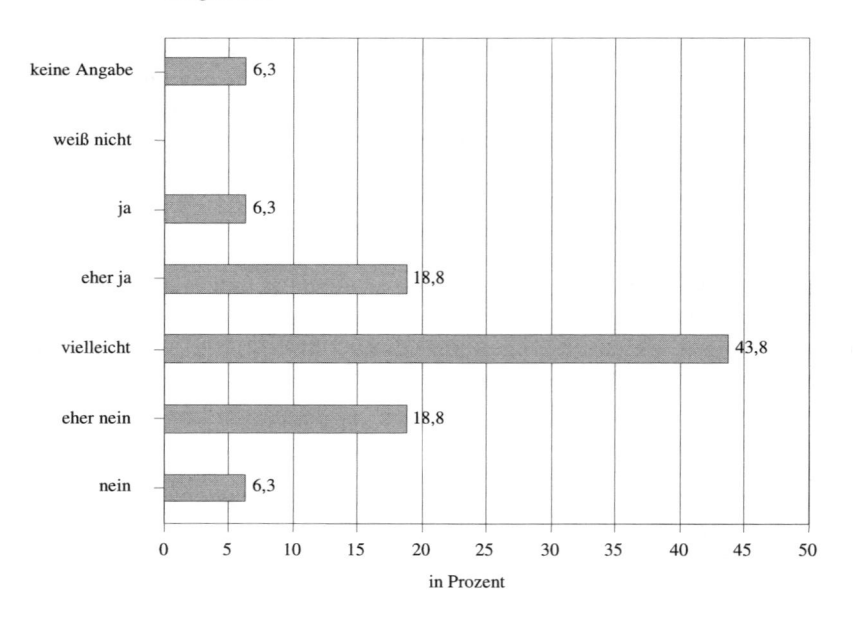

Antwort	in Prozent
keine Angabe	6,3
weiß nicht	
ja	6,3
eher ja	18,8
vielleicht	43,8
eher nein	18,8
nein	6,3

Es gilt allerdings festzuhalten, dass 70 Prozent derjenigen, die schon Kulturmanager beschäftigen, sie auch in Zukunft einsetzen werden. Umgekehrt sagen allerdings nur 40 Prozent derjenigen, die noch keine Kulturmanager im Einsatz haben, dass sie auch in Zukunft keine einsetzen werden. Das ist zwar eine positive Bilanz, jedoch werden zukünftige Absolventen der einschlägigen Studiengänge mit ihren Kompetenzen die entsprechenden Argumente liefern müssen, um auch die Unentschlossenen letztlich von ihrem Wert zu überzeugen. Welche Kompetenzen dies sind, wird im Folgenden beschrieben.

7.2 Anforderungen an Kulturmanager

7.2.1 Persönlich-soziale Kompetenzen

„Die wichtigste persönliche Kompetenz eines Kulturmanagers ist seine Kommunikationsfähigkeit", so könnte die Formulierung lauten, die wahrscheinlich alle befragten Entscheidungsträger des Literaturbetriebs unterschreiben würden. Ausnahmslos alle sehen diese Eigenschaft als „ganz wichtig" oder „wichtig" an. Dieses Ergebnis deckt sich mit der Gesamtauswertung, in der über 90 Prozent aller Befragten die „Kommunikationsfähigkeit" für entscheidend halten. Es ist somit ein alle Sparten übergreifendes Charakteristikum, dem in der Literatursparte vielleicht eine besondere Wichtigkeit beigemessen wird, da sich das Produkt dieser Branche naturgemäß stark über das Wort definiert.

Auf die Kommunikation folgt als zweitwichtigste Kompetenz fast nahtlos das „Organisationsvermögen", welches außer einem Befragten alle als „ganz wichtig" einschätzen. Ebenfalls wichtig, jedoch mit einigem Abstand, folgt eine Reihe von Eigenschaften, beispielsweise „Strukturiertes Denken" oder „Auftreten", die den Oberbegriffen Kommunikation und Organisation zugeordnet werden können. Auch das „Netzwerken", das in jeder Sparte für wichtig befunden wird, ist im Literaturbetrieb eine notwendige Komponente im Anforderungsprofil. Jeweils über 80 Prozent der Befragten sehen diese Eigenschaften als „ganz wichtig" oder „wichtig" an. Was zählt, sind strukturierte, selbstständige und gesellschaftsfähige Manager.

Im Vergleich der Trägerschaften lässt sich das Übergewicht der privatwirtschaftlich organisierten Betriebe in der Literaturbranche wiedererkennen, die tendenziell mehr zu diesem Mix aus Macher- und Moderatorenfähigkeiten neigen als die öffentlich-rechtlichen.

Überraschend erscheint, dass weder „Teamfähigkeit" noch „Führungsqualitäten" als besonders wichtig eingeschätzt werden. Auch „Entscheidungsfähigkeit" schneidet im Vergleich zu anderen Eigenschaften verhältnismäßig schlecht ab, was darauf hinweist, dass weder Teamplayer noch -leader gesucht werden. Es ließe sich beinahe das Bild eines Einzelkämpfers zeichnen; die unabhängige Einheit Kulturmanager, selbstständig und dennoch gut vernetzt. In Verbindung mit den als außerordentlich wichtig empfundenen organisatorischen Fähigkeiten manifestiert sich eine Tendenz zu handlungsorientierten Qualitäten, die wenig

Platz für kreatives Arbeiten zu lassen scheinen. „Kreativität" wird nur zu 50,1 Prozent als „ganz wichtig" oder „wichtig" angesehen, und ist damit das am wenigsten wichtige Kriterium.

7.2.2 Fachlich-methodische Kompetenzen

Auch hinsichtlich der theoretischen Kenntnisse, welche die persönlichen ergänzen sollen, lässt sich der Trend zur Dominanz der methodischen Fähigkeiten nachvollziehen. So rücken auch hier gut drei Viertel Wissen über Organisation, Kommunikation und Vernetzung in den Vordergrund. Hinzu kommen mit „Betriebswirtschaftlichen Kenntnissen" und „Konflikt- und Krisenmanagement" zwei ähnlich hoch bewertete Merkmale, die das Profil zwar erweitern, aber dennoch gut zu dem Bild passen, das aus den persönlichen Kompetenzen entsteht.

7.2 Anforderungen

Tabelle 15: „Wie wichtig schätzen Sie folgende persönliche Kompetenzen für Kulturmanager ein?" Antworten der Literaturbetriebe

	gar nicht	nicht	eher nicht	eher wichtig	wichtig	ganz wichtig	k. A.
Kommunikationsfähigkeit	0%	0%	0%	0%	31,3%	**68,8%**	0%
Offenheit und Toleranz	0%	0%	12,5%	18,8%	37,5%	31,1%	0%
Flexibilität	0%	0%	12,5%	18,8%	37,5%	31,1%	0%
Kreativität	0%	6,3%	18,8%	25,0%	18,8%	31,1%	0%
Reflexivität	0%	0%	18,8%	12,5%	43,8%	25,0%	0%
Strukturiertes Denken	0%	0%	0%	18,8%	50,0%	31,3%	0%
Organisationsvermögen	0%	0%	0%	6,3%	25,0%	**68,8%**	0%
Vermittlungsfähigkeit	0%	0%	6,3%	18,8%	25,0%	50,0%	0%
Entscheidungsfähigkeit	0%	0%	0%	25,0%	37,5%	37,5%	0%
Teamfähigkeit	0%	0%	0%	31,3%	37,5%	31,3%	0%
Führungsqualitäten	0%	6,3%	6,3%	37,5%	25,0%	25,0%	0%
Pflicht- und Verantwortungsbewusstsein	0%	0%	0%	25,0%	25,0%	50,0%	0%
Belastbarkeit	0%	0%	6,3%	12,5%	31,3%	50,0%	0%
Auftreten	0%	0%	0%	18,8%	**68,8%**	12,5%	0%
Leidenschaft und Engagement	0%	6,3%	6,3%	25,0%	31,1%	31,1%	0%
Selbstständigkeit	0%	0%	6,3%	12,5%	37,5%	43,8%	0%
Netzwerken	0%	0%	0%	18,8%	31,3%	50,0%	0%
Sonstiges	0%	0%	0%	0%	0%	0%	0%

Herausragend bei den fachlichen Kompetenzen sind mit jeweils über 90 Prozent Wichtigkeit aber vor allem „Kenntnisse der Presse- und Öffentlichkeitsarbeit", sowie solche im Bereich des „Fundraising und Sponsoring". Sie konkretisieren die generellen Kategorien der Organisation und Kommunikation um zwei spezifische Aufgabenfelder, für die eine hohe Notwendigkeit in der Literaturbranche vorzuliegen scheint. Gerade die Nennung von „Fundraising und Sponsoring" zeigt, dass auch im Literaturbetrieb die Suche nach finanziellen Alternativen im Hinblick auf die klassischen Finanzmittel und -töpfe Einzug hält. Der Fokus auf „Presse- und Öffentlichkeitsarbeit" legt den Schluss nahe, dass die öffentlichkeitswirksame Vermittlung von Inhalten substanziell ist, und ein Fokus auf Vermarktung und Produktkommunikation liegt.

Die „Medienkompetenz" kommt dagegen zwar nur auf 75,1 Prozent der kumulierten Nennungen von „ganz wichtig" und „wichtig", davon entfallen jedoch 43,8 Prozent auf „ganz wichtig". Somit erreicht dieses Kriterium nicht nur innerhalb der Literaturbetriebe, sondern auch im Spartenvergleich die mit Abstand meisten Nennungen von „ganz wichtig". Auch hier könnte für dieses hohe Ergebnis verantwortlich sein, dass es sich beim Kernprodukt der Literatur originär um ein Medium – sogar das erste Massenmedium – handelt. Des Weiteren ist der technische Fortschritt der Medienlandschaft sowohl Chance als auch Risiko der gesamten Branche. Durchaus nachvollziehbar also, dass der Kulturmanager im Literaturbetrieb medienkompetent sein muss.

Tabelle 16: „Wie wichtig schätzen Sie folgende theoretische Kompetenzen für Kulturmanager ein?" Die fünf höchsten Wertungen (sortiert nach den kumulierten Nennungen „ganz wichtig" und „wichtig"). Literaturbetriebe im Vergleich zur Gesamtauswertung

Literaturbetriebe:

	gar nicht	nicht	eher nicht	eher wichtig	wichtig	ganz wichtig	k. A.
Fundraising- und Sponsoringkenntnisse	0%	0%	6,3%	0%	**62,5%**	**31,3%**	0%
Kenntnisse in ÖA und PR	0%	0%	0%	6,3%	**68,8%**	**25,0%**	0%
Medienkompetenz	0%	0%	6,3%	18,8%	**31,3%**	**43,8%**	0%
Organisationswissen	0%	0%	6,3%	18,8%	**43,8%**	**31,3%**	0%
Fähigkeit vernetzt zu denken	0%	0%	6,3%	18,8%	**43,8%**	**31,3%**	0%

Alle Betriebe (Gesamtauswertung):

	gar nicht	nicht	eher nicht	eher wichtig	wichtig	ganz wichtig	k. A.
Zeitmanagement	0,5%	0,5%	3,4%	11,1%	**46,2%**	**34,6%**	3,8%
Selbstmanagement	0,5%	0%	1,9%	17,3%	**44,7%**	**31,7%**	3,8%
Fähigkeit vernetzt zu denken	0%	0,5%	3,8%	21,6%	**43,3%**	**27,4%**	3,4%
Kulturpolitische Kenntnisse	0,5%	0,5%	6,7%	21,2%	**41,8%**	**26,4%**	2,9%
Organisationswissen	0%	1,9%	4,3%	24,5%	**45,7%**	**20,7%**	1,9%

Tabelle 14 macht hier noch einmal deutlich, welche Unterschiede in der spartenspezifischen Bewertung des Kulturbetriebs liegen, verglichen mit der allgemeinen Einschätzung aller Betriebe.

Im Literaturbereich ist ebenfalls auffallend, dass den theoretischen Kompetenzen eine ähnlich hohe Wichtigkeit beigemessen wird wie den persönlichen. Damit erhalten die methodischen und fachlichen Merkmale die gleiche Aufmerksamkeit und Wichtigkeit wie die sozialen. In anderen Sparten, beispielsweise im Theater, liegt hingegen die Betonung stärker auf den persönlichen Faktoren.

7.2.3 Zukünftig wichtige Kompetenzen

Auch in der Einschätzung zukünftig wichtiger Kompetenzen zeigen sich die des „Netzwerkens", des „Sponsorings" und der „Kommunikation" als die wesentlichen, die zu je über 80 Prozent als „ganz wichtig" und „wichtig" empfunden werden. Anhaltende Wichtigkeit wird der Organisationsfähigkeit des Kulturmanagers beigemessen, ausgedrückt in einer im Sinne von Selbstorganisation zu interpretierenden Nennung der „Zielorientierung", welche von mehr als der Hälfte der Befragten (56,3 Prozent) die höchste Bewertung erhielt.

Als eine der am unwichtigsten empfundenen Eigenschaften der Zukunft wird „Mobilität" gesehen. Dies lässt sich vielleicht mit dem Produkt des Literaturbetriebes erklären. Denkt man zumindest an das Kernprodukt, das klassische, aber auch das elektronische Buch, wird deutlich, dass seine Rezeption entgegen der anderer kultureller Produkte, wie bspw. einer Theateraufführung, nicht mit der Produktion zusammenfällt, also nicht notwendigerweise eine Vor-Ort- oder Live-Rezeption stattfinden muss. Texte können gespeichert, gelagert und versendet werden. Die Arbeit muss weder räumlich noch zeitlich zugleich stattfinden, was auch die bereits beschriebene geringe Bewertung der „Teamfähigkeit" erklären könnte. Allerdings wird Mobilität auch in anderen Sparten sehr gering bewertet. Der Großteil der Befragten sieht Mobilität über alle Sparten hinweg lediglich als „eher wichtig" an. Eine bemerkenswerte Erkenntnis in Zeiten, in denen Mobilität als eine wichtige Voraussetzung für Erfolg am Arbeitsmarkt gilt.

Tabelle 17: „Was wird in Zukunft ganz besonders wichtig sein?" Das Kriterium der Mobilität im Spartenvergleich

Betriebe aus...	gar nicht	nicht	eher nicht	eher wichtig	wichtig	ganz wichtig	k. A.
Bildender Kunst	2,7%	5,4%	5,4%	29,7%	29,7%	21,6%	5,4%
Theater	0%	0%	6,1%	38,8%	34,7%	16,3%	4,1%
Musik	2,3%	2,3%	9,3%	34,9%	34,9%	16,3%	0%
Literatur	0%	6,3%	12,5%	37,5%	25,0%	18,8%	0%
Sonstige	0%	1,7%	5,0%	35,0%	35,0%	18,3%	5,0%

7.3 Kriterien für eine erfolgreiche Bewerbung

Nach der Feststellung allgemeiner Kompetenzen werden im Folgenden konkrete Ansprüche an die Bewerbung eines Kulturmanagers betrachtet. Sie lassen sich in Anforderungen an die Bewerbungsunterlagen, die akademische Qualifikation und Praxiserfahrung beim Berufseinstieg, sowie das Einstellungsgespräch ergründen.

7.3.1 Schriftliche Bewerbung

In der Betrachtung der wichtigsten Aspekte in Bewerbungsunterlagen kommt der „sozialen Kompetenz" mit großem Vorsprung vor allen anderen die höchste Wertschätzung zu (81,3 Prozent). Kein anderes Kriterium erreicht überhaupt mehr als die Hälfte der Stimmen auf den Skalenwerten „ganz wichtig" oder „wichtig".

Die verschiedenen Bestandteile einer Bewerbung werden sehr unterschiedlich gewichtet: Während dem Anschreiben eine verhältnismäßig hohe Wichtigkeit beigemessen wird, wird die äußere Form der Bewerbung und des Lebenslaufes als sehr unwichtig bewertet. Damit wird deutlich, dass der Inhalt mehr zählt als die Form.

Allerdings ist auch zu nennen, dass weder die „universitären Leistungen", noch ein „stringenter Lebenslauf" als besonders wichtig genannt wurden. Beides sind jedoch Merkmale, die gut zur in Zukunft für wichtig befundenen Zielstrebigkeit eines Kulturmanagers passen würden. Als nahezu gänzlich unwichtig – und dies ist in allen Sparten der Fall – werden „Hobbys" und „Schulnoten" eines Bewerbers eingestuft. Entgegen dem Bild in anderen Sparten werden weder einschlägige Praxiserfahrung im Literaturbetrieb, noch in anderen Bereichen des

Kultursektors verlangt. „Breit gefächerte Arbeitserfahrung" erhielt ebenso wie „Auslandserfahrung" keine Nennung der Kategorie „ganz wichtig".

7.3.2 Praxiserfahrung

Fragt man jedoch nach der konkreten Einschätzung von Praktika, lässt sich erkennen, dass drei von vier Befragten diese Erfahrung als wichtig einschätzen. Diese Meinung ist nach der Sparte „Sonstige" sogar der zweithöchste Wert aller Sparten. Im Umkehrschluss schätzt ein Viertel der Befragten somit den Nutzen eines Praktikums als gering ein, was auch dem Wert in der Gesamtauswertung entspricht.

Abbildung 22: *„Welche Rolle spielen Praktika bei der Einstellung?" Antworten der Befragten im Literaturbetrieb*

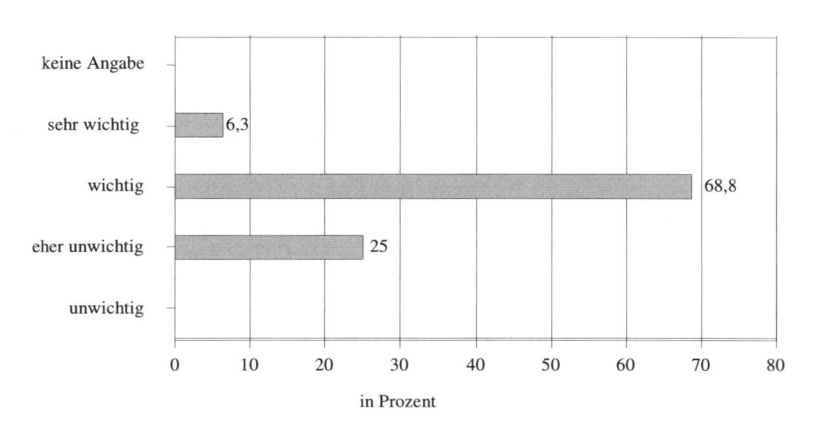

Kategorie	Prozent
keine Angabe	
sehr wichtig	6,3
wichtig	68,8
eher unwichtig	25
unwichtig	

in Prozent

Eindeutig ist hingegen die Meinung bezüglich der Dauer eines Praktikums, die mehrheitlich auf drei Monate taxiert wird. Mit 56,3 Prozent der Nennungen ist dies die einheitlichste Bewertung aller Sparten. Ebenfalls deutlich ist die Tendenz zur Meinung, dass ein bis drei Praktika ausreichend sind.

7.3.3 Akademische Qualifikation und Abschlussarbeit

Bei den akademischen Qualifikationen eines Bewerbers aus dem Fach des Kulturmanagements liegen das bekannte Diplom und der Magister im Ansehen der Befragten noch leicht vorne. Fast ebenso hoch werden jedoch schon die neuen Abschlüsse Master und MBA angesehen. Das lässt auch darauf schließen, dass die relativ niedrige Bewertung eines Bachelors nicht auf die vermeintlich geringe Bekanntheit der jungen internationalen Abschlüsse zurückzuführen ist, sondern schlicht auf die als geringer eingeschätzte Wertigkeit des Bachelors. Jedoch ist auch eine höhere Qualifizierung als Diplom/Magister oder Master/MBA nicht notwendig. Weder in ihrer Relevanz für die Arbeit, noch in der Bewerbung wird eine Promotion als wichtig empfunden. Gleichermaßen verhält es sich mit dem Thema der Abschlussarbeit, dem keine große Relevanz in Bewerbung oder Arbeitspraxis zugesprochen wird.

7.3.4 Bewerbungsgespräch

Nachdem ein Bewerber hoffentlich die Hürde der schriftlichen Bewerbung genommen hat und zu einem Bewerbungsgespräch eingeladen wird, stellt sich die Frage, mit welchen Argumenten er dort zu überzeugen hat.

Unter den Eigenschaften, die in einem Einstellungsgespräch von Bedeutung sind, fallen die häufigsten Nennungen auf „Eigenständige Persönlichkeit", „Verantwortungsgefühl", „Eigeninitiative und Motivation", sowie „Sozialkompetenz" mit jeweils 43,8 Prozent der Nennungen. Damit werden im Literaturbetrieb grundsätzlich die gleichen Eigenschaften als wichtig empfunden, die auch in der Gesamtbewertung die Liste anführen, und zwar jene, die auf eine zielstrebige und überzeugende Persönlichkeit hinweisen.

Zu einer zweiten Gruppe an Eigenschaften, die etwas weniger aber durchaus ebenfalls häufig genannt werden, gehören „Organisationsgeschick", „Kommunikationsfähigkeit" und „Strukturiertheit". Damit findet sich grundsätzlich das gleiche Anforderungsprofil wieder, das bereits bei den allgemeinen Kompetenzen eines Kulturmanagers angegeben wurde. Zahlreiche Eigenschaften, darunter vor allem äußerliche und formale, finden bei den Befragten der Literaturbranche gar keine Nennung, was jedoch auch der geringen Teilnehmerzahl und der im Umfragedesign formulierten Priorisierung auf die fünf wichtigsten Eigenschaften geschuldet sein dürfte. Ein Charakteristikum ist jedoch auffälligerweise bei den Befragten des Literaturbetriebs gar nicht genannt worden und in der Gesamtwertung ebenfalls nur von weniger als 5 Prozent: der Pünktlichkeit eines Bewerbers wird weder von der Gesamtheit noch in einer einzelnen Sparte

Wichtigkeit beigemessen. Dies verwundert zumindest ein wenig, sollte man doch annehmen, dass ein unpünktlicher Bewerber – so gut seine schriftliche Bewerbung auch gewesen sein mag – einen schlechten Eindruck hinterlässt. Vielleicht wird pünktliches Erscheinen aber auch als etwas derart Selbstverständliches angesehen, dass es keiner besonderen Erwähnung bedarf. Abbildung 23 illustriert die Ergebnisse der Literaturbetriebe.

7.4 Zusammenfassung und Typologie

Zusammenfassend lässt sich trotz der geringen Anzahl an Rückläufen in der Sparte Literatur eine deutliche Tendenz zum „kommunikativen Macher" feststellen. Neben organisatorischen und medialen werden jegliche Fähigkeiten der Kommunikation hoch geschätzt. Der ideale Kulturmanager im Literaturbetrieb ist ein gut vernetzter, mit allen Kernfähigkeiten des Managens ausgestatteter und solide, selbstbewusst und hoch kommunikativ auftretender Mensch. Damit ist er in der Lage, organisatorische und finanzielle Herausforderungen zu meistern und den Literaturbetrieb erfolgreich in die Zukunft zu führen.

Abbildung 23: *"Stellen Sie sich vor, Sie führen ein Einstellungsgespräch. Auf was würden Sie vorrangig achten (maximal 5 Nennungen)?"* Antworten der Literaturbetriebe

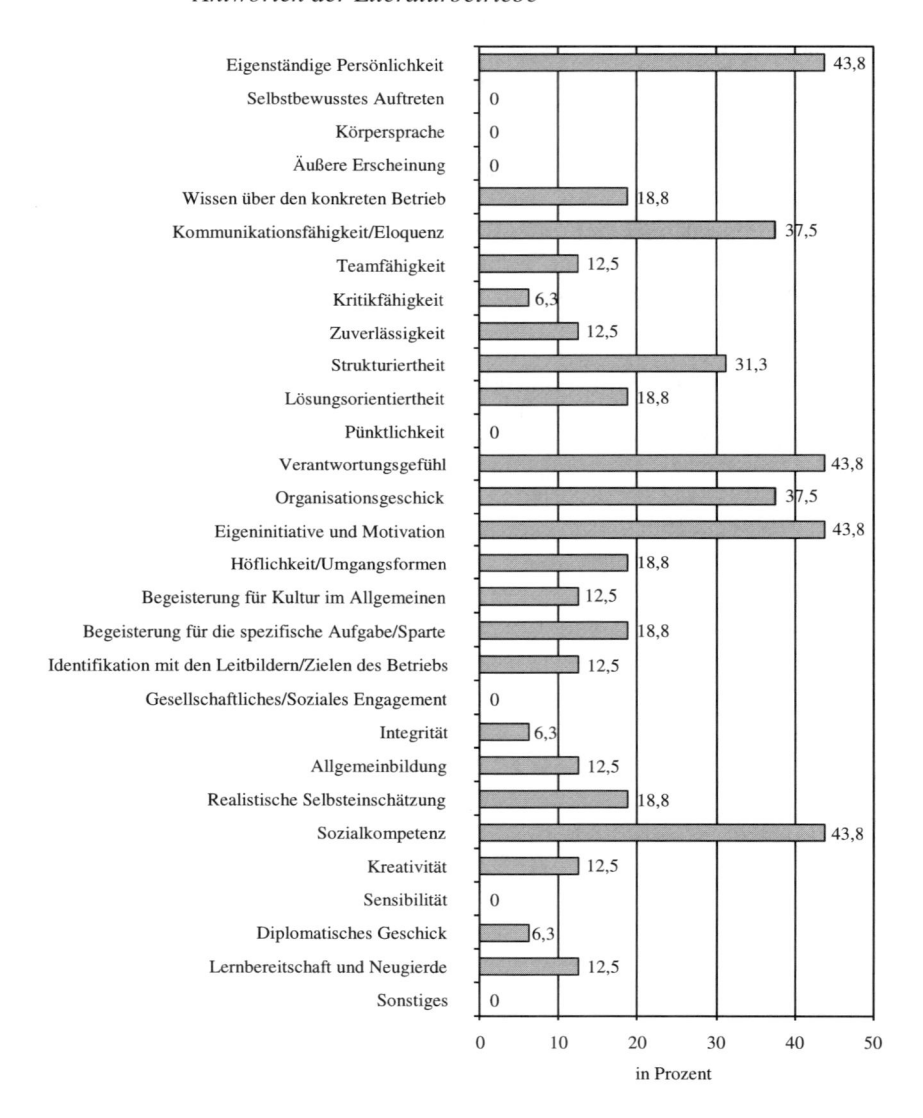

Kriterium	in Prozent
Eigenständige Persönlichkeit	43,8
Selbstbewusstes Auftreten	0
Körpersprache	0
Äußere Erscheinung	0
Wissen über den konkreten Betrieb	18,8
Kommunikationsfähigkeit/Eloquenz	37,5
Teamfähigkeit	12,5
Kritikfähigkeit	6,3
Zuverlässigkeit	12,5
Strukturiertheit	31,3
Lösungsorientiertheit	18,8
Pünktlichkeit	0
Verantwortungsgefühl	43,8
Organisationsgeschick	37,5
Eigeninitiative und Motivation	43,8
Höflichkeit/Umgangsformen	18,8
Begeisterung für Kultur im Allgemeinen	12,5
Begeisterung für die spezifische Aufgabe/Sparte	18,8
Identifikation mit den Leitbildern/Zielen des Betriebs	12,5
Gesellschaftliches/Soziales Engagement	0
Integrität	6,3
Allgemeinbildung	12,5
Realistische Selbsteinschätzung	18,8
Sozialkompetenz	43,8
Kreativität	12,5
Sensibilität	0
Diplomatisches Geschick	6,3
Lernbereitschaft und Neugierde	12,5
Sonstiges	0

8 Auswertung der Sparte Theater

Tom Schößler

8.1 Einsatz von Kulturmanagern in Theaterbetrieben

In der Sparte „Theater" wurden 49 von 142 versendeten Fragebögen beantwortet, was einer Rücklaufquote von 34,5 Prozent und damit einer etwas höheren als im Durchschnitt entspricht, die wie gesagt bei 31,0 Prozent liegt. Knapp zwei Drittel (65,3 Prozent; 32 Antworten) stammen aus dem öffentlich-rechtlichen Sektor, in dem die Stadt-, Landes- und Staatstheater verortet sind. Weitere 22,4 Prozent (11 Antworten) kommen aus dem privatwirtschaftlich-kommerziellen Sektor, hauptsächlich durch Musical- und Boulevardtheater vertreten, sowie 12,2 Prozent (6 Antworten) aus dem dritten Sektor der privatwirtschaftlich-gemeinnützigen Theater, die vor allem der freien Szene zugehörig sind. Wer die angeschriebenen Führungskräfte dieser Betriebe sind, wurde in Kapitel 2 beschrieben.

Zum Zeitpunkt der Befragung beschäftigten fast 40 Prozent der Theaterbetriebe speziell ausgebildete Kulturmanager (Tabelle 18). Damit liegen die Theater an erster Stelle aller untersuchten Sparten und deutlich über dem Durchschnitt. Der Vergleich der Sektoren macht deutlich, dass dieser Wert besonders durch den hohen Anteil der öffentlich getragenen Theater in der Stichprobe beeinflusst wird. Fast jedes zweite Theater des ersten Sektors beschäftigt bereits studierte Kulturmanager (46,9 Prozent). Einzig die privaten Galerien der Bildenden Kunst, in denen zu 70 Prozent Kulturmanager im Einsatz sind, übertreffen diesen Wert.

Tabelle 18: „Arbeiten in Ihrem Betrieb studierte Kulturmanager?"
Spartenvergleich

Sparte	ja	nein	weiß nicht	k. A.
Bildende Kunst	32,4%	62,2%	0%	5,4%
Theater	38,8%	59,2%	2,0%	0%
Musik	34,9%	65,1%	0%	0%
Literatur	18,8%	75,0%	0%	6,3%
Sonstiges	21,7%	75,0%	0%	3,3%
Gesamt	30,3%	66,3%	0,5%	2,9%

Ebenfalls 38,8 Prozent haben vor, Kulturmanager auch in Zukunft einzusetzen: Auf diese Frage geben 14,3 Prozent „Ja" zur Antwort, weitere 24,5 Prozent sagen „Eher ja". Zu den 38,8 Prozent kommen 28,6 Prozent Unentschiedene, die Kulturmanager „Vielleicht" einsetzen werden und 24,5 Prozent die „Eher nein" oder „Nein" sagen. Tabelle 19 zeigt die Absicht, zukünftig Kulturmanager einzustellen im Spartenvergleich.

Tabelle 19: „Haben Sie vor, in Zukunft studierte Kulturmanager in Ihrem Betrieb einzusetzen?" Spartenvergleich

Sparte	nein	eher nein	vielleicht	eher ja	ja	weiß nicht	k. A.
Bildende Kunst	29,7%	10,8%	16,2%	16,2%	16,2%	5,4%	5,4%
Theater	18,4%	6,1%	28,6%	**24,5%**	**14,3%**	8,2%	0%
Musik	9,3%	11,6%	34,9%	16,3%	20,9%	7,0%	0%
Literatur	6,3%	18,8%	43,8%	18,8%	6,3%	0%	6,3%
Sonstiges	18,3%	18,3%	28,3%	16,7%	6,7%	10,0%	1,7%
Gesamt	17,3%	13,0%	28,4%	18,8%	13,0%	7,2%	2,4%

Zwar hat im Musikbetrieb mit 20,9 Prozent „Ja"-Antworten ein größerer Teil der Befragten die Absicht, Kulturmanager einzustellen, rechnet man jedoch diejenigen hinzu, die mit „Eher Ja" zu einer zukünftigen Beschäftigung neigen, kommt der Theaterbetrieb auf den höchsten Gesamtwert. Damit sind die Theater nicht nur die Einrichtungen mit den meisten derzeitig eingesetzten Kulturmanagern, sondern auch die aussichtsreichste Sparte für ein zukünftiges Engagement. Damit haben allerdings auch rund ein Viertel der Befragten tendenziell nicht vor, in Zukunft Kulturmanager einzustellen.

8.2 Anforderungen an Kulturmanager

So stellt sich im Folgenden die Frage, mit welchen Kompetenzen ein Kulturmanager die abgeneigten und unentschiedenen Führungskräfte von seinem Nutzen für den jeweiligen Kulturbetrieb überzeugen kann.

Die allgemeinen Kompetenzen der Kulturmanager wurden, wie im methodischen Teil bereits erläutert, in drei Teilen erfragt, nämlich nach den gegenwärtig wünschenswerten persönlich-sozialen Eigenschaften, den fachlich-methodischen oder theoretischen Kenntnissen sowie den in Zukunft notwendigen Kompetenzen.

8.2.1 Persönlich-soziale Kompetenzen

Bezüglich der personenbezogenen Fähigkeiten sind bei fast allen Führungskräften im Theater „Kommunikationsfähigkeit" und „Organisationsvermögen" entscheidende Kriterien für die erfolgreiche Arbeit als Kulturmanager. Beide erhielten mit großem Abstand die meisten Nennungen als „ganz wichtige" Kompetenzen. In Verbindung mit denjenigen, die solche Eigenschaften zwar nicht als „ganz wichtig", jedoch immer noch als „wichtig" empfinden, sind beide mit über 90 Prozent eindeutige Favoriten bei den Anforderungen an einen Kulturmanager. Ebenfalls wichtige Kompetenzen sind „Belastbarkeit", „Entscheidungs-", „Vermittlungs-" und „Teamfähigkeit", sowie „Verantwortungsbewusstsein" und „Leidenschaft/Engagement". Sie sind für über 80 Prozent der Befragten „ganz wichtig" oder „wichtig". Die als am wenigsten wichtig wahrgenommenen Eigenschaften sind „Kreativität" und „Reflexivität", was jedoch bei einer Befragung über die Qualitäten von Kulturmanagern, und nicht Kulturmachern, verständlich scheint. Tabelle 20 zeigt die Verteilung der persönlichen Kompetenzen.

8.2.2 Fachlich-methodische Kompetenzen

Auch beim Methoden- und Fachwissen ist eine starke Wertschätzung organisatorischer Fähigkeiten erkennbar. Hier werden diese jedoch mehr auf die Fähigkeit zur Arbeitsstrukturierung bezogen, denn „Selbstmanagement" und „Zeitmanagement" sind mit der höchsten Wichtigkeit bewertet worden. Beide erhielten von fast 80 Prozent der Befragten eine Nennung der Kategorien „ganz wichtig" und „wichtig". Die höchste Anzahl der „ganz wichtig"-Nennungen erhielt jedoch das „Krisen- und Konfliktmanagement". Es lässt sich mit der bei den sozialen Kompetenzen hervorgehobenen „Kommunikationsfähigkeit" in Verbindung setzen und präzisiert diesen allgemeinen Begriff durch ein konkretes Problemfeld. Allerdings wird diese Antwort anscheinend nur von einigen – vielleicht besonders von internen oder externen Krisen geprägten – Entscheidungsträgern genannt. Denn etwa ein Viertel sieht das Krisenmanagement nur als „eher wichtig" oder „eher nicht" wichtig an. Im Vergleich zu erstgenannten Eigenschaften wird es somit durchschnittlich etwas geringer bewertet. Mit Blick auf den Vergleich der Trägerschaftsmodelle wird deutlich, dass es vor allem die öffentlich-rechtlichen Betriebe sind, die diese Kompetenz als besonders wichtig einschätzen. Ebenfalls hoch werden „Kulturpolitische Kenntnisse" eingestuft, die von 77,5 Prozent in den Kategorien „ganz wichtig" und „wichtig" bewertet werden. Sie werden zudem – entsprechend ihrer Organisationsform – vom öffentlichen Sektor weitaus höher bewertet als von den privatwirtschaftlich organisierten Einrichtungen. Weitere Anforderungen an Kulturmanager sind „Breite Kulturelle Kenntnisse", sowie die „Fähigkeit, vernetzt zu denken", die jeweils etwa drei Viertel aller Befragten als „ganz wichtig" oder „wichtig" einstufen. Tabelle 20 vergleicht die fünf wichtigsten fachlich-methodischen Kompetenzen mit der Gesamtauswertung. Es wird deutlich, dass die Ergebnisse der Theaterbetriebe der Gesamtauswertung hinsichtlich dieser Kompetenzgruppe nahezu gleichen. Allerdings sind die Theaterbetriebe auch in der Gesamtstatistik enthalten und beeinflussen somit das Ergebnis entsprechend.

8.2 Anforderungen

Tabelle 20: „ Wie wichtig schätzen Sie folgende persönliche Kompetenzen für Kulturmanager ein?" Antworten der Theaterbetriebe

	gar nicht	nicht	eher nicht	eher wichtig	wichtig	ganz wichtig	k. A.
Kommunikationsfähigkeit	0%	0%	0%	6,1%	24,5%	69,4%	0%
Offenheit und Toleranz	0%	0%	2,0%	24,5%	49,0%	24,5%	0%
Flexibilität	0%	0%	0%	20,4%	44,9%	34,7%	0%
Kreativität	0%	0%	2,0%	36,7%	28,6%	30,6%	2,0%
Reflexivität	0%	0%	4,1%	51,0%	36,7%	8,2%	0%
Strukturiertes Denken	0%	2,0%	4,1%	16,3%	36,7%	40,8%	0%
Organisationsvermögen	0%	0%	0%	6,1%	22,4%	71,4%	0%
Vermittlungsfähigkeit	0%	0%	4,1%	12,2%	46,9%	36,7%	0%
Entscheidungsfähigkeit	0%	0%	2,0%	14,3%	38,8%	44,9%	0%
Teamfähigkeit	0%	0%	2,0%	14,3%	46,9%	34,7%	2,0%
Führungsqualitäten	0%	0%	6,1%	22,4%	36,7%	34,7%	0%
Pflicht- und Verantwortungsbewusstsein	0%	0%	2,0%	16,3%	40,8%	40,8%	0%
Belastbarkeit	0%	0%	0%	14,3%	36,7%	49,0%	0%
Auftreten	0%	0%	8,2%	24,5%	42,9%	24,5%	0%
Leidenschaft und Engagement	0%	0%	0%	18,4%	42,9%	38,8%	0%
Selbstständigkeit	0%	2,0%	0%	16,3%	46,9%	34,7%	0%
Netzwerken	0%	2,0%	8,2%	28,6%	26,5%	34,7%	0%
Sonstiges	0%	0%	0%	0%	0%	4,1%	95,9%

Abbildung 24: *„Wie wichtig schätzen Sie folgende theoretische Kompetenzen für Kulturmanager ein?" Die fünf höchsten Wertungen in Theaterbetrieben im Vergleich zur Gesamtauswertung (Nennungen „wichtig" und „ganz wichtig")*

Theaterbetriebe:

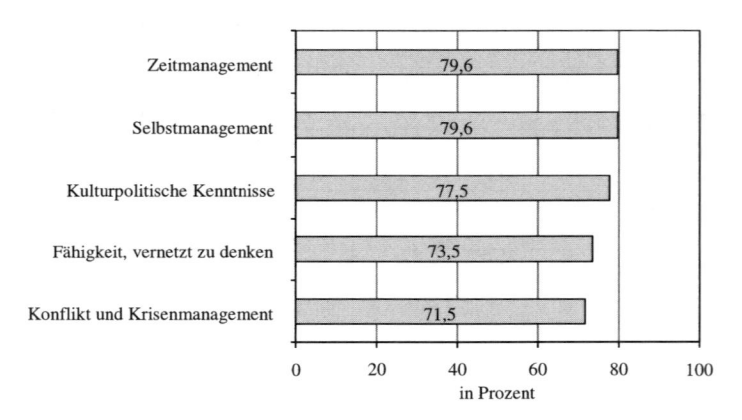

Kompetenz	Prozent
Zeitmanagement	79,6
Selbstmanagement	79,6
Kulturpolitische Kenntnisse	77,5
Fähigkeit, vernetzt zu denken	73,5
Konflikt und Krisenmanagement	71,5

in Prozent

Alle Betriebe (Gesamtauswertung):

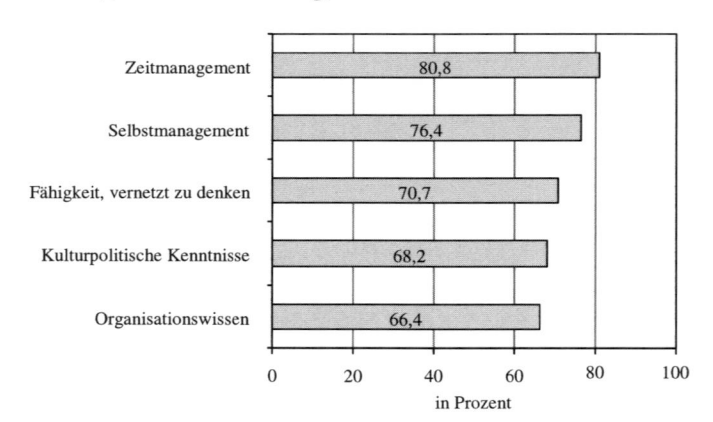

Kompetenz	Prozent
Zeitmanagement	80,8
Selbstmanagement	76,4
Fähigkeit, vernetzt zu denken	70,7
Kulturpolitische Kenntnisse	68,2
Organisationswissen	66,4

in Prozent

Kompetenzen, die in allen Sektoren als vergleichsweise unwichtig eingeschätzt werden, sind „betriebswirtschaftliches" und „juristisches Wissen". In Theatern halten weniger als ein Drittel der Führungskräfte diese beiden Fachkompetenzen für „ganz wichtig" oder „wichtig". Weit über die Hälfte halten sie nur für „eher wichtig" oder sogar für „eher unwichtig". Gerade Kulturmanager finden in ihrem Einsatzfeld jedoch oft im weitesten Sinne kaufmännische Aufgaben, einige sogar in führenden Positionen. Dass sie dafür keine betriebswirtschaftlichen Kenntnisse mitzubringen haben, sollte bedenklich stimmen. Allerdings kann eingeräumt werden, dass vor allem in größeren Stadt- und Staatstheatern Spezialisten für diese Belange vorhanden sind oder auf entsprechende Ressourcen des Trägers zurückgegriffen werden kann. Somit wäre ausgeprägtes betriebswirtschaftliches und juristisches Fachwissen bei Kulturmanagern nicht zwingend notwendig. Die hohe Bewertung allgemeiner methodischer und sozialer Fähigkeiten legt eher einen Bedarf an Generalisten nahe. Ebenfalls sehr niedrig bewertet wurden sowohl „Kulturhistorisches Grundwissen" als auch „Kulturtheoretisches Wissen", was allerdings unter dem Gesichtspunkt des skizzierten Berufsbildes eines Kulturmanagers weitaus eher nachvollziehbar ist. Dennoch ist eine derart geringe Bedeutung wissenschaftlicher Grundlagen für die Bewertung der Ausbildung von Kulturmanagern ein brisantes Ergebnis.

Abschließend ist zu erwähnen, dass auch im Theaterbetrieb – wie in den meisten anderen Sparten – die persönlichen Eigenschaften insgesamt als sehr viel wichtiger bewertet werden als die fachlichen und theoretischen. Wie beschrieben erlangen die höchstbewerteten Soft Skills „Kommunikationsfähigkeit" und „Organisationsvermögen" über 90 Prozent der „ganz wichtig" und „wichtig" Nennungen, eine Vielzahl weiterer Eigenschaften erreicht über 80 Prozent. Unter den methodisch-fachlichen Kenntnissen liegen die beiden meistgenannten Fähigkeiten „Selbst-" und „Zeitmanagement" mit knapp 80 Prozent an der Spitze, viele weitere Items erreichen zwischen 60 und 75 Prozent der beiden höchsten Bewertungen „ganz wichtig" und „wichtig".

8.2.3 Zukünftig wichtige Kompetenzen

Wie schätzen nun die Entscheidungsträger des Theaterbetriebs die in Zukunft entscheidenden Eigenschaften und Fähigkeiten eines Kulturmanagers ein?

Viele Kompetenzen, die heute schon als wichtig gelten, werden auch zukünftig große Bedeutung haben. So werden erneut tendenziell kommunikative Faktoren in den Vordergrund gerückt, beispielsweise „Vermittlungsfähigkeit", welche 83,7 Prozent für „ganz wichtig" oder „wichtig" halten, sowie „Kommunikation mit verschiedenen Interessengruppen", was 77,6 Prozent Zustimmung erhält. Die höchsten Nennungen von „ganz wichtig" entfallen allerdings auf die Fähigkeit der „Besucherbindung". An ihr verdeutlicht sich auch, worin die Herausforderungen der Kulturbetriebe liegen werden und woran es nach der Einschätzung aktueller Führungskräfte dem Theaterbetrieb in Zukunft wohl mangeln wird: Zuschauern. Wie in der Einleitung zu dieser Studie bereits angedeutet wird, sind davon besonders die öffentlichen Theater betroffen. Sie sind es auch, die die Kompetenz der „Besucherbindung" besonders hoch bewertet haben. Die Herausforderung, das Publikum der Zukunft zu sichern, sehen sie zu 59,4 Prozent als „ganz wichtig" und zu 28,1 Prozent als „wichtig" an. So sind es über 80 Prozent der Befragten, die diese Fähigkeit verlangen, während es in den privat geführten Theatern nur jeweils etwa 50 Prozent sind. Dieses Ergebnis spiegelt die im Einleitungstext dargelegten Zahlen wider, in denen die Steigerung der Besucherzahlen in privaten Theatern seit Anfang der 1990er Jahre geschildert wurde. Was in diesem Zusammenhang etwas überrascht, ist die verhältnismäßig geringe Bewertung der „Kundenorientierung", welche nur von 67,3 Prozent aller Befragten als „ganz wichtig" oder „wichtig" eingestuft wurde. Nicht nur, dass also ein Drittel der Befragten keinen großen Wert auf Kundenorientierung zu legen scheint, es klafft auch eine Lücke zwischen den 75,5 Prozent, die Besucherbindung wichtig finden, und den 67,3 Prozent derer, die auch Kunden-, also Besucherorientierung, hoch einschätzen. Denn eigentlich sollte die Orientierung am Gast als Voraussetzung für seine Bindung an ein Haus verstanden werden. Ein möglicher Erklärungsansatz liegt im Verständnis des Begriffs „Besucherorientierung". Unter Umständen wurde er inhaltlich verstanden, also im Sinne des Spielplans, der sich an einer möglichst großen Besucherzahl orientieren solle. Dabei heißt konsequente Besucherorientierung keineswegs, das anzubieten, was das Publikum wünscht, sondern das eigene künstlerische Produkt einem möglichst großen Interessentenkreis zugänglich zu machen.

In Verbindung mit den zur Zeit als wenig wichtig eingeschätzten fachlichen Kompetenzen betriebswirtschaftlicher Art finden auch Kenntnisse von „Finanzen" in Zukunft kaum Bedeutung. Diese auch als „ökonomisches Knowhow" paraphrasierbare Komponente schätzen nur 32,1 Prozent als in Zukunft „ganz wichtig" oder „wichtig" ein. Angesichts der häufig beklagten finanziellen Ressourcensituation – vor allem im öffentlichen Bereich – ein ebenso bedenkliches Ergebnis.

8.3 Kriterien für eine erfolgreiche Bewerbung

Neben den allgemeinen persönlich-sozialen und fachlich-methodischen Kompetenzen, die das heutige und zukünftige Anforderungsprofil an einen Kulturmanagers ausmachen, spielen spezielle Aspekte der Bewerbung eines Absolventen eine wichtige Rolle für die Bewertung seiner Arbeitsmarktchancen. So wurden in der Studie auch Fragen zu Bewerbungsunterlagen, der Wichtigkeit von praktischer und formaler akademischer Qualifikation sowie dem Bewerbungsgespräch gestellt.

8.3.1 Schriftliche Bewerbung

Schon in der Bewerbungsmappe kann und sollte der Kulturmanager seine „Sozialen Kompetenzen" nachweisen. Drei Viertel der Befragten möchten schon in der frühen Phase einer Bewerbung sehen, dass ein Kandidat die entsprechenden Fähigkeiten mitbringt. Sie liegen unangefochten an erster Stelle. Des Weiteren wird auf Berufserfahrung geachtet, sowohl aus dem Kulturbereich als auch auf solche, die dem eigentlichen Berufsbild eher fremd sind. Es ist also keine Präferenz zu erkennen, ob ein Kandidat eine geradlinige Theaterkarriere hinter sich hat oder Quereinsteiger ist. Was zählt, ist die praktische Erfahrung, so meinen rund zwei Drittel der Befragten. Auslandserfahrungen halten fast 40 Prozent für eher unwichtig.

Ein Kriterium, das bei der Bewerbung im Unterschied zu einigen anderen Sparten eine zusätzliche Rolle spielt, ist die „Kreativität". Sie wird von 55,1 Prozent in den Bewerbungsunterlagen für relevant gehalten, ein Wert der nur von den „sonstigen Betrieben" (siehe Kapitel 9) übertroffen wird.

Als recht unwichtig werden „Schulnoten" angesehen, ebenso „universitäre Leistungen". Auch die „äußere Form der Bewerbung", „Hobbys" oder „Ehrenamtliches Engagement" sind kaum ausschlaggebend für die weitere Beschäftigung mit einer Bewerbung. Letztere Kriterien werden nur von rund jedem fünften als wichtig eingestuft.

8.3.2 Praxiserfahrung

Da Hochschulabsolventen selten auf lange Berufserfahrung zurückgreifen können, müssen sie ihre Praxiserprobtheit in der Regel durch Praktika nachweisen. Doch ein Drittel der Befragten in der Theatersparte ist der Meinung, dass sie gar nicht so wichtig sind. Das ist etwas mehr als in der Gesamteinschätzung der Kulturbetriebe, von denen gut ein Viertel dieser Meinung ist. Sie werden im Theater außerdem nur von 8,2 Prozent als „ganz wichtig" eingestuft, allerdings von 57,1 Prozent als „wichtig".

Über die optimale Länge eines Praktikums ist man sich im Theater uneins. Etwa die Hälfte (49,0 Prozent) tendiert zu drei Monaten, 38,8 Prozent zu sechs Monaten. Nur wenige finden eine längere oder kürzere Dauer für ein Praktikum sinnvoll. Hinsichtlich der Anzahl der Praktika herrscht jedoch größtenteils Einigkeit: Drei von vier Befragten halten ein bis drei Praktika für ausreichend.

Kurz zusammengefasst heißt dies: Praktika sind zwar relativ wichtig, aber nicht mehr als drei, und nicht länger als je sechs Monate.

8.3.3 *Akademische Qualifikation und Abschlussarbeit*

Die Führungskräfte im Theaterbetrieb bevorzugen zwar noch die bekannten Diplom- und Magisterabschlüsse, allerdings sind die neuen Qualifikationen Master und MBA nahezu gleich hoch bewertet. Es ist also nicht der Unbekanntheit der neuen Abschlüsse Master und Bachelor geschuldet, dass letzterer die niedrigste Bewertung erhält. Allerdings kommt auch höheren akademischen Abschlüssen wie einer Promotion keine besondere Bedeutung zu. Nur in der Sicht von 14,3 Prozent ist ein Doktortitel für die Arbeit „eher wichtig". Die Promotion wird zwar als Bewerbungskriterium wichtiger eingeschätzt als für die tägliche Arbeit, spielt aber aufgrund der absolut geringen Bewertung quasi keine entscheidende Rolle bei der Entscheidung für oder gegen einen Bewerber. Nur jeder Fünfte (20,4 Prozent) fände den Titel in der Bewerbung „ganz wichtig" oder „wichtig". Etwas höher wird das Thema der Abschlussarbeit in der Bewerbung bewertet. Hier ist es jeder Vierte (24,5 Prozent), der sich dieses Kriterium genauer anschaut.

Allen Abschlüssen ist allerdings gemein, und so auch der Abschlussarbeit, dass sie zwar in der Bewerbung mitunter als Entscheidungskriterium betrachtet werden, jedoch in der praktischen Arbeit stets niedriger bewertet werden.

8.3.4 *Bewerbungsgespräch*

Am Ende der Bewerbungskette steht mit dem Bewerbungsgespräch eine weitere, letzte Bewährungsprobe. Im Einstellungsgespräch überzeugt der Kulturmanager im Theaterbereich vor allem mit „Verantwortungsbewusstsein". Nahezu die Hälfte aller Befragten (44,9 Prozent) bewertet diese Eigenschaft als die wichtigste, die mitzubringen ist. Knapp darauf folgt erneut „Sozialkompetenz", gemeint im dem Sinne, gut im Umgang mit Menschen zu sein, was 40,8 Prozent als wichtig empfinden. „Sozialkompetenz" ist gleichzeitig die häufigste Nennung in der Gesamtauswertung, während „Verantwortungsbewusstsein" in der

8.3 Bewerbungskriterien

Gesamthäufigkeit nur auf dem zweiten Platz liegt. Dennoch kann damit festgestellt werden, dass im Theaterbetrieb die gleichen Eigenschaften Gewicht haben, wie in anderen Sparten auch. Weiterhin wurden eine „Eigenständige Persönlichkeit", als auch „Kommunikationsfähigkeit/ Eloquenz" genannt, die beide mehr als einem Drittel der Befragten wichtig erscheinen (je 38,8 Prozent). Erst mit nicht unerheblichem Abstand folgen „Teamfähigkeit" und „Eigeninitiative", die um die weiteren Nennungen von „Lernbereitschaft" und die „Identifikation mit den Zielen und Leitbildern des Kulturbetriebs" erweitert werden.

Von den nur selten genannten Merkmalen ist herauszuheben, dass im Vorstellungsgespräch weder auf „Begeisterung für Kultur im Allgemeinen", noch auf „Wissen über den konkreten Betrieb" besonderen Wert gelegt wird. Jedoch sollte man hier bedenken, dass aus dem Fragedesign heraus nur die fünf wichtigsten Merkmale zu nennen waren und somit die hier selten genannten dieser geforderten Priorisierung zu Opfer gefallen sein dürften.

In der Frage nach den wichtigsten Kriterien in einem Einstellungsgespräch standen 28 Antwortmöglichkeiten zur Verfügung, die alle von den Theaterführungskräften mehrfach genannt wurden. Die breite Streuung weist auf eine gewisse Heterogenität in den Anforderungen an Kulturmanager hin. Denn auch wenn im vermeintlich offenen und unprätentiösen Theaterbetrieb Eigenschaften wie „Höflichkeit", „Pünktlichkeit" oder „Äußere Erscheinung" nur sehr selten genannt werden, sind sie dennoch offensichtlich nicht gänzlich unwichtig. Abbildung 25 illustriert die prozentuale Verteilung der Nennungen auf die Kriterien.

Abbildung 25: „Stellen Sie sich vor, Sie führen ein Einstellungsgespräch. Auf was würden Sie vorrangig achten (maximal 5 Nennungen)?"
Antworten der Theaterbetriebe

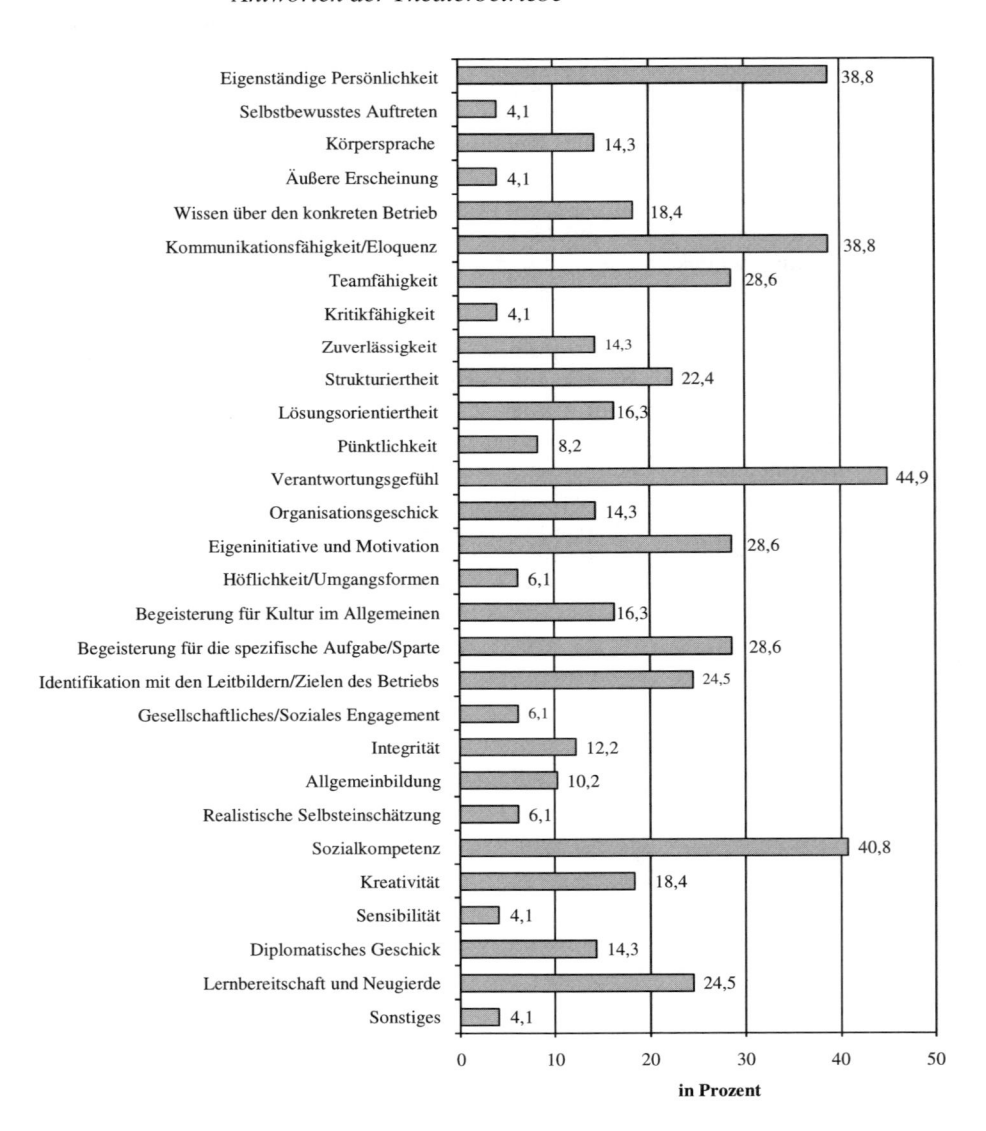

Merkmal	Prozent
Eigenständige Persönlichkeit	38,8
Selbstbewusstes Auftreten	4,1
Körpersprache	14,3
Äußere Erscheinung	4,1
Wissen über den konkreten Betrieb	18,4
Kommunikationsfähigkeit/Eloquenz	38,8
Teamfähigkeit	28,6
Kritikfähigkeit	4,1
Zuverlässigkeit	14,3
Strukturiertheit	22,4
Lösungsorientiertheit	16,3
Pünktlichkeit	8,2
Verantwortungsgefühl	44,9
Organisationsgeschick	14,3
Eigeninitiative und Motivation	28,6
Höflichkeit/Umgangsformen	6,1
Begeisterung für Kultur im Allgemeinen	16,3
Begeisterung für die spezifische Aufgabe/Sparte	28,6
Identifikation mit den Leitbildern/Zielen des Betriebs	24,5
Gesellschaftliches/Soziales Engagement	6,1
Integrität	12,2
Allgemeinbildung	10,2
Realistische Selbsteinschätzung	6,1
Sozialkompetenz	40,8
Kreativität	18,4
Sensibilität	4,1
Diplomatisches Geschick	14,3
Lernbereitschaft und Neugierde	24,5
Sonstiges	4,1

in Prozent

8.4 Zusammenfassung und Typologie

Zusammenfassend lässt sich also sagen, dass der Theatermanager, ebenso wie in anderen Kultureinrichtungen, ein breites Spektrum an sozialen und fachlichen Kompetenzen mitbringen sollte. Kommunikative und organisatorische Fähigkeiten sind die wichtigsten, aber auch die Pflege des Netzwerks und die Sicherstellung eines Publikums für die Zukunft sollte jedem Kulturmanager eines Theaters höchstes professionelles Anliegen sein. Als belastbarer, entscheidungs- und teamfähiger Vermittler wird ihm im Theaterbetrieb mehr als in anderen Sparten ein breites Portfolio an Führungsqualitäten abverlangt. Bringt er dieses und das entsprechende Verantwortungsbewusstsein mit, wären dies gute Voraussetzungen, um einem Theater bei den zahlreichen Aufgaben jetzt und in Zukunft eine entscheidende Unterstützung zu sein.

9 Auswertung der Sparte Sonstiges

Ellen Klassen, Kristin Kretzschmar

In der Sparte „Sonstiges" werden spartenübergreifende Institutionen zusammengefasst. Durch diese Vielschichtigkeit bildet diese Gruppe mit 60 von 208 Befragten zugleich den größten Anteil (28,8 Prozent) im Spartenvergleich. Bei den 60 ausgewerteten Fragebögen handelt es sich bei über der Hälfte um öffentlich-rechtliche Einrichtungen, die vorwiegend durch Kulturämter repräsentiert werden. Mit knapp 30 Prozent bildet der privatwirtschaftlich-gemeinnützige Bereich, zu dem vor allem Stiftungen zählen, die zweitgrößte Gruppe. Etwa 15 Prozent entfallen schließlich auf Veranstaltungs- und Eventagenturen, die dem privatwirtschaftlich-kommerziellen Sektor angehören.

Jedoch muss hier bedacht werden, dass man somit auch mit den Deutungen um so vorsichtiger sein sollte. Ergebnisse können hier nur schwer zugeordnet werden, da es sich um sehr unterschiedliche Institutionen und Strukturen handelt. Des Weiteren besteht die Möglichkeit, dass sich Institutionen, die sich entgegen der eigentlichen Einteilung eher in die Sparte Sonstiges eingegliedert haben und nicht in den für sie vorgesehenen Bereich.

Abbildung 26: *Verteilung der Antworten auf Trägerschaften*

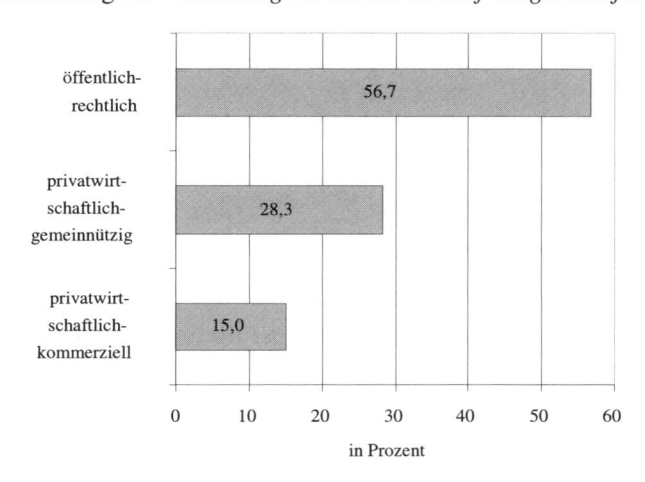

Trägerschaft	in Prozent
öffentlich-rechtlich	56,7
privatwirtschaftlich-gemeinnützig	28,3
privatwirtschaftlich-kommerziell	15,0

Bei der Betrachtung der soziodemografischen Daten ist auffällig, dass der größere Anteil der Befragten männlich ist: Zwei Drittel der Fragebögen wurden von Männern ausgefüllt. Das ermittelte Durchschnittsalter der Befragten beträgt circa 47 Jahre. Hierbei reicht die Spannweite von 25 bis 65 Jahren.

9.1 Einsatz von Kulturmanagern in sonstigen Betrieben

Hinsichtlich der derzeitigen Situation von Kulturmanagern lässt sich ein interessantes spartenbezogenes Ergebnis erkennen. Drei Viertel der befragten Institutionen beschäftigen derzeit keine ausgebildeten Kulturmanager in ihrem Betrieb. Dies stellt eine sehr auffällige Zahl dar, da dieser Wert wesentlich höher liegt als in der Gesamtauswertung, wo der Wert bei nur zwei Dritteln liegt.

Abbildung 27: *Anstellung eines ausgebildeten Kulturmanagers im Betrieb (Betrachtung der Sparte Sonstiges im Vergleich zur Gesamtauswertung)*

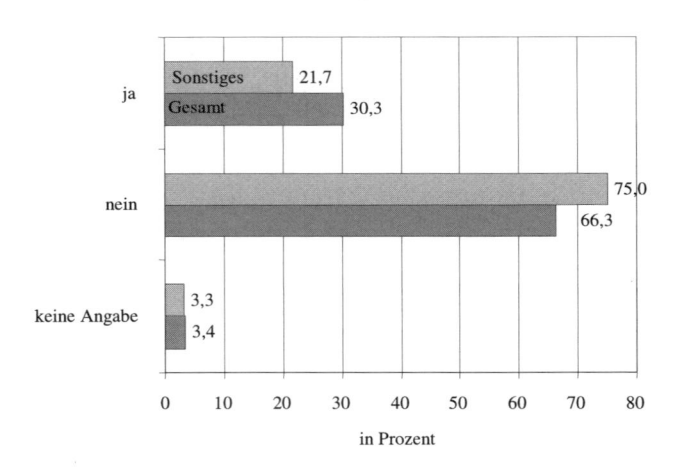

	Sonstiges	Gesamt
ja	21,7	30,3
nein	75,0	66,3
keine Angabe	3,3	3,4

in Prozent

Mit 21,7 Prozent beschäftigt derzeitig gut ein Fünftel der Institutionen ausgebildete Kulturmanager. Zwar stimmen die Tendenzen mit der Gesamtauswertung überein, dennoch zeigt sich in der Sparte Sonstiges insgesamt eine etwas negativere Einstellung zum Beruf des Kulturmanagers. Dies könnte an den Organisationen/Institutionen liegen, die unter den Bereich Sonstige fallen. Wie die Tabelle 21 hervorhebt, sind es im Besonderen die öffentlichen Kulturämter und Stiftungen, die sich gegen Kulturmanager aussprechen. Institutionen aus dem privatwirtschaftlich-kommerziellen Sektor sind Kulturmanagern eher positiv zugewandt. Eine Begründung für eine eher zurückhaltende Einstellung im öffentlich-rechtlichen und privatwirtschaftlich-gemeinnützigen Bereich ist, dass sich auf die entsprechenden Arbeitsplätze auch Personen aus anderen Fachrichtungen, wie beispielsweise aus dem Bereich der Verwaltungswissenschaften, bewerben. Diesen wird vermutlich ein größeres Wissen über die Abläufe in kommunalen Betrieben zugeschrieben.

Tabelle 21: Zukünftiger Einsatz von ausgebildeten Kulturmanagern untergliedert nach Trägerschaft

	nein	eher nein	vielleicht	eher ja	ja	weiß nicht
öffentlich rechtlich	17,6%	26,5%	20,6%	14,7%	8,8%	11,8%
privat-wirtschaftlich-gemeinnützig	23,5%	11,8%	41,2%	11,8%	5,9%	5,9%
privat-wirtschaftlich-kommerziell	11,1%	0%	33,3%	33,3%	0%	22,2%

9.2 Anforderungen an Kulturmanager

9.2.1 Persönlich-soziale Kompetenzen

Um ein genaues Bild von den erforderten Kompetenzen eines Kulturmanagers erkennen zu können, gibt die Auswertung Aufschluss über relevante persönlich-soziale Kompetenzen.

Im Rahmen der persönlich-sozialen Kompetenzen erachten die Befragten insbesondere die „Kommunikationsfähigkeit" mit 66,7 Prozent und das „Organisationsvermögen" mit 63,3 Prozent für „ganz wichtig". Hierbei ist es besonders auffällig, dass keine negativen Antworten gegeben wurden. Umso mehr wird dadurch deutlich, welche Relevanz „soft skills" für einen Kulturmanager haben. Diese sichtbaren Tendenzen stimmen auch mit dem Ergebnis der Gesamtauswertung überein. Als weitere Eigenschaften, die von den Befragten als „ganz wichtig" und „wichtig" erachtet werden, sind „Entscheidungsfähigkeit", „strukturiertes Denken", „Selbstständigkeit" und „Flexibilität" zu nennen. Die kumulierten Prozentwerte der Ausprägungen „ganz wichtig" und „wichtig" dieser persönlichen Kompetenzen liegen im Bereich von 88 bis 90 Prozent. Korrespondierend zur Gesamtauswertung nimmt auch in der Sparte Sonstiges das Kriterium der „Reflexivität" die unwichtigste Position ein.

Besonders auffällig im Vergleich zur Auswertung aller Fragebögen ist, dass die „Kreativität" in der Sparte Sonstiges wesentlich wichtiger ist. Dieses Kriterium sehen 75 Prozent als „wichtig" oder „ganz wichtig" an, in der Gesamtauswertung macht dies einen Wert von 61,6 Prozent aus.

Dies ist ein überraschendes Ergebnis, da es sich bei dieser Sparte wie schon erwähnt, um eher bürokratische Strukturen handelt und daher nicht erwartet wird, dass Kreativität hier eine gefragte persönliche Kompetenz ist. Somit liegt die Vermutung nahe, dass die Sparten, in denen Kreativität sowieso eine größere Rolle spielt, dies als eher selbstverständlich ansehen. In den Betrieben mit einem großen Anteil an beispielsweise Verwaltungswissenschaftler, wird die Kreativität vermutlich als eine besondere Kompetenz empfunden.

Abbildung 28: *Wichtigkeit des Kriteriums „Kreativität" im Spartenvergleich*

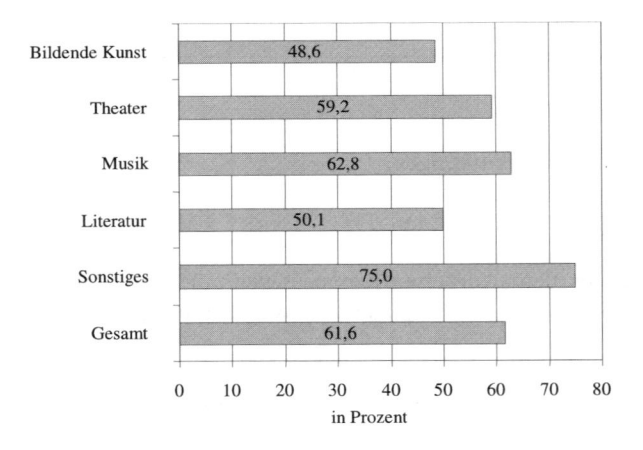

Sparte	in Prozent
Bildende Kunst	48,6
Theater	59,2
Musik	62,8
Literatur	50,1
Sonstiges	75,0
Gesamt	61,6

9.2.2 Methodisch-fachliche Kompetenzen

Analog zur Auswertung der gesamten Fragebögen wird erkennbar, dass die persönlich-sozialen Kompetenzen auch in der Sparte Sonstiges eine größere Wichtigkeit haben, als die methodisch-fachlichen Kompetenzen. Wie in der Abbildung 29 deutlich wird, haben in diesem Bereich die Kriterien „Zeitmanagement" mit 80 Prozent, „Organisationswissen" mit 73,3 Prozent, die „Fähigkeit, vernetzt zu denken" und „Selbstmanagement" mit jeweils 71,7 Prozent die höchste Wichtigkeit: Diese Werte beinhalten die Ausprägungen „wichtig" und „sehr wichtig". Die Gesamtauswertung zeigt ein ähnliches Bild, lediglich das „Organisationswissen" wird in der Sparte Sonstiges als relevanter erachtet.

Als vergleichsweise unwichtig hingegen zeigen sich folgende Kompetenzen: „Juristisches Wissen", mit einer Wichtigkeit von lediglich 26,6 Prozent, „Kulturhistorische Kenntnisse" mit 36,7 Prozent, „BWL-Kenntnisse" mit 38,3 Prozent, „Kulturtheoretisches Grundwissen" 43,4 Prozent und schließlich „Finanzen" mit 48,3 Prozent. Die Ergebnisse stimmen bei der Frage nach den theoretischen Kompetenzen mit der Gesamtauswertung im Wesentlichen überein. Dass jedoch auch wesentliche Bestandteile der Ausbildung des Kulturmanagers in den eher unwichtigen Bereich fallen, wie beispielsweise kulturhistorische Kenntnisse und kulturtheoretisches Grundwissen, ist überraschend, da gerade dieses Hintergrundwissen in den Studiengängen als wesentliche Voraussetzung gesehen wird.

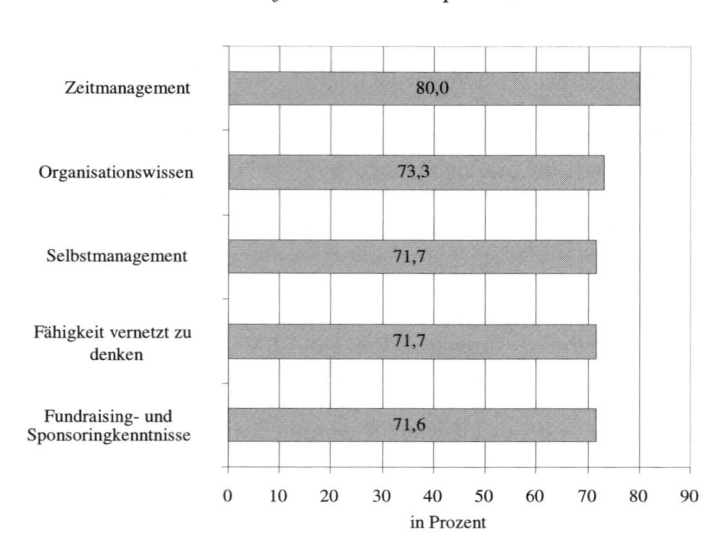

Abbildung 29: *Rangliste der „wichtigsten" und „ganz wichtigsten" methodisch-fachlichen Kompetenzen*

Kompetenz	Prozent
Zeitmanagement	80,0
Organisationswissen	73,3
Selbstmanagement	71,7
Fähigkeit vernetzt zu denken	71,7
Fundraising- und Sponsoringkenntnisse	71,6

in Prozent

9.2.3 Zukünftig wichtige Kompetenzen

Laut den Befragten wird in Zukunft insbesondere „Vermittlungsfähigkeit" und die „Kommunikation mit verschiedenen Interessensgruppen" an Relevanz gewinnen. 80,0 Prozent sehen dies als „ganz wichtig" bzw. „wichtig" an. Diese Qualifikationen werden demnach als spezifische Merkmale eines Kulturmanagers erkannt und spiegeln sich idealerweise in seinem Selbstverständnis wider.

Des Weiteren zählen „Belastbarkeit" und „Zielorientierung" zu den wichtigen Aspekten. Mit nur insgesamt 50,0 Prozent werden hingegen „Fremdsprachenkenntnisse" als verhältnismäßig „eher unwichtig" angesehen. Möglicherweise lässt dies auf eine eher weniger international ausgerichtete Branche schließen, die bevorzugt im Inland operiert. Auch die Mobilität erreicht hier bescheidene 53,3 Prozent. Diese Ergebnisse der spartenbezogenen Auswertung decken sich im Wesentlichen mit der Gesamtauswertung.

Auffällig ist hier jedoch, dass „Besucherbindung" keine „unwichtig"-Nennungen erhalten hat, also von allen Befragten als zunehmend relevant für die Zukunft angesehen wird. Unter Umständen stellt dies einen Bereich dar, auf den man sich in Zukunft noch stärker einstellen muss. Die Notwendigkeit der zu-

9.2 Anforderungen 151

künftigen „Besucherbindung" wird von den befragten Institutionen wahrgenommen, wenn auch bislang noch andere Kriterien stärker im Fokus stehen. Bei Betrachtung dieser Kompetenz untergliedert nach den diversen Trägerschaften (Abbildung 30) innerhalb der Sparte ist im besonderen auffällig, dass die öffentlich-rechtlichen Einrichtungen „Besucherbindung" mit 38,2 Prozent für „ganz wichtig" erachten. Zusammen mit den „wichtig"-Nennungen ergibt dies ein Wert von 70,6 Prozent. Die größte Zustimmung findet man jedoch im privatwirtschaftlich-kommerziellen Bereich, der mit 55,6 Prozent „Besucherbindung" als „wichtig" erachtet und zusammen mit den „sehr wichtig"-Nennungen einen Wert von 77,8 Prozent erreicht. Die ist allerdings aufgrund ihrer Gewinnorientierung nicht weiter verwunderlich.

Des Weiteren kommt der Besucherbindung aufgrund der zunehmenden Konkurrenz des Freizeitsektors eine höhere Bedeutung zu. Als Zukunftsmodell kann von einer Visitor-Value-Chain (amerikanisches Kulturmanagement) profitiert werden (vgl. Klein 2007: 126f).

Abbildung 30: *Wichtigkeit des Kriteriums „Besucherbindung" in den drei Trägerschaften*

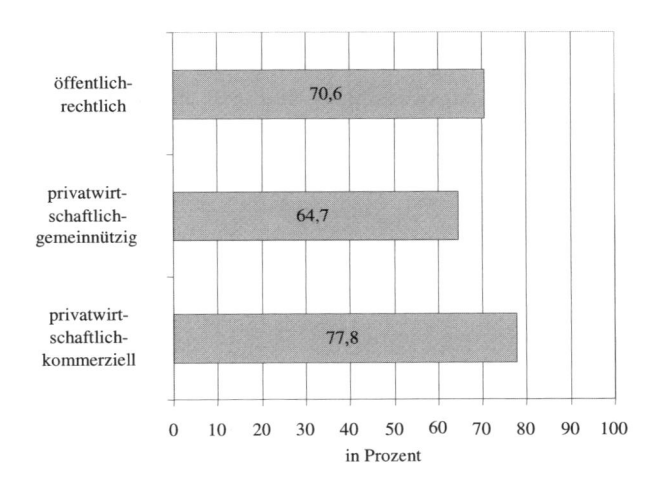

9.3 Kriterien für eine erfolgreiche Bewerbung

9.3.1 Schriftliche Bewerbung

Nach der Erörterung der erforderlichen persönlichen, theoretischen sowie zukünftigen Kompetenzen eines Kulturmanagers stellt sich nun die Frage, welche Kriterien und Aspekte im Bewerbungsprozess, bei der schriftlichen Bewerbung sowie im Vorstellungsgespräch relevant sind. Hier fällt auf, dass bei der Frage nach „sozialen Kompetenzen" keine befragte Person mit „nicht wichtig" geantwortet hat. Dies scheint also besonders bedeutend zu sein, was auch aus der Gesamtauswertung hervorgeht und sich im weiteren Verlauf noch bestätigt. Zudem wird in den Bewerbungsunterlagen generell auf Berufserfahrungen im Kultur- sowie im kulturfremden Bereich geachtet.

Interessant und aussagekräftig für die Auswertung erscheinen hier vor allem die „gar nicht"-, „nicht"- und „eher nicht"-Antworten. Hier fällt auf, dass Schulnoten, Hobbys sowie die äußere Form des Lebenslaufs, der Bewerbungsmappe und ein moderner Standard als unwichtig eingestuft werden. Auch die Sprachkenntnisse werden nicht als besonders wichtig angesehen, was mit den Ergebnissen bei der Erörterung der notwendigen Kompetenzen übereinstimmt.

Damit lässt sich die mangelnde Wichtigkeit der Auslandserfahrung in Verbindung bringen. Hier haben immerhin insgesamt 36,7 Prozent der Befragten negativ (entspricht den Antworten „gar nicht", „nicht" und „eher nicht") geantwortet. Im Vergleich zur Gesamtauswertung zeigen sich ähnliche Tendenzen, diese können daher mit den Ergebnissen der Sparte ‚Sonstiges' gleichgesetzt werden.

9.3 Bewerbungskriterien

Tabelle 22: „Wie wichtig sind Ihnen folgende Aspekte in Bewerbungsunterlagen?"

	gar nicht	nicht	eher nicht	eher wichtig	wichtig	ganz wichtig	k.A.
Schulnoten	6,7%	10,0%	51,7%	23,3%	3,3%	1,7%	3,3%
Universitäre Leistungen	3,3%	0%	16,7%	51,7%	21,7%	5,0%	1,7%
Sprachkenntnisse	0%	1,7%	11,7%	45,0%	21,7%	18,3%	1,7%
Berufserfahrung	0%	0%	5,0%	36,7%	33,3%	23,3%	1,7%
Kultur- bzw. berufsfremde Erfahrungen	0%	0%	8,3%	33,3%	38,3%	16,7%	3,3%
Breites Spektrum an Tätigkeiten	0%	1,7%	13,3%	36,7%	33,3%	10,0%	5,0%
Praktikumserfahrungen	0%	5,0%	15,0%	26,7%	36,7%	13,3%	3,3%
Auslandserfahrungen	1,7%	6,7%	28,3%	41,7%	16,7%	3,3%	1,7%
Hobbys	13,3%	6,7%	45,0%	23,3%	8,3%	3,3%	0%
Kreativität	1,7%	0%	8,3%	31,7%	40,0%	16,7%	1,7%
Soziale Kompetenzen	0%	0%	0%	16,7%	56,7%	23,3%	3,3%
Ehrenamtliches Engagement	3,3%	11,7%	18,3%	33,3%	25,0%	6,7%	1,7%
Äußere Form des Lebenslaufes	1,7%	1,7%	33,3%	33,3%	21,7%	5,0%	3,3%
Äußere Form Bewerbungsmappe	3,3%	1,7%	36,7%	30,0%	21,7%	3,3%	3,3%
Anschreiben	0%	6,7%	18,3%	31,7%	21,7%	18,3%	3,3%
Stringenz im Lebenslauf	6,7%	8,3%	20,0%	26,7%	28,3%	5,0%	5,0%
Moderner Standard der Bewerbung	8,3%	8,3%	25,0%	38,3%	13,3%	3,3%	3,3%

9.3.2 Berufserfahrung

Im bisherigen Verlauf stellte sich heraus, dass die Berufserfahrung in der Sparte Sonstiges eine wesentliche Rolle spielt. 60,0 Prozent der Befragten sehen Praktika bei der Einstellung als „wichtig" an, 16,7 Prozent sogar als „ganz wichtig". Der Anteil der negativen Antworten beläuft sich hier auf insgesamt 21,6 Prozent und liegt somit unwesentlich unter dem Gesamtdurchschnitt. Insgesamt zeigt sich also ein deutlich wichtigerer Stellenwert der Praktika.

Die Dauer der Praktika wird in der Sparte Sonstige idealerweise zwischen drei bis sechs Monaten angesetzt, wobei die Mehrzahl ein bis drei Praktika im Lebenslauf als wünschenswert ansieht. Die Gesamtauswertung zeigt eine ähnliche Bedeutung der Praktika.

Insgesamt kann gesagt werden, dass Praktika wie erwartet sehr wichtig bei der Auswahl von Bewerbern sind. Jedoch wird eher auf eine kleine Anzahl an intensiven als auf viele kurze Praktika geachtet. So liegt der Schluss nahe, dass die Verantwortlichen in der Sparte Sonstiges einen großen Wert auf tiefe Einblicke in die betrieblichen Abläufe auf längere Zeit legen. Hier stellt sich die Frage, ob dies bedeutet, dass der Praxisbezug im Bereich des Kulturmanagement besonders wichtig ist, oder ob diese Tendenz auch auf weitere Berufszweige übertragbar ist.

9.3.3 Akademische Qualifikationen und Abschlussarbeit

Bei der Analyse, inwieweit die Abschlussqualifikation und die Abschlussarbeit für die Bewerbung bzw. die praktische Arbeit relevant sind, lässt sich erkennen, dass die Promotion eine geringe Bedeutung hat. Denn 48,3 Prozent sehen die Promotion bei der Bewerbung als „nicht wichtig" an, wohingegen 65 Prozent der Befragten diese bei der praktischen Arbeit als nicht wichtig betrachten. Obwohl beide Werte hoch sind, wird deutlich, dass sich die Rolle einer Promotion nach der Auswahl der Bewerber verändert.

Diplom und Magister schneiden hier am besten ab, vor allem was die Auswahl bei der Bewerbung betrifft. Bezüglich des Themas der Abschlussarbeit und deren Relevanz wird deutlich, dass in der Sparte Sonstiges zwischen Bewerbung und praktischer Arbeit unterschieden wird. Zwar finden 58,3 Prozent das Thema der Abschlussarbeit für die praktische Arbeit nicht wichtig, für die Bewerbung sind es jedoch nur noch 35,0 Prozent.

Beide Ergebnisse zeigen, dass das Thema der Abschlussarbeit, wie auch die Qualifikation zwar bei der Auswahl der Bewerbungen noch eine wichtigere Rolle spielen kann, für die eigentliche Arbeit jedoch nebensächlicher wird. Dies kann vermutlich an der großen Anzahl an Bewerbungen liegen, was das Niveau der Auswahlkriterien steigert. Dieses Ergebnis ist auch in der Gesamtauswertung erkennbar.

9.3.4 Bewerbungsgespräch

Während des Vorstellungsgesprächs achten die Befragten vor allem auf die „soft skills". Wie die Tabelle 23 zeigt, wurden die Kriterien „Sozialkompetenz" mit 43,3 Prozent, „Organisationsgeschick" mit 41,7 Prozent, „Eigeninitiative/Motivation" mit 36,7 Prozent und „Teamfähigkeit" mit 35,0 Prozent sowie „Kommunikationsfähigkeit/Eloquenz" mit 33,3 Prozent am häufigsten genannt. Die seltensten Nennungen hingegen waren „Pünktlichkeit" mit 1,7 Prozent, „Sensibilität" mit 3,3 Prozent, „Körpersprache" mit 5,0 Prozent und „Kritikfähigkeit" mit 5,0 Prozent. Diese Ergebnisse zeigen, dass vorrangig auf Kompetenzen im zwischenmenschlichen Bereich geachtet wird. Schon vor der Befragung wurde vermutet, dass „Sozialkompetenz" und „Teamfähigkeit" wichtig sind, da dies auch in der qualitativen Befragung häufig erwähnt wurde. Diese Annahme hat sich sowohl für die Sparte Sonstige, wie auch in der Gesamtauswertung bestätigt.

Tabelle 23: „Stellen Sie sich vor, Sie führen ein Einstellungsgespräch. Auf was würden Sie vorrangig achten (maximal 5 Nennungen)?" Antworten der Kulturbetrieb aus dem Bereich Sonstiges absteigend sortiert

Sozialkompetenz	43,3%
Organisationsgeschick	41,7%
Eigeninitiative und Motivation	36,7%
Teamfähigkeit	35,0%
Eigenständige Persönlichkeit	33,3%
Kommunikationsfähigkeit / Eloquenz	33,3%
Verantwortungsgefühl	28,3%
Zuverlässigkeit	26,7%
Begeisterung für die spezielle Aufgabe / Sparte	26,7%
Identifikation mit den Leitbildern/Zielen des Betriebs	26,7%
Kreativität	21,7%
Strukturiertheit	20,0%
Allgemeinwissen	20,0%
Lösungsorientiertheit	18,3%
Begeisterung für Kultur im Allgemeinen	18,3%
Lernbereitschaft und Neugierde	15,0%
Wissen über den konkreten Betrieb	13,3%
Selbstbewusstes Auftreten	11,7%
Höflichkeit / Umgangsformen	11,7%

Diplomatisches Geschick	11,7%
Äußere Erscheinung	10,0%
Gesellschaftliches / Soziales Engagement	10,0%
Realistische Selbsteinschätzung	10,0%
Sonstiges	8,3%
Integrität	6,7%
Körpersprache	5,0%
Kritikfähigkeit	5,0%
Sensibilität	3,3%
Pünktlichkeit	1,7%

Im sonstigen Vergleich zur Auswertung aller Fragebögen ist auffällig, dass in der Sparte Sonstiges das Organisationsgeschick als wesentlich höher eingestuft wird. Dies könnte an den teilweise stark durchorganisierten Strukturen liegen, wie sie häufig in Stiftungen und Kulturämtern vorkommen. Wesentlich unwichtiger im Vergleich zur Gesamtauswertung wurde jedoch „Verantwortungsgefühl/Fähigkeit, Verantwortung zu übernehmen" beurteilt. Auch wird Pünktlichkeit in der Gesamtauswertung nicht als ganz so unwichtig gesehen.

9.4 Zusammenfassung und Typologie

Aus den Ergebnissen für diese Sparte kann man versuchen, das Bild eines idealen Kulturmanagers abzuleiten, welcher folgende Merkmale aufweist:

Von Kulturmanagern, die in einem Kulturamt, einer Stiftung oder einer Veranstaltungs- und Eventagentur arbeiten möchten, werden wie die Auswertung zeigt, hauptsächlich Organisationsgeschick und Kommunikationsfähigkeit gefordert. Auch Entscheidungsfähigkeit, strukturiertes Denken, Selbstständigkeit und Flexibilität werden hier positiv bewertet.

Von Vorteil ist ein gutes Zeit- und Selbstmanagement, Organisationswissen sowie die Fähigkeit, vernetzt zu denken. Kulturmanager sollten sehr belastbar sein und Kenntnisse über den immer bedeutender werdenden Bereich der Besucherbindung besitzen. In den Bewerbungsunterlagen zählen vor allem die sozialen Kompetenzen wie auch die gesammelten (Berufs-) Erfahrungen. Sollte der Bewerber den Sprung zum Bewerbungsgespräch geschafft haben, besticht er insbesondere durch eine überzeugende und überdurchschnittliche Motivation und die Bereitschaft, im Team zu arbeiten.

10 Auswertung nach Sektoren

Katharina Hepp, Nikola Juranovic, Christian Tauber

Im diesem Kapitel werden die Ergebnisse der Befragung „Welche Kulturmanager braucht der Markt?" nach sektorenspezifischen Auffälligkeiten untersucht. Hierfür wurden insgesamt 204 Fragebögen analysiert, 88 des öffentlich-rechtlichen, 69 des privatwirtschaftlich-gemeinnützigen und 47 des privatwirtschaftlich-kommerziellen Kulturbereichs, was einen Rücklauf von 32,4 Prozent, 33,8 Prozent und 24,6 Prozent darstellt. 64,8 Prozent der Befragten aus dem öffentlichen Kulturbetrieb waren männlich, nur 28,4 Prozent dagegen weiblich. Auch in den anderen Sektoren sind die Verhältnisse ähnlich: Im gemeinnützigen Bereich wurden 59,4 Prozent der Fragebögen von Männern und 34,8 Prozent von Frauen ausgefüllt, von den Befragten aus kommerziellen Kulturbetrieben sind 63,8 Prozent männlich und 27,7 Prozent weiblich. Angesichts der Tatsache, dass die Fragebögen an Leitungspersonen der jeweiligen Kulturinstitutionen verschickt wurden, lässt sich erkennen, dass auch in der Domäne der Kultur die Führungspositionen vor allem von Männern besetzt sind, unabhängig vom jeweiligen Kulturbereich. Die Besonderheiten der drei verschiedenen Kultursektoren im Umgang mit der Thematik „Kulturmanagement" werden nun im Folgenden anhand der vorliegenden Antworten aus der Befragung herausgearbeitet und soweit möglich gedeutet.

10.1 Einsatz von Kulturmanagern in den verschiedenen Sektoren des Kulturbetriebs

Auf die Frage „Arbeiten in Ihrem Betrieb studierte Kulturmanager?" antworteten 27,3 Prozent der insgesamt 88 befragten öffentlich-rechtlichen Kulturbetriebe mit „ja". Betrachtet man die Ergebnisse der nachfolgenden Abbildung 31, so stellt man fest, dass 71,6 Prozent dagegen keine Kulturmanager in ihren Einrichtungen beschäftigen und 1,1 Prozent diese Frage nicht beantworten konnten. Dies könnte u.a. daran liegen, dass das Berufsbild des Kulturmanager immer noch nicht umfassend bekannt ist und spezifische Studiengänge erst seit den 1990er Jahren existieren.

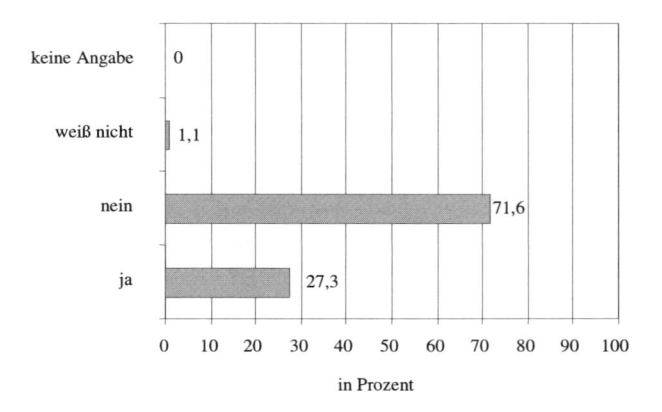

Abbildung 31: „Arbeiten in Ihrem Betrieb studierte Kulturmanager?"
Antworten der öffentlich-rechtlichen Kulturbetriebe

Antwort	Prozent
keine Angabe	0
weiß nicht	1,1
nein	71,6
ja	27,3

in Prozent

Auch in privatwirtschaftlich-gemeinnützigen Kultureinrichtungen ist das Berufsbild des Kulturmanagers bislang wenig verbreitet. So gaben lediglich 29 Prozent der befragten Institutionen an, Kulturmanager zu beschäftigen, während 66,7 Prozent dies verneinten. Von 4,3 Prozent der Umfrageteilnehmer wurde die Frage nicht beantwortet, was u.a. an oben genannten Gründen liegen könnte.

10.1 Einsatz von Kulturmanagern

Abbildung 32: *„Arbeiten in Ihrem Betrieb studierte Kulturmanager?"*
Antworten der privatwirtschaftlich-gemeinnützigen Kulturbetriebe

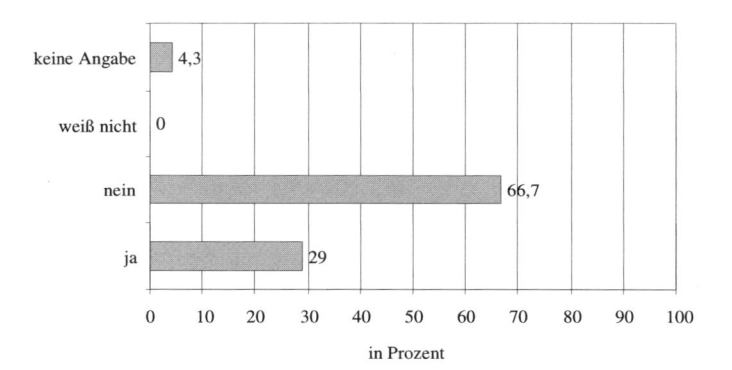

	Prozent
keine Angabe	4,3
weiß nicht	0
nein	66,7
ja	29

Der Anteil der Betriebe, in denen Kulturmanager angestellt sind, ist im privatwirtschaftlich-kommerziellen Sektor mit 40,4 Prozent erwartungsgemäß am größten. Vermutlich besteht durch die Marktanbindung und -abhängigkeit dieser Kultureinrichtungen eine größere Notwendigkeit zum wirtschaftlichen und managerialen Handeln als dies im öffentlich-rechtlichen und im privatwirtschaftlich-gemeinnützigen Kulturbereich der Fall ist. In 59,6 Prozent der Einrichtungen arbeiten keine Kulturmanager. Das Berufsbild des Kulturmanagers scheint allgemein bekannt zu sein, da alle Befragten die Frage eindeutig mit „ja" oder „nein" beantworteten.

Abbildung 33: *„Arbeiten in Ihrem Betrieb studierte Kulturmanager?"*
Antworten der privatwirtschaftlich-kommerziellen Kulturbetriebe

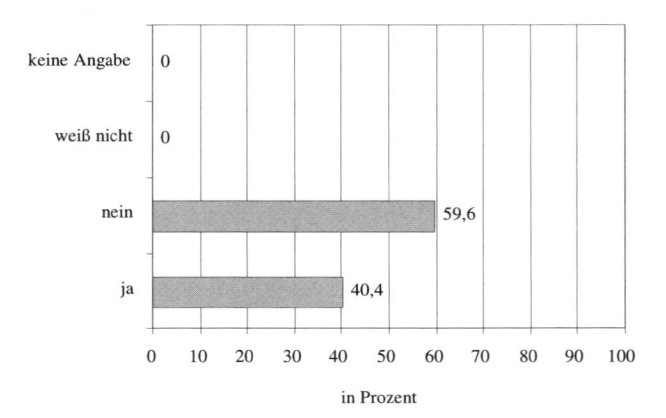

Kategorie	Prozent
keine Angabe	0
weiß nicht	0
nein	59,6
ja	40,4

in Prozent

Die Mehrheit der öffentlich-rechtlichen Kulturbetriebe – 27,3 Prozent – möchte in Zukunft „vielleicht" Kulturmanager einsetzen. Die Befürworter und die Skeptiker gegenüber dem Berufsbild Kulturmanagement halten sich unter den Befragten in etwa die Waage: 12,5 Prozent „ja"-Antworten und 19,3 Prozent „eher ja"-Antworten auf der einen Seite und 15,9 Prozent „nein"-Antworten und 14,8 Prozent „eher nein"-Antworten auf der anderen Seite. 10,2 Prozent der Kulturinstitutionen konnten sich nicht prinzipiell für oder gegen Kulturmanager als Mitarbeiter in ihrer Einrichtung entscheiden, was an der geringen Kenntnis über Kulturmanagement und Kulturmanagement-Studiengänge liegen könnte.

10.1 Einsatz von Kulturmanagern   161

Abbildung 34: „*Haben Sie vor, in Zukunft studierte Kulturmanager in Ihrem Betrieb einzusetzen?*" *Antworten der öffentlich-rechtlichen Kulturbetriebe*

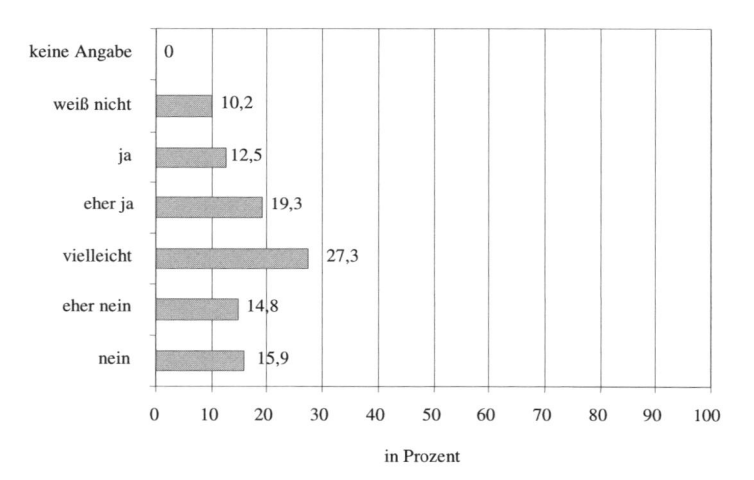

Antwort	Prozent
keine Angabe	0
weiß nicht	10,2
ja	12,5
eher ja	19,3
vielleicht	27,3
eher nein	14,8
nein	15,9

in Prozent

Auch im privatwirtschaftlich-gemeinnützigen Sektor überwiegt die Antwort „vielleicht" mit 31,9 Prozent der 69 Befragten. Insgesamt lassen sich hier jedoch größere Vorbehalte gegenüber Kulturmanagern vermuten: 21,7 Prozent verneinen entschieden die Einstellung eines Kulturmanagers in Zukunft – im Vergleich zu 15,9 Prozent im öffentlich-rechtlichen Sektor – und 10,1 Prozent würden eine Einstellung eher ablehnen. Diese Skepsis gegenüber der kulturmanagerialen Praxis könnte ihren Ursprung im Selbstverständnis der gemeinnützigen Betriebe haben, denen profitorientiertes Denken und damit vielleicht auch Managementmethoden fern liegen. 2,9 Prozent der Befragten möchten sich nicht für oder gegen ausgebildete Kulturmanager als zukünftige Mitarbeiter entscheiden und 2,9 Prozent beantworten diese Frage nicht.

Abbildung 35: „*Haben Sie vor, in Zukunft studierte Kulturmanager in Ihrem Betrieb einzusetzen?*" *Antworten der privatwirtschaftlich-gemeinnützigen Kulturbetriebe*

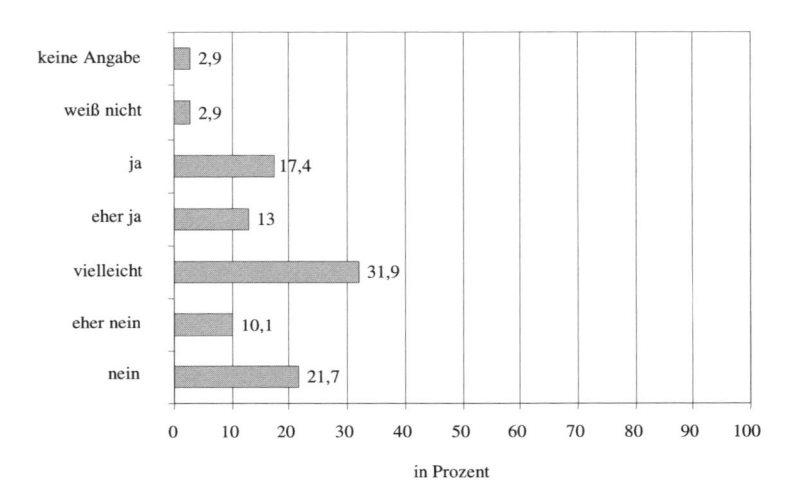

Antwort	Prozent
keine Angabe	2,9
weiß nicht	2,9
ja	17,4
eher ja	13
vielleicht	31,9
eher nein	10,1
nein	21,7

in Prozent

Wenngleich sich im privatwirtschaftlich-kommerziellen Kulturbereich ebenso wie in den übrigen Sektoren eine Mehrheit (27,7 Prozent) für die Antwort „vielleicht" entscheidet, ist bei diesen Kulturbetrieben insgesamt eine größere Aufgeschlossenheit gegenüber Kulturmanagern zu beobachten. Auf die Frage, ob sie in Zukunft vorhaben, Kulturmanager in ihrem Betrieb einzusetzen, antworten 25,5 Prozent der Befragten mit „eher ja" und 8,5 Prozent mit „ja" während nur jeweils 14,9 Prozent dies eher verneinen bzw. entschieden verneinen. Diesen starken Zuspruch aus dem kommerziellen Bereich erfährt das Kulturmanagement wohl aufgrund der hier herrschenden existentiellen Notwendigkeit eines professionellen und zeitgemäßen Managements, um marktorientierte Kulturprodukte und Dienstleistungen produzieren und vertreiben zu können. Immerhin 8,5 Prozent der privatwirtschaftlich-kommerziellen Kulturbetriebe bleiben bei dieser Frage jedoch unentschlossen.

10.2 Anforderungen   163

Abbildung 36: *„Haben Sie vor, in Zukunft studierte Kulturmanager in Ihrem Betrieb einzusetzen?" Antworten der privatwirtschaftlich-kommerziellen Kulturbetriebe*

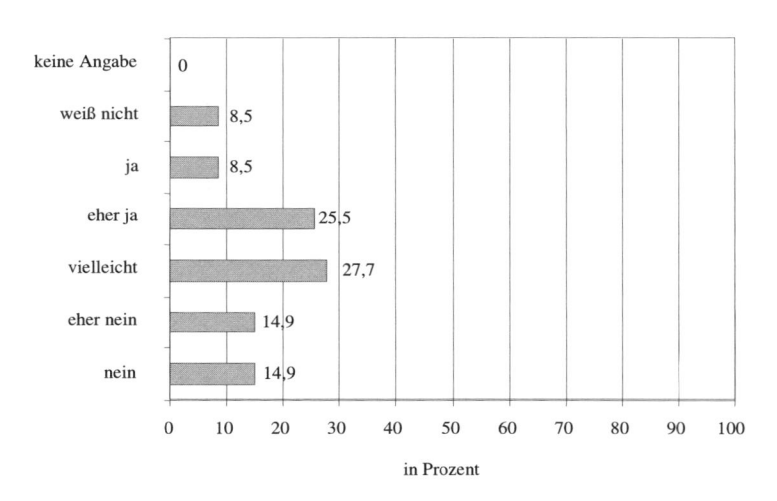

Antwort	Prozent
keine Angabe	0
weiß nicht	8,5
ja	8,5
eher ja	25,5
vielleicht	27,7
eher nein	14,9
nein	14,9

in Prozent

10.2 Anforderungen an Kulturmanager

10.2.1 Persönlich-soziale Kompetenzen

Hinsichtlich der Frage „Wie wichtig schätzen Sie folgende persönliche Kompetenzen für Kulturmanager ein?" ist zunächst für alle drei Sektoren festzuhalten, dass keine der genannten Qualifikationen mit „gar nicht wichtig" bewertet wurde. Die Zahl der Befragten, die keine Angaben zu einzelnen Kompetenzen gemacht haben oder die Eigenschaften als „eher nicht wichtig" bezeichnet haben, ist nicht signifikant. Die weitere Betrachtung konzentriert sich daher auf die fünf Kompetenzen, die am häufigsten als „wichtig" oder „ganz wichtig" genannt werden und auf die drei, die als am wenigsten „wichtig" oder „ganz wichtig" angesehen werden.

Wie in der folgenden Tabelle 24 detailliert zu sehen ist, ist Kommunikationsfähigkeit ist im öffentlich-rechtlichen Sektor die herausragende Kompetenz und wird von 96,6 Prozent der Befragten als „ganz wichtig" oder „wichtig" angesehen. An zweiter Stelle steht das Organisationsvermögen mit 93,2 Prozent. Es folgen Belastbarkeit mit 90,9 Prozent, Entscheidungsfähigkeit mit 89,8 Prozent sowie Pflicht- und Verantwortungsbewusstsein mit 87,5 Prozent. Deutlich weniger Zuspruch erhalten dagegen Kreativität und Führungsqualitäten (jeweils 71,6 Prozent), Netzwerken (67,1 Prozent) und Reflexivität (59,1 Prozent).

Tabelle 24: „Wie wichtig schätzen Sie folgende persönliche Kompetenzen für Kulturmanager ein?" Antworten der öffentlich-rechtlichen Kulturbetriebe

	gar nicht	nicht	eher nicht	eher wichtig	wichtig	ganz wichtig	k.A.
Kommunikationsfähigkeit	0%	0%	0%	3,4%	23,9%	**72,7%**	0%
Offenheit und Toleranz	0%	0%	1,1%	21,6%	**54,5%**	20,5%	2,3%
Flexibilität	0%	0%	0%	15,9%	**50%**	31,4%	0%
Kreativität	0%	0%	3,4%	25,0%	**37,5%**	34,1%	0%
Reflexivität	0%	1,1%	6,8%	31,8%	**45,5%**	13,6%	1,1%
Strukturiertes Denken	0%	1,1%	2,3%	13,6%	31,8%	**50%**	1,1%
Organisationsvermögen	0%	0%	0%	6,8%	21,6%	**71,6%**	0%
Vermittlungsfähigkeit	0%	0%	3,4%	13,6%	**45,5%**	35,2%	2,3
Entscheidungsfähigkeit	0%	0%	1,1%	8,0%	**48,9%**	40,9%	1,1%
Teamfähigkeit	0%	0%	1,1%	12,5%	**48,9%**	35,2%	2,3%
Führungsqualitäten	0%	0%	2,3%	25,0%	**36,4%**	35,2%	1,1%
Pflicht und Verantwortungsbewusstsein	0%	1,1%	1,1%	9,1%	**48,9%**	36,6%	1,1%
Belastbarkeit	0%	0%	0%	9,1%	39,8%	**51,1%**	0%
Auftreten	0%	1,1%	4,5%	20,5%	**55,7%**	17,0%	1,1%
Leidenschaft / Engagement	0%	0%	1,1%	14,8%	**45,5%**	38,6%	0%
Selbständigkeit	0%	2,3%	0%	9,1%	**43,2%**	43,2%	2,3%
Netzwerken	0%	1,1%	8,0%	20,5%	33,0%	**34,1%**	3,4%
Sonstiges	0%	0%	0%	0%	1,1%	1.1%	97,7%

Was die bedeutendsten Kompetenzen des privatwirtschaftlich-gemeinnützigen Sektors betrifft, weisen diese eine große Ähnlichkeit zu denen des öffentlich-rechtlichen Sektors auf (siehe Tabelle 25). Die ersten beiden Positionen stimmen dabei sogar überein: Kommunikationsfähigkeit steht mit 97,1 Prozent an erster Stelle, gefolgt von Organisationsvermögen mit 92,7 Prozent. An dritter

Stelle wird strukturiertes Denken mit 88,4 Prozent genannt. Die vierte Position, Entscheidungsfähigkeit mit 82,6 Prozent, deckt sich wieder mit der des öffentlich-rechtlichen Sektors. Vermittlungsfähigkeit und Selbständigkeit mit jeweils 79,7 Prozent belegen den fünften Rang. Aber nicht nur bei den Kompetenzen, die große Zustimmung erhalten, lassen sich Ähnlichkeiten zum öffentlich-rechtlichen Sektor erkennen. Die Befragten geben an, dass Führungsqualitäten mit 62,3 Prozent, Reflexivität mit 55,1 Prozent und Kreativität mit 53,6 von geringerer Bedeutung sind. Somit werden zwei von drei Kompetenzen sowohl im öffentlich rechtlichen Sektor als auch im privatwirtschaftlich gemeinnützigen Sektor gleichermaßen gewichtet.

Tabelle 25: „Wie wichtig schätzen Sie folgende persönliche Kompetenzen für Kulturmanager ein?" Antworten der privatwirtschaftlich-gemeinnützigen Kulturbetriebe

	gar nicht	nicht	eher nicht	eher wichtig	wichtig	ganz wichtig	k.A.
Kommunikationsfähigkeit	0%	0%	0%	2,9%	33,3%	**63,8%**	0%
Offenheit und Toleranz	0%	0%	5,8%	20,3%	**44,9%**	29,0%	0%
Flexibilität	0%	0%	5,8%	24,6%	**37,7%**	31,9%	0%
Kreativität	0%	1,4%	14,5%	**30,4%**	26,1%	27,5%	0%
Reflexivität	0%	1,4%	7,2%	33,3%	**34,8%**	20,3%	2,9%
Strukturiertes Denken	0%	0%	2,9%	8,7%	**46,4%**	42,0%	0%
Organisationsvermögen	0%	0%	0%	5,8%	27,5%	**65,2%**	1,4%
Vermittlungsfähigkeit	0%	1,4%	4,3%	14,5%	**44,9%**	34,8%	0%
Entscheidungsfähigkeit	0%	0%	0%	17,4%	**49,3%**	33,3%	0%
Teamfähigkeit	0%	0%	2,9%	18,8%	**39,1%**	37,7%	1,4%
Führungsqualitäten	0%	2,9%	4,3%	30,4%	**42,0%**	20,3%	0%
Pflicht- / Verantwortungsbewusstsein	0%	0%	0%	21,7%	36,2%	**42,0%**	0%
Belastbarkeit	0%	0%	1,4%	23,2%	29,0%	**46,4%**	0%
Auftreten	0%	0%	5,8%	29,0%	**55,1%**	10,1%	0%
Leidenschaft und Engagement	0%	1,4%	4,3%	23,2%	34,8%	**36,2%**	0%
Selbständigkeit	0%	0%	2,9%	17,4%	**40,6%**	39,1%	0%
Netzwerken	0%	1,4%	4,3%	18,8%	**37,7%**	34,8%	2,9%
Sonstiges	0%	0%	0%	0%	1,4%	4,3%	**94,2%**

Auch im privatwirtschaftlich-kommerziellen Sektor setzen sich diese Ähnlichkeiten fort. Gegenüber den vorherigen Sektoren haben hier die beiden ersten Kompetenzen Organisationsvermögen (87,2 Prozent) und Kommunikationsfähigkeit (85,1 Prozent) die Plätze getauscht. Selbständigkeit steht mit 80,9 Prozent an dritter Stelle, dicht gefolgt von Auftreten und Entscheidungsfähigkeit mit jeweils 80,8 Prozent sowie Pflicht- und Verantwortungsbewusstsein mit 78,8 Prozent.

Nicht anders verhält es sich bei den als weniger wichtig bewerteten Kompetenzen. Offenheit und Toleranz (55,3 Prozent) treten im privatwirtschaftlich-kommerziellen Sektor zwar neu hinzu, aber die Merkmale Führungsqualitäten und Reflexivität sind auch im öffentlich-rechtlichen sowie privatwirtschaftlich-gemeinnützigen Sektor unter den letzten drei.

Tabelle 26: „Wie wichtig schätzen Sie folgende persönliche Kompetenzen für Kulturmanager ein?" Antworten der privatwirtschaftlich-kommerzielle Kulturbetriebe

	gar nicht	nicht	eher nicht	eher wichtig	wichtig	ganz wichtig	k.A.
Kommunikationsfähigkeit	0%	0%	2,1%	12,8%	29,8%	**55,3%**	0%
Offenheit und Toleranz	0%	2,1%	8,5%	**34,0%**	**34,0%**	21,3%	0%
Flexibilität	0%	0%	4,3%	23,4%	**42,6%**	29,8%	0%
Kreativität	0%	2,1%	6,4%	31,9%	**36,2%**	21,3%	2,1%
Reflexivität	2,1%	2,1%	12,8%	**42,6%**	17,0%	19,1%	4,3%
Strukturiertes Denken	2,1%	4,3%	4,3%	19,1%	**38,3%**	31,9%	0%
Organisationsvermögen	0%	0%	2,1%	10,6%	31,9%	**55,3%**	0%
Vermittlungsfähigkeit	0%	0%	0%	23,4%	**53,2%**	23,4%	0%
Entscheidungsfähigkeit	0%	0%	0%	17,0%	**46,8%**	34,0%	2,1%
Teamfähigkeit	0%	0%	6,4%	23,4%	**38,3%**	31,9%	0%
Führungsqualitäten	0%	0%	8,5%	**38,3%**	34,0%	17,0%	2,1%
Pflicht-/ Verantwortungsbewusstsein	0%	2,1%	4,3%	14,9%	**42,6%**	36,2%	0%
Belastbarkeit	0%	0%	2,1%	21,3%	**42,6%**	34,0%	0%
Auftreten	0%	0%	0%	19,1%	**48,9%**	31,9%	0%
Leidenschaft und Engagement	0%	2,1%	2,1%	17,0%	**38,3%**	**38,3%**	2,1%
Selbständigkeit	0%	0%	2,1%	17,0%	38,3%	**42,6%**	0%
Netzwerken	0%	0%	10,6%	23,4%	**36,2%**	27,7%	2,1%
Sonstiges	0%	0%	0%	0%	0%	6,4%	**93,6%**

10.2.2 Methodisch-fachliche Kompetenzen

Der Praxis geht zunächst oftmals eine „gesunde" Theorie voraus. Diese kann sich in verschiedene Teildisziplinen aufschlüsseln, wie es die Befragung im öffentlich-rechtlichen Kultursektor zeigt. Betrachtet man Tabelle 27 genauer, so lässt sich Folgendes festhalten: sowohl Marketing- als auch Management-Techniken werden von 45,5 Prozent der Befragten als „wichtig" eingestuft. Dies geht mit einer ähnlichen Positionierung der BWL-Kenntnisse einher, die bei 38,6 Prozent liegt. In diesem Zusammenhang ist auch unternehmerisches Denken gefragt, das von 37,5 Prozent der Befragten als „eher wichtig" erachtet wird. Dies deutet darauf hin, dass auch im öffentlich-rechtlichen Sektor mit managerialem Know-how und betriebswirtschaftlichem Hintergrundwissen gearbeitet werden muss, nicht zuletzt deshalb, weil für die Finanzierung oftmals systematisch weitere Quellen erschlossen werden müssen in Zeiten, in denen die Mittel der öffentlichen Hand zunehmend knapper werden. Ebenso erscheinen Strategien sinnvoll, welche alternative Finanzierungsmodelle entwerfen, wie es die „wichtige" Positionierung von Fundraising- und Sponsoringkenntnissen mit 47,7 Prozent verdeutlicht.

Das Konflikt- und Krisenmanagement erachten 40,9 Prozent der Befragten gar als „ganz wichtig", während immerhin ein Drittel der Befragten (33 Prozent) diese Qualifikation immer noch als „wichtig" einstuft. So gilt es für den Kulturmanager, verschiedene Interessen der einzelnen internen und externen Akteure des Kulturbetriebes in adäquater Form zu vereinen oder zumindest kompatibel erscheinen zu lassen. In einem Metier, in welchem es auf die fachliche und zwischenmenschliche Kommunikation ankommt, erstaunt es nicht, dass 35,2 Prozent der Befragten Präsentations- und Moderationstechniken als „wichtig" ansehen.

Gleichermaßen „wichtig" sind die Fähigkeit, vernetzt zu denken (47,7 Prozent), Kenntnisse in Kulturvermittlung (46,6 Prozent), Organisation (45,5 Prozent), Öffentlichkeitsarbeit (42 Prozent) und Personalführung (40,9 Prozent), Projektmanagement (39,8 Prozent), Medienkompetenz (39,8 Prozent), IT-Kenntnisse (38,6 Prozent) sowie Kulturpolitik (36,4 Prozent). Neben der Fähigkeit, vernetzt zu denken, tragen auch letztgenannte Disziplinen den Anforderungen Rechnung, die der Umgang mit verschiedenen Menschen, Institutionen und Rahmenbedingungen mit sich bringen kann.

Als „eher wichtig" ist das juristische Grundwissen in beispielsweise Steuer-, Arbeits- und Vertragsrecht einzustufen. So stimmen dem 51,5 Prozent der Befragten zu. In dieser Kategorie bewegen sich auch kulturtheoretisches Grundwissen (35,2 Prozent), kulturhistorische Kenntnisse sowie Finanzen (jeweils 38,6 Prozent). Selbst- und Zeitmanagement werden ebenfalls als „wichtig" empfunden (jeweils 48,9 Prozent). Dies erstaunt nicht, da das Berufsbild des Kulturmanagers in großen Teilen selbstständiges Denken, Planen und Handeln voraussetzt. Eine Basis hierfür könnten breite kulturelle Kenntnisse sowie kulturpolitische Kenntnisse bilden, die mit 39,8 und 36,4 Prozent sogar als „ganz wichtig" erachtet werden.

10.2 Anforderungen

Tabelle 27: „Wie schätzen Sie folgende theoretischen Kompetenzen für Kulturmanager ein?" Antworten der öffentlich-rechtlichen Kulturbetriebe

	gar nicht	nicht	eher nicht	eher wichtig	wichtig	ganz wichtig	k.A.
Marketing-Techniken	1,1%	0%	6,8%	30,7%	**45,5%**	14,8%	1,1%
BWL-Kenntnisse	0%	5,7%	17,0%	**38,6%**	33,0%	3,4%	2,3%
Unternehmerisches Denken	0%	5,7%	4,5%	29,5%	**37,5%**	21,6%	1,1%
Management-Techniken	1,1%	5,7%	8,0%	22,7%	**45,5%**	15,9%	1,1%
Konflikt- und Krisenmanagement	1,1%	0%	3,4%	20,5%	33,0%	**40,9%**	1,1%
Präsentations- und Moderationstechniken	4,5%	2,3%	8,0%	29,5%	**35,2%**	19,3%	1,1%
Fundraising/ Sponsoringkenntnisse	1,1%	1,1%	6,8%	28,4%	**47,7%**	13,6%	1,1%
Personalführung	0%	1,1%	8,0%	21,6%	**40,9%**	27,3%	1,1%
Projektmanageriale Kenntnisse	0%	0%	4,5%	25,0%	**39,8%**	26,1%	4,5%
Organisationswissen	0%	3,4%	1,1%	20,5%	**45,5%**	27,3%	2,3%
Kulturpolitische Kenntnisse	1,1%	1,1%	5,7%	19,3%	35,2%	**36,4%**	1,1%
Kenntnisse über Kulturvermittlung	1,1%	2,3%	9,1%	20,5%	**46,6%**	19,3%	1,1%
IT- Kenntnisse	0%	3,4%	9,1%	26,1%	**38,6%**	21,6%	1,1%
Medienkompetenz	0%	1,1%	2,3%	26,1%	**39,8%**	29,5%	1,1%
ÖA / PR Kenntnisse	0%	0%	4,5%	23,9%	**42,0%**	26,1%	3,4%
Juristisches Wissen	0%	3,4%	14,8%	**51,5%**	25,0%	4,5%	1,1%
Fähigkeit, vernetzt zu denken	0%	1,1%	1,1%	19,3%	**47,7%**	29,5%	1,1%
Kulturtheoretisches Grundwissen	2,3%	5,7%	12,5%	**35,2%**	30,7%	11,4%	2,3%
Kulturhistorische Kenntnisse	3,4%	4,5%	15,9%	**38,6%**	23,9%	12,5%	1,1%
Spartenbezogenes Fachwissen	1,1%	1,1%	8,0%	23,9%	**45,5%**	19,3%	1,1%
kulturelle Kenntnisse	0%	2,3%	6,8%	18,2%	33,0%	**39,8%**	0%
Selbstmanagement	0%	0%	1,1%	15,9%	**48,9%**	36,4%	1,1%
Zeitmanagement	1,1%	0%	2,3%	10,2%	**48,9%**	36,4%	1,1%
Fremdsprachenkenntnisse	0%	1,1%	5,7%	36,4%	**43,2%**	13,6%	0%
Finanzen	1,1%	3,4%	12,5%	**38,6%**	35,2%	6,8%	2,3%

Interessant ist, dass die meisten Kriterien im öffentlich-rechtlichen Sektor als „wichtig" erachtet werden, wobei hier eine Durchmischung von Fach-, Methoden- und Sozialkompetenz festzustellen ist. So scheinen Selbst- und Zeitmanagement besonders herausragende Kriterien zu sein, die im öffentlich-rechtlichen Kulturbereich gern gesehen werden, was nicht zuletzt mit der Tatsache zusammenhängen mag, dass trotz aller Kooperationsmöglichkeiten im Kulturbetrieb der Kulturmanager doch oftmals auf sich allein gestellt ist, wenn es darum geht, Entscheidungen zu treffen. Diese Gegebenheiten setzen ein hohes Maß an Selbstdisziplin und effektives Zeitmanagement voraus.

Vergleicht man die Nennungen und prozentualen Verteilungen des öffentlich-rechtlichen Kulturbetriebes mit jenen des privatwirtschaftlich-gemeinnützigen Sektors, so fallen Parallelen auf. Auch hier werden die meisten Qualifikationen als „eher wichtig" oder „wichtig" bezeichnet. Lediglich das Zeitmanagement findet sich mit 40,6 Prozent der Antworten in der Kategorie „ganz wichtig" wieder. Dies mag daran liegen, dass auch im privatwirtschaftlich-gemeinnützigen Sektor ähnlich knapp bemessene Zeiträume zugrunde liegen, in denen Aufgaben sinnvoll und effektiv gelöst werden müssen.

Bemerkenswert ist auch, dass kaum einer der Befragten die in der Tabelle vertretenen Punkte als „gar nicht wichtig" empfindet. Ebenso weist auch die Spalte „keine Angabe" (k.A) kaum Signifikanz auf.

Es ist daher wenig erstaunlich, dass unter anderem Organisationswissen (52,2 Prozent), Kenntnisse in Öffentlichkeitsarbeit und PR (52,2 Prozent), juristisches Wissen (49,3 Prozent), die Fähigkeit, vernetzt zu denken (47,8 Prozent), Personalführung (46,4 Prozent), unternehmerisches Denken (40,6 Prozent), Management-Techniken (40,6 Prozent), Marketing-Techniken (39,1 Prozent) und Projektmanagement (37,7 Prozent) als „eher wichtig" bzw. „wichtig" eingestuft werden. Qualifikationen, wie man sie eher in der freien Wirtschaft und im privatwirtschaftlich-kommerziellen Sektor vermuten würde, lassen sich ohne weiteres auch im privatwirtschaftlich-gemeinnützigen wie auch im öffentlich-rechtlichen Sektor finden, wenn auch in teilweise unterschiedlicher Ausprägung und Gewichtung.

Interessant ist zudem, dass die Angaben hierbei wenig abweichen von jenen der öffentlich-rechtlichen Kulturbetriebe, was ein ähnliches Anforderungsprofil an den Kulturmanager vermuten lässt. Erstaunlich ist allerdings, dass der privatwirtschaftlich-gemeinnützige Betrieb weniger Wert auf Management-Techniken zu legen scheint als der öffentlich-rechtliche Sektor, betrachten hierbei doch lediglich 40,6 Prozent der Befragten diese Kompetenz als „eher wichtig", während es im öffentlich-rechtlichen Bereich 45,5 Prozent sind, die diese als „wichtig" bezeichnen.

10.2 Anforderungen

Die wichtigste Fähigkeit im privatwirtschaftlich-gemeinnützigen Sektor ist genauso wie im öffentlich-rechtlichen Kulturbetrieb das Zeitmanagement mit 40,6 Prozent der Antworten. Fremdsprachen- und Finanzkenntnisse (42 Prozent und 44,9 Prozent) werden ebenfalls als „wichtig" eingestuft, genauso wie spartenbezogenes Fachwissen (30,4 Prozent), breite kulturelle Kenntnisse (36,2 Prozent) und Selbstmanagement (40,6 Prozent).

Laut der prozentualen Verteilung hingegen scheinen Kenntnisse in Öffentlichkeitsarbeit und PR sowie Organisationswissen sehr gefragte Qualifikationen im privatwirtschaftlich-gemeinnützigen Kulturbetrieb zu sein, da über die Hälfte der Befragten (jeweils 52,2 Prozent), diese schwerpunktmäßig als „wichtig" bezeichnet. So bezeichnete niemand im Rahmen der Befragung diese Kompetenzen als „eher nicht" oder „nicht wichtig". Dies mag vielleicht damit zusammenhängen, dass die Kommunikation im kulturmanagerialen Prozess einen wichtigen Pfeiler darstellt, welcher der Wahrnehmung und Reflexion, auch in monetärer Hinsicht, zuträglich ist. So fungiert der Kulturmanager hier als Mediator, welcher kulturelle und künstlerische Anliegen, die Rezeption durch die Öffentlichkeit und Belange der Organisation zu vereinen im Stande sein muss.

Tabelle 28: „*Wie wichtig schätzen Sie folgende theoretischen Kompetenzen für Kulturmanager ein?*" *Antworten der privatwirtschaftlich-gemeinnützigen Kulturbetriebe*

	gar nicht	nicht	eher nicht	eher wichtig	wichtig	ganz wichtig	k.A.
Marketing-Techniken	0%	1,4%	11,6%	30,4%	**39,1%**	17,4%	0%
BWL-Kenntnisse	1,4%	1,4%	15,9%	**47,8%**	26,1%	8,7%	0%
Unternehmerisches Denken	0%	0%	20,3%	21,7%	**40,6%**	17,4%	0%
Management-Techniken	2,9%	1,4%	15,9%	**40,6%**	24,6%	14,5%	0%
Konflikt- und Krisenmanagement	0%	0%	4,3%	30,4%	**37,7%**	27,5%	0%
Präsentations-/ Moderationstechniken	0%	2,9%	8,7%	34,8%	**39,1%**	14,5%	0%
Fundraising-/ Sponsoringkenntnisse	0%	1,4%	1,4%	13,0%	**49,3%**	34,8%	0%
Personalführung	0%	0%	8,7%	27,5%	**46,4%**	15,9%	1,4%
Projektmanageriale Kenntnisse	0%	0%	1,4%	36,2%	**37,7%**	20,3%	4,3%
Organisationswissen	0%	0%	2,9%	30,4%	**52,2%**	14,5%	0%
Kulturpolitische Kenntnisse	0%	0%	2,9%	29,0%	**47,8%**	18,8%	1,4%
Kenntnisse über Kulturvermittlung	0%	1,4%	4,3%	**40,6%**	34,8%	18,8%	0%
IT- Kenntnisse	0%	1,4%	10,1%	26,1%	**43,5%**	18,8%	0%
Medienkompetenz	0%	1,4%	4,3%	26,1%	**49,3%**	18,8%	0%
ÖA / PR Kenntnisse	0%	0%	5,8%	27,5%	**52,2%**	11,6%	2,9%
Juristisches Wissen	0%	5,8%	21,7%	**49,3%**	18,8%	2,9%	1,4%
vernetzt denken	0%	0%	5,8%	20,3%	**47,8%**	24,6%	1,4%
Kulturtheoretisches Grundwissen	1,4%	2,9%	17,4%	**43,5%**	21,7%	11,6%	1,4%
Kulturhistorische Kenntnisse	1,4%	7,2%	15,9%	**33,3%**	29,0%	11,6%	1,4%
Spartenbezogenes Fachwissen	0%	5,8%	14,5%	27,5%	**30,4%**	20,3%	1,4%
kulturelle Kenntnisse	0%	0%	8,7%	26,5%	**36,2%**	26,1%	2,9%
Selbstmanagement	1,4%	0%	2,9%	17,4%	**40,6%**	36,2%	1,4%
Zeitmanagement	0%	0%	4,3%	14,5%	39,1%	**40,6%**	1,4%
Fremdsprachen	0%	0%	11,6%	27,5%	**42,0%**	17,4%	1,4%
Finanzen	0%	4,3%	10,1%	29,0%	**44,9%**	10,1%	1,4%

10.2 Anforderungen

Es ist festzuhalten, dass der privatwirtschaftlich-gemeinnützige Betrieb den größten Wert auf Öffentlichkeitsarbeit sowie Organisationswissen legt, gefolgt von der Medienkompetenz (49,3 Prozent), dem juristischen Wissen (49,3 Prozent), Fundraising- und Sponsoring-Kenntnissen (49,3 Prozent) sowie der Fähigkeit, vernetzt zu denken (47,8 Prozent).

Somit kann gesagt werden, dass neben Fach- und Methodenkompetenz, auch sogenannte „soft skills" wie Kommunikationsfähigkeit gefragt sind. Der Kulturmanager muss diesen Spagat zwischen unterschiedlichsten Qualifikationen leisten.

Ähnlich wie im öffentlich-rechtlichen und privatwirtschaftlich-gemeinnützigen Kultursektor, verhält es sich auch im privatwirtschaftlich-kommerziellen Bereich. Marketing-Techniken bezeichnen hier 38,3 Prozent der Befragten als „wichtig", was nicht weiter verwundern darf, da dieser Tätigkeitsbereich gerade im privatwirtschaftlich-kommerziellen Sektor, der auf Gewinnmaximierung ausgerichtet ist, von großer Bedeutung ist. Hier sind demnach ähnliche Qualifikationen gefragt wie man sie in klassischen Wirtschaftsunternehmen vermuten würde. 44,7 Prozent finden BWL-Kenntnisse und Management-Techniken daher „eher wichtig". Über ein Drittel der Befragten erachtet zudem unternehmerisches Denken als „wichtig" (36,2 Prozent).

Gut ein Drittel der Befragten (31,9 Prozent) legt Wert auf Kenntnisse in Konflikt- und Krisenmanagement und empfindet diese als „wichtig". In die gleiche Kategorie fallen auch Fundraising- und Sponsoring-Kenntnisse (38,3 Prozent), Organisationswissen (42,6 Prozent), kulturpolitische Kenntnisse (48,9 Prozent) und Kenntnisse in der Kulturvermittlung (38,3 Prozent), Medienkompetenz (44,7 Prozent) sowie Kenntnisse in Öffentlichkeitsarbeit und PR (34 Prozent), spartenbezogenes Fachwissen (36,2 Prozent), breite kulturelle Kenntnisse (31,9 Prozent), Selbstmanagement (46,8 Prozent), Zeitmanagement (55,3 Prozent) und Fremdsprachenkenntnisse (44,7 Prozent).

Als „eher wichtig" werden Präsentations- und Moderationstechniken (44,7 Prozent), Personalführung (40,4 Prozent), Projektmanagement (38,3 Prozent), juristisches Wissen (42,6 Prozent), kulturtheoretisches Grundwissen (40,4 Prozent) und kulturhistorische Kenntnisse (31,9 Prozent) sowie Kenntnisse in Finanzen, Rechnungswesen und Controlling (44,7 Prozent) empfunden.

Interessant ist, dass die Fähigkeit, vernetzt zu denken, zu drei gleichen Anteilen (29,8 Prozent) als „eher wichtig", „wichtig" und „ganz wichtig" eingestuft wird. Ebenso ordnen jeweils 34 Prozent der Befragten IT-Kenntnisse als „eher wichtig" oder „wichtig" ein.

Verglichen mit den Kulturbetrieben des öffentlich-rechtlichen und privatwirtschaftlich-gemeinnützigen Bereichs fällt auf, dass alle drei Sektoren die höchste Priorität der Qualifikation Zeitmanagement zuordnen. Im privatwirtschaftlich-kommerziellen Betrieb antwortet hier über die Hälfte der Befragten (55,3 Prozent) dementsprechend und bewertet diesen Punkt mit „wichtig". Diese Antworthäufung könnte darin begründet sein, dass es gerade im privatwirtschaftlich-kommerziellen Sektor wichtig ist, kostensparend und bezüglich des Zeitmanagements effektiv zu agieren, um konkurrenzfähig zu sein und sich u.a. vorhandene Synergieeffekte zunutze zu machen.

10.2 Anforderungen

Tabelle 29: „Wie wichtig schätzen Sie folgende theoretischen Kompetenzen für Kulturmanager ein?" Antworten der privatwirtschaftlich-kommerziellen Kulturbetriebe

	gar nicht	nicht	eher nicht	eher wichtig	wichtig	ganz wichtig	k.A.
Marketing-Techniken	0%	0%	6,4%	34,4%	**38,3%**	21,3%	0%
BWL-Kenntnisse	2,1%	2,1%	12,8%	**44,7%**	23,4%	12,8%	2,1%
Unternehmerisches Denken	0%	2,1%	4,3%	27,7%	**36,2%**	27,7%	2,1%
Management-Techniken	0%	6,4%	12,8%	**44,7%**	29,8%	4,3%	2,1%
Konflikt- und Krisenmanagement	0%	4,3%	8,5%	29,8%	**31,9%**	23,4%	2,1%
Präsentations- und Moderationstechniken	0%	2,1%	10,6%	**44,7%**	25,5%	14,9%	2,1%
Fundraising- / Sponsoringkenntnisse	0%	2,1%	8,5%	36,2%	**38,3%**	14,9%	0%
Personalführung	0%	2,1%	8,5%	**40,4%**	34,0%	12,8%	2,1%
Projektmanageriale Kenntnisse	0%	0%	10,6%	**38,3%**	36,2%	10,6%	4,3%
Organisationswissen	0%	2,1%	12,8%	25,5%	**42,6%**	14,9%	2,1%
Kulturpolitische Kenntnisse	0%	0%	14,9%	14,9%	**48,9%**	19,1%	2,1%
Kenntnisse über Kulturvermittlung	0%	2,1%	8,5%	34,0%	**38,3%**	14,9%	2,1%
IT- Kenntnisse	0%	0%	8,5%	**34,0%**	**34,0%**	21,3%	2,1%
Medienkompetenz	0%	0%	6,4%	34,0%	**44,7%**	12,8%	2,1%
ÖA / PR- Kenntnisse	0%	0%	4,3%	31,9%	**34,0%**	23,4%	6,4%
Juristisches Wissen	0%	6,4%	12,8%	**42,6%**	29,8%	4,3%	4,3%
vernetzt denken	0%	0%	6,4%	**29,8%**	**29,8%**	**29,8%**	4,3%
Kulturtheoretisches Grundwissen	2,1%	4,3%	17,0%	**40,4%**	31,9%	0%	4,3%
Kulturhistorische Kenntnisse	0%	6,4%	27,7%	**31,9%**	27,7%	2,1%	4,3%
Spartenbezogenes Fachwissen	0%	0%	6,4%	29,8%	**36,2%**	23,4%	4,3%
Breite kulturelle Kenntnisse	0%	0%	14,9%	21,3%	**31,9%**	27,7%	4,3%
Selbstmanagement	0%	0%	2,1%	21,3%	**46,8%**	23,4%	6,4%
Zeitmanagement	0%	2,1%	4,3%	8,5%	**55,3%**	23,4%	6,4%
Fremdsprachen	0%	2,1%	0%	27,7%	**44,7%**	21,3%	4,3%
Finanzen	0%	6,4%	6,4%	**44,7%**	25,5%	12,8%	4,3%

10.2.3 Zukünftig wichtige Kompetenzen

Eine veränderte Wirtschaftslage und neue Akzente in der Kulturpolitik stellen auch den Kulturmanager vor neue Herausforderungen. Welche Qualifikationen muss der Kulturmanager mitbringen, in welchen Bereichen wird er besonders geschult sein müssen, um der veränderten Situation Rechnung tragen zu können? Im Folgenden wird nun der Frage nach zukünftig wichtigen Kompetenzen im Kulturmanagement nachgegangen.

Sponsoring-Akquise erachten 36,4 Prozent der Befragten als „ganz wichtig" und stellen damit einen wichtigen Zusammenhang zu alternativen Finanzierungsmodellen bzw. zur Ergänzung bereits bestehender Budgets her. Dies mag im Rahmen von Netzwerken geschehen, welches als ein wichtiges Instrument in der Kommunikation nach außen, aber auch innen angesehen wird (44,3 Prozent), wie Tabelle 30 zu entnehmen ist.

Die Kommunikation mit verschiedenen Interessengruppen und die Kundenbindung werden von 46,6 Prozent der Befragten gleichermaßen als „wichtig" und „ganz wichtig" angesehen. Ebenso wird die Mobilität (42,2 Prozent für „wichtig") eine noch größere Rolle im Berufsleben des Kulturmanagers spielen, als dies ohnehin schon der Fall ist, berücksichtigt man die Tatsache, dass für viele im Kulturbereich Beschäftigte zunächst befristete Zeitverträge an unterschiedlichen und oftmals wechselnden Orten zum Berufseinstieg dazugehören. Es ist daher wenig erstaunlich, dass in diesem Zusammenhang die Belastbarkeit von 47,7 Prozent der Befragten als „ganz wichtig" erachtet wird.

Am häufigsten mit „wichtig" bewertet werden Vermittlungsfähigkeit mit 58 Prozent und Fremdsprachenkenntnisse mit 50 Prozent der Antworten, da trotz aller nationalen Eigenheiten der Kulturmarkt zunehmend vom Thema Internationalität geprägt und bis zu einem gewissen Grad auch von der Globalisierung betroffen ist. Dies reicht von kleineren Projekten wie beispielsweise dem Austausch von Kunstwerken innerhalb Europas bis zu kulturellen Großereignissen wie internationalen Musikfestivals.

Ähnlich wie bei den methodisch-fachlichen Kompetenzen eines Kulturmanagers (vgl. 10.2.2), wird auch hier dem Selbstmanagement eine „wichtige" Bedeutung von 43,2 Prozent der Befragten beigemessen. Ebenso relevant sind zielorientiertes Handeln und Wirken (46,6 Prozent).

Signifikant ist, dass kaum einer der Befragten bzw. keiner der Befragten oben genannte Punkte als „gar nicht" oder „nicht" wichtig bezeichnen würde, was signalisiert, dass diese Kompetenzen bereits jetzt einen hohen Stellenwert in der Wahrnehmung des Berufsbildes Kulturmanagement haben. Es darf wohl davon ausgegangen werden, dass diese Qualifikationen in Zukunft, nicht zuletzt

10.2 Anforderungen

durch veränderte demografische, politische und finanzielle Rahmenbedingungen, weiterhin an Bedeutung gewinnen werden.

Tabelle 30: „Was wird in Zukunft ganz besonders wichtig sein?" Antworten der öffentlich-rechtlichen Kulturbetriebe

	gar nicht	nicht	eher nicht	eher wichtig	wichtig	ganz wichtig	k.A.
Sponsoring-Akquise	1,1%	1,1%	5,7%	20,5%	31,8%	**36,4%**	3,4%
Netzwerken	1,1%	0%	3,4%	18,2%	**44,3%**	31,8%	1,1%
Besucherbindung	0%	0%	2,3%	15,9%	34,1%	**46,6%**	2,1%
Kommunikation mit verschiedenen Interessengruppen	0%	0%	1,1%	10,2%	**46,6%**	39,8%	2,3%
Kundenorientierung	0%	1,1%	1,1%	17,0%	**45,5%**	35,2%	0%
Mobilität	1,1%	1,1%	4,5%	33,0%	**42,0%**	17,0%	1,1%
Belastbarkeit	0%	0%	1,1%	13,6%	37,5%	**47,7%**	0%
Vermittlungsfähigkeit	0%	2,3%	1,1%	9,1%	**58,0%**	28,4%	1,1%
Medienkompetenz	0%	1,1%	4,5%	27,3%	33,0%	**34,1%**	0%
Gespür für Trends	1,1%	1,1%	5,7%	19,3%	**43,2%**	29,5%	0%
Zielorientierung	0%	1,1%	1,1%	11,4%	**46,6%**	38,6%	1,1%
Fremdsprachenkenntnisse	0%	1,1%	5,7%	27,3%	**50%**	13,6%	2,3%
Selbstmanagement	0%	1,1%	1,1%	23,9%	**43,2%**	29,5%	1,1%

Im privatwirtschaftlich-gemeinnützigen Kulturbetrieb sind relativ geringe Abweichungen von den Antworten des öffentlich-rechtlichen Sektors festzustellen (siehe Tabelle 31). So erachten auch hier 44,9 Prozent der Befragten Sponsoring-Akquise als „wichtig", räumen diesem Punkt jedoch eine größere Bedeutung für die Zukunft ein als der öffentlich-rechtliche Sektor. Gleichermaßen verhält es sich mit dem Instrument des Netzwerkens. Neben der Belastbarkeit gehört diese Qualifikation mit 44,9 Prozent ebenfalls zu den am häufigsten als „wichtig" bzw. „ganz wichtig" eingestuften Fähigkeiten. Die Gründe mögen hier dieselben wie im öffentlich-rechtlichen Sektor sein. Diese Antworthäufung verwundert nicht weiter, da gerade der Kulturbereich ein Tätigkeitsfeld ist, in dem das Anbahnen von Kontakten sowohl für den Einstieg in den Beruf als auch für die spätere Ausübung von zentraler Bedeutung sein kann.

Von nicht minderer, wenn nicht gar von zentraler Bedeutung ist in diesem Zusammenhang die Kommunikation mit den verschiedenen internen und externen Interessengruppen. Diese wird von 49,3 Prozent der Befragten als „wichtig" betrachtet, denn Kommunikationsfähigkeit schafft eine erfolgsverheißende Grundlage für weitere Tätigkeiten im privatwirtschaftlich-gemeinnützigen Kulturbetrieb.

31,9 Prozent der Befragten stufen die Kundenorientierung als „wichtig" ein, ähnlich verhält es sich auch mit der Besucherbindung (37,7 Prozent), stellen im privatwirtschaftlich-gemeinnützigen Kulturbetrieb Kunden bzw. Besucher doch oftmals eine sehr heterogene Gruppierung dar, auf deren vielfältige Bedürfnisse eingegangen werden muss.

Ebenso erachten 43,5 Prozent der Befragten Mobilität als „eher wichtig", was zwar bei dieser Antwortmöglichkeit eine geringere Ausprägung als im öffentlich-rechtlichen Kulturbetrieb darstellt, die kumulierten Prozente von „eher wichtig" über „wichtig" bis „ganz wichtig" sind jedoch im gemeinnützigen Bereich etwas höher.

Die Vermittlungsfähigkeit stellt ebenso ein wichtiges Instrument dar und wird von 40,6 Prozent der Befragten als „wichtig" eingestuft, gefolgt von der Medienkompetenz, die von jeweils einem Drittel der Befragten (33,3 Prozent) als „eher wichtig" bzw. „wichtig" bezeichnet wird. Interessant ist hierbei auch das Gespür für Trends, das für 39,9 Prozent der Umfrageteilnehmer „wichtig" ist, denn wie andere Märkte ist auch der Kulturmarkt Modeerscheinungen und temporären Strömungen unterworfen. Auch wenn hier im Gegensatz zum privatwirtschaftlich-kommerziellen Sektor nicht Gewinnerzielung sondern die Wahrung des gemeinnützigen Charakters im Vordergrund steht, so muss auch im gemeinnützigen Sektor der aktuellen Marktlage eine gewisse Beachtung geschenkt werden. Es erstaunt daher nicht wirklich, dass in diesem Zusammenhang Zielorientierung mit 42 Prozent als „ganz wichtig" erachtet wird, denn zielgerichtetes Planen und Handeln kann dabei helfen, richtige Entscheidungen zu treffen und Fehlentscheidungen mit schwerwiegenden mittel- und langfristigen Folgen zu vermeiden.

Fremdsprachenkenntnisse werden von gut zwei Drittel der Befragten (31,9 Prozent) als „eher wichtig" oder „wichtig" eingestuft, ebenso das Selbstmanagement mit 31,9 Prozent.

Signifikant ist, dass nahezu keine der hier vorgestellten Kompetenzen als „gar nicht wichtig" erachtet wird. Am wichtigsten scheinen im privatwirtschaftlich-gemeinnützigen Sektor die Qualifikationen Kommunikation, Zielorientierung und Belastbarkeit zu sein, da alle drei Punkte zum täglichen Berufsalltag des Kultmanagers gehören und wohl in Zukunft weiterhin an Bedeutung gewinnen werden.

10.2 Anforderungen

Tabelle 31: „Was wird in Zukunft ganz besonders wichtig sein?" Antworten der privatwirtschaftlich-gemeinnützigen Kulturbetriebe

	gar nicht	nicht	eher nicht	eher wichtig	wichtig	ganz wichtig	k.A.
Sponsoring-Akquise	0%	0%	2,9%	11,6%	**44,9%**	37,7%	2,9%
Netzwerken	0%	0%	5,8%	14,5%	**44,9%**	31,9%	2,9%
Besucherbindung	0%	0%	2,9%	29,0%	**37,7%**	26,1%	4,3%
Kommunikation mit verschiedenen Interessengruppen	0%	0%	2,9%	21,7%	**49,3%**	21,7%	4,3%
Kundenorientierung	0%	2,9%	7,2%	27,5%	**31,9%**	27,5%	2,9%
Mobilität	0%	2,9%	8,7%	**43,5%**	26,1%	15,9%	2,9%
Belastbarkeit	0%	1,4%	5,8%	15,9%	29,0%	**44,9%**	2,9%
Vermittlungsfähigkeit	0%	0%	2,9%	26,1%	**40,6%**	26,1%	4,3%
Medienkompetenz	0%	0%	7,2%	**33,3%**	**33,3%**	23,2%	2,9%
Gespür für Trends	1,4%	1,4%	11,6%	27,5%	**39,1%**	15,9%	2,9%
Zielorientierung	0%	0%	5,8%	15,9%	33,3%	**42,0%**	2,9%
Fremdsprachenkenntnisse	0%	5,8%	11,6%	**31,9%**	**31,9%**	15,9%	2,9%
Selbstmanagement	0%	1,4%	4,3%	17,4%	**39,1%**	34,8%	2,9%

Ähnlich wie im öffentlich-rechtlichen und privatwirtschaftlich-gemeinnützigen Kulturbetrieb, werden auch im privatwirtschaftlich-kommerziellen Sektor nahezu alle abgefragten Qualifikationen mit „wichtig" oder „ganz wichtig" bezeichnet, wie es deutlich in der nachfolgenden Tabelle zu sehen ist.

So empfinden 34 Prozent der Befragten die Sponsoring-Akquise als „ganz wichtig", wenn sich auch die Antworten hier nicht so sehr häufen wie in den beiden anderen Sektoren, was vielleicht damit zusammenhängen mag, dass der privatwirtschaftlich-kommerzielle Kulturbereich selbständig am Markt agiert und somit Sponsoring keine primäre Einnahme- und Finanzierungsquelle darstellt. Ebenso ist Netzwerken zahlenmäßig geringer vertreten (36,2 Prozent), wenn auch seine Bedeutung mit „ganz wichtig" höher eingestuft wird als dies bei den anderen Sektoren der Fall ist.

Über zwei Fünftel der Befragten definieren Besucherbindung, Zielorientierung, Fremdsprachenkenntnisse und Kundenorientierung (jeweils 40,4 Prozent) sowie Kommunikation mit internen und externen Interessengruppen und das Gespür für Trends (jeweils 42,6 Prozent) als „wichtig", was nicht weiter erstaunen darf, da sich ein Zusammenspiel von Angebot und Nachfrage zweifelsohne nachweisen lässt. Im Gegenteil zum öffentlich-rechtlichen Kulturbetrieb, muss sich der kommerziell orientierte Betrieb letztendlich am Markt und seinen Gegebenheiten orientieren.

Die Mobilität, welche auch hier dem Kulturmanager abverlangt wird, stellt sich mit jeweils 27,7 Prozent gleichermaßen als „eher wichtig" und „wichtig" dar, ähnlich verhält es sich mit dem Aspekt des Selbstmanagements mit jeweils 29,8 Prozent.

Bemerkenswert ist, dass im privatwirtschaftlich-kommerziellen Sektor die Eigenschaften Medienkompetenz (51,5 Prozent) und Vermittlungsfähigkeit (55,3 Prozent) als sehr wichtig erachtet werden, betrachtet man die Höhe der kumulierten Prozentsätze von „eher wichtig" bis „ganz wichtig". Dies mag daran liegen, dass im privatwirtschaftlich-kommerziellen Sektor die Zusammenarbeit mit den Medien und die damit verbundenen Anforderungen an den Kulturmanager zum Instrumentarium der Vermittlung und Kundenorientierung gehören. In diesen Bereich fallen auch mediale Werbemaßnahmen, die zum kommerziellen Erfolg des marktwirtschaftlich orientierten Kulturbetriebs beitragen können.

Tabelle 32: „Was wird in Zukunft ganz besonders wichtig sein?" Antworten der privatwirtschaftlich-kommerziellen Kulturbetriebe

	gar nicht	nicht	eher nicht	eher wichtig	wichtig	ganz wichtig	k.A.
Sponsoring-Akquise	0%	0%	4,3%	25,5%	31,9%	**34,0%**	2,1%
Netzwerken	0%	0%	0%	27,7%	29,8%	**36,2%**	6,4%
Besucherbindung	0%	0%	2,1%	17,0%	**40,4%**	36,2%	4,3%
Kommunikation mit verschiedenen Interessengruppen	0%	2,1%	2,1%	27,7%	**42,6%**	19,1%	6,4%
Kundenorientierung	0%	2,1%	4,3%	10,6%	**40,4%**	38,3%	4,3%
Mobilität	2,1%	6,4%	8,5%	**27,7%**	**27,7%**	23,4%	4,3%
Belastbarkeit	0%	6,4%	6,4%	14,9%	**36,2%**	31,9%	4,3%
Vermittlungsfähigkeit	0%	0%	2,1%	23,4%	**55,3%**	14,9%	4,3%
Medienkompetenz	0%	0%	6,4%	27,7%	**51,5%**	10,6%	4,3%
Gespür für Trends	0%	0%	2,1%	19,1%	**42,6%**	29,8%	6,4%
Zielorientierung	0%	2,1%	4,3%	19,1%	**40,4%**	27,7%	6,4%
Fremdsprachenkenntnisse	0%	2,1%	4,3%	25,5%	**40,4%**	23,4%	4,3%
Selbstmanagement	0%	4,3%	4,3%	**29,8%**	**29,8%**	23,4%	8,5%

Vergleicht man nun alle drei Sektoren, so lässt sich feststellen, dass sich die Anforderungen an den Kulturmanager im Bereich der theoretischen Kompetenzen und die Wahrnehmung ihrer Bedeutung für die Zukunft nur unwesentlich unterscheiden. Die Befragten differenzieren bei den abgefragten Qualifikationen zudem nur geringfügig zwischen „wichtig" und „ganz wichtig". Interessant ist allerdings, dass in allen drei Sektoren Vermittlungsfähigkeit mit zu den am häufigsten genannten Antworten gehört, was signalisiert, dass Kultur – unabhängig davon, ob diese nun stärker angebots- oder nachfrageorientiert ist – immer noch ein Gut ist, das den Menschen und somit Rezipienten vermittelt und nähergebracht werden muss. Dieser Aspekt wird in Zukunft weiterhin an Bedeutung gewinnen und den Kulturmanager in seinem Selbstverständnis und seinen Kompetenzen fördern und fordern.

10.3 Kriterien für eine erfolgreiche Bewerbung

10.3.1 Schriftliche Bewerbung

In der Frage „Wie wichtig sind Ihnen folgende Aspekte in Bewerbungsunterlagen?" wurden mehrere Aspekte von Bewerbungsunterlagen nach ihrer Wichtigkeit abgefragt.

Der öffentlich-rechtliche Kulturbereich (siehe Tabelle 33) betrachtet in dieser Befragung mehrheitlich Schulnoten als „eher nicht wichtig" (44,3 Prozent). Nur 29,5 Prozent finden Schulnoten in Bewerbungsunterlagen „eher wichtig", und der mit 1,1 Prozent geringste Anteil der Befragten hält sie für „ganz wichtig". Universitäre Leistungen werden mit 43,2 Prozent vor allem als „eher wichtig" bezeichnet und mit 34,1 Prozent als „wichtig". Die hohe Bedeutung des Hochschulabschlusses könnte mit den oftmals stark hierarchischen und bürokratischen Strukturen in öffentlichen Kulturinstitutionen zusammenhängen, die klar definierte Stellenbeschreibungen und Anforderungsprofile, was die Qualifikation betrifft, erfordern. Essentieller noch als Noten sind für die Befragten Sprachkenntnisse: Für 43,2 Prozent sind diese „wichtig" und niemand beantwortet diese Frage mit „gar nicht" oder „nicht". Jedoch werden Auslandserfahrungen nur von 18,2 Prozent als „wichtig" erachtet, welche direkt mit den Fremdsprachenkenntnissen zusammenhängen. Hier besteht eine deutlich Diskrepanz, die die Vermutung nahelegt, dass es den öffentlichen Kulturbetrieben genügt, wenn ein Bewerber eine Fremdsprache nur durch Sprachunterricht und nicht im jeweiligen Land vor Ort erlernt hat. Angesichts eines immer globaler orientierten Kulturlebens ist es erstaunlich, dass zudem für einen relativ hohen Anteil von 29,5 Prozent Auslandserfahrungen „eher nicht wichtig" sind.

Berufserfahrung hat dagegen einen sehr hohen Stellenwert, so wird diese von 33 Prozent als „wichtig" und von 30,7 Prozent als „ganz wichtig" bezeichnet. Kultur- bzw. berufsfremde Erfahrungen gelten im öffentlich-rechtlichen Kulturbereich überwiegend als „wichtig" (38,6 Prozent) und „eher wichtig" (28,4 Prozent). Auch ein breites Spektrum an Erfahrungen wird als „wichtig" (23,9 Prozent) und „eher wichtig" (37,5 Prozent) beurteilt, genauso wie Praktikumserfahrungen mit 35,2 Prozent als „wichtig" und 36,4 Prozent als „eher wichtig". Nur jeweils 1,1 Prozent der Befragten bewerten Praktika als „gar nicht wichtig" und „nicht wichtig".

Diese Ergebnisse korrespondieren mit denen aus Frage 5.1 des Fragebogens „Welche Rolle spielen Praktika bei der Einstellung?" (vgl. Anhang). Hobbys sind in Bewerbungsunterlagen vor allem „eher nicht wichtig" mit 42 Prozent, „gar nicht wichtig" oder „nicht wichtig" mit jeweils 14,8 Prozent. Soziale Kompetenzen müssen jedoch aus der Bewerbungsmappe ersichtlich werden, 43,2 Prozent finden diesen Aspekt „wichtig" und 36,4 Prozent sogar „ganz wichtig". Ehrenamtliches Engagement wird im öffentlichen Kulturbereich gerne gesehen, 31,8 Prozent bezeichnen es als „eher wichtig". Der kreative Aspekt nimmt für 42 Prozent der Befragten dagegen einen hohen Stellenwert ein, was angesichts eher bürokratischer und formalisierter Auswahlverfahren erstaunt.

Nicht erstaunlich ist dagegen die Bedeutung der äußeren Form der Bewerbungsmappe mit 28,4 Prozent der Antworten für „wichtig". Bewerber für den öffentlich-rechtlichen Kulturbereich sollten sich darüber hinaus Mühe beim Verfassen des Anschreibens geben, da dieses den Betrieben überwiegend „eher wichtig" (28,4 Prozent) bis „wichtig" (23,9 Prozent) ist. „Eher wichtig" ist auch die äußere Form des Lebenslaufes (30,7 Prozent). Genauso verhält es sich mit der Stringenz im Lebenslauf mit 30,7 Prozent der Antworten für „eher wichtig" und 26,1 Prozent für „wichtig". Ein traditioneller akademischer Lebenslauf mit einer klaren Richtung scheint im öffentlichen Kulturbetrieb wie seit jeher das Ideal zu sein. Der moderne Standard der Bewerbung ist schließlich einer Mehrheit von 38,6 Prozent „eher wichtig" und 25 Prozent „eher nicht wichtig".

Zusammenfassend lässt sich sagen, dass der öffentlich-rechtliche Kulturbereich in Bewerbungsunterlagen vor allem Sprachkenntnisse, Berufserfahrung, Kultur- bzw. berufsfremde Erfahrungen, Kreativität, soziale Kompetenzen sowie die äußere Form der Bewerbungsmappe schätzt.

10.3 Bewerbungskriterien

Tabelle 33: "Wie wichtig sind Ihnen folgende Aspekte in Bewerbungsunterlagen?" Antworten der öffentlich-rechtlichen Kulturbetriebe

	gar nicht	nicht	eher nicht	eher wichtig	wichtig	ganz wichtig	k.A.
Schulnoten	8,0%	8,0%	**44,3%**	29,5%	6,8%	1,1%	2,3%
Universitäre Leistungen	1,1%	2,3%	10,2%	**43,2%**	34,1%	8,0%	1,1%
Sprachkenntnisse	0%	0%	6,8%	36,4%	**43,2%**	12,5%	1,1%
Berufserfahrung	0%	0%	5,7%	**29,5%**	33,0%	30,7%	1,1%
Kultur- bzw. berufsfremde Erfahrungen	0%	4,5%	5,7%	28,4%	**38,6%**	20,5%	2,3%
Breites Spektrum an Tätigkeiten	0%	5,7%	17,0%	**37,5%**	23,9%	13,6%	2,3%
Praktikumserfahrungen	1,1%	1,1%	8,0%	**36,4%**	35,2%	15,9%	2,3%
Auslandserfahrungen	1,1%	0%	29,5%	**44,3%**	18,2%	5,7%	1,1%
Hobbys	14,8%	14,8%	**42,0%**	19,3%	8,0%	1,1%	0%
Kreativität	0%	2,3%	12,5%	23,9%	**42,0%**	18,2%	1,1%
Soziale Kompetenzen	0%	1,1%	1,1%	15,9%	**43,2%**	36,4%	2,3%
Ehrenamtliches Engagement	6,8%	14,8%	19,3%	**31,8%**	22,7%	3,4%	1,1%
Äußere Form des Lebenslaufes	0%	8,0%	23,9%	**30,7%**	26,1%	8,0%	3,4%
Äußere Form der Bewerbungsmappe	2,3%	8,0%	25,0%	26,1%	**28,4%**	8,0%	2,3%
Anschreiben	2,3%	8,0%	13,6%	**28,4%**	23,9%	21,6%	2,3%
Stringenz im Lebenslauf	1,1%	8,0%	22,7%	**30,7%**	26,1%	8,0%	3,4%
Moderner Standard der Bewerbung	1,1%	13,6%	25,0%	**38,6%**	11,4%	6,8%	3,4%

Wie auch für den öffentlich-rechtlichen sind für den privatwirtschaftlich-gemeinnützigen Bereich Schulnoten mehrheitlich „eher nicht wichtig" (44,9 Prozent), wie es in Tabelle 34 zu sehen ist. Jedoch antworten auch hier viele der Befragten mit „eher wichtig" (31,9 Prozent). Auch was die universitären Leistungen betrifft, häufen sich die Antworten an derselben Stelle: 46,4 Prozent beurteilen diesen Aspekt als „eher wichtig". Sprachkenntnisse dagegen werden von dieser Gruppe mehrheitlich nur als „eher wichtig" bezeichnet (40,6 Prozent) und haben damit einen niedrigeren Stellenwert als im öffentlich-rechtlichen

Sektor. Vermutlich liegt dies daran, dass gemeinnützige Kulturinstitutionen tendenziell nicht so stak auf internationalem Parkett agieren wie die Betriebe der beiden anderen Kultursektoren, sondern eher in das lokale und regionale Kulturleben eingebunden sind.

Berufserfahrung und kultur- bzw. berufsfremde Erfahrungen werden mit 39,1 Prozent und 49,3 Prozent genauso wie im öffentlichen Kulturbereich vorwiegend als „wichtig" angesehen und ein breites Spektrum an Tätigkeiten mit 37,7 Prozent als „eher wichtig". Auffällig ist, dass keiner der Befragten Kultur- bzw. berufsfremde Erfahrungen für „gar nicht wichtig" oder „nicht wichtig" hält. Dies spiegelt wohl die Arbeitsweise im gemeinnützigen Kulturbetrieb und die Tendenz zu inhaltlicher Offenheit wider, die vielfältige Erfahrungen unabdingbar machen. Als „wichtig" werden Praktikumserfahrungen von 34,8 Prozent der Befragten beurteilt.

Auslandserfahrungen nehmen mit 36,2 Prozent für „eher wichtig " dieselbe Bedeutung ein wie im öffentlichen Sektor, entsprechen konsequenterweise prozentual aber eher den Angaben bei dem Aspekt Sprachkenntnisse, als dies im öffentlich-rechtlichen Kulturbereich der Fall ist. Hobbys werden von 37,7 Prozent als „eher nicht wichtig" betrachtet und lassen sich damit ähnlich verorten wie im öffentlichen Sektor. Eine im Lebenslauf ersichtliche Kreativität ist den Befragten aus dem gemeinnützigen Bereich nicht so wichtig wie den Vertretern des öffentlichen Kulturbetriebs: 36,2 Prozent halten diese für „eher wichtig" und 23,2 Prozent für „wichtig".

Gleich ziehen die beiden Sektoren bei der Beurteilung der sozialen Kompetenzen. 40,6 Prozent der gemeinnützigen Institutionen finden diese „wichtig" und 34,8 Prozent „ganz wichtig". Zwar spricht sich eine Mehrheit von 24,6 Prozent dafür aus, dass ehrenamtliches Engagement „eher nicht wichtig" sei, 23,2 Prozent beurteilen es jedoch als „eher wichtig" und jeweils 17,4 Prozent als „wichtig" und „ganz wichtig". In diesen Antworten werden das Selbstverständnis des privatwirtschaftlich-gemeinnützigen Kulturbetriebs und sein endogener Bezug zum ehrenamtlichen Engagement sichtbar. Die äußere Form des Lebenslaufes ist für 27,5 Prozent der Befragten „eher wichtig", wohingegen eine Mehrheit von 30,4 Prozent die äußere Form der Bewerbungsmappe „eher nicht wichtig" findet. Hier ist ein klarer Unterschied zum öffentlich-rechtlichen Kulturbetrieb erkennbar, für den der letztere Aspekt „wichtig" ist.

Eine Übereinstimmung ist wiederum bei den Kriterien Anschreiben, Stringenz im Lebenslauf und moderner Standard der Bewerbung zu beobachten: Jeweils 27,5 Prozent der privatwirtschaftlich-gemeinnützigen Kulturinstitutionen beurteilen das Anschreiben als „eher wichtig" und „wichtig", 24,6 Prozent die Stringenz im Lebenslauf als „eher wichtig" und 26,1 Prozent den modernen Stand der Bewerbung als „eher wichtig". Diese artikulierten Präferenzen in

10.3 Bewerbungskriterien

Bezug auf Bewerbungsunterlagen machen neben anderen Aspekten die allgemein zunehmende Professionalisierung im gemeinnützigen Kulturbereich deutlich, die angesichts einer verstärkten inter-, aber auch intrasektoralen Konkurrenzsituation notwendig geworden ist.

Insgesamt sind privatwirtschaftlich-gemeinnützigen Kulturbetrieben also folgende Aspekte bei Bewerbungsunterlagen besonders wichtig: Berufserfahrung, kultur- bzw. berufsfremde Erfahrungen, Praktikumserfahrungen, soziale Kompetenzen sowie das Anschreiben.

Tabelle 34: „Wie wichtig sind Ihnen folgende Aspekte in Bewerbungsunterlagen?" Antworten der privatwirtschaftlich-gemeinnützigen Kulturbetriebe

	gar nicht	nicht	eher nicht	eher wichtig	wichtig	ganz wichtig	k.A.
Schulnoten	8,7%	7,2%	**44,9%**	31,9%	2,9%	1,4%	2,9%
Universitäre Leistungen	1,4%	1,4%	15,9%	**46,4%**	24,6%	5,8%	4,3%
Sprachkenntnisse	0%	1,4%	14,5%	**40,6%**	29,0%	11,6%	2,9%
Berufserfahrung	0%	2,9%	14,5%	26,1%	**39,1%**	15,9%	1,4%
Kultur- bzw. berufsfremde Erfahrungen	0%	0%	11,6%	27,5%	**49,3%**	10,1%	1,4%
Breites Spektrum an Tätigkeiten	0%	4,3%	20,3%	**37,7%**	30,4%	4,3%	2,9%
Praktikumserfahrungen	0%	10,1%	17,4%	23,2%	**34,8%**	13,0%	1,4%
Auslandserfahrungen	4,3%	8,7%	27,5%	**36,2%**	17,4%	4,3%	1,4%
Hobbys	17,4%	15,9%	**37,7%**	18,8%	4,3%	4,3%	1,4%
Kreativität	4,3%	5,8%	10,1%	**36,2%**	23,2%	18,8%	1,4%
Soziale Kompetenzen	0%	2,9%	1,4%	18,8%	**40,6%**	34,8%	1,4%
Ehrenamtliches Engagement	5,8%	10,1%	**24,6%**	23,2%	17,4%	17,4%	1,4%
Äußere Form des Lebenslaufes	4,3%	13,0%	26,1%	**27,5%**	21,7%	5,8%	1,4%
Äußere Form der Bewerbungsmappe	4,3%	15,9%	**30,4%**	26,1%	15,9%	5,8%	1,4%
Anschreiben	1,4%	4,3%	18,8%	**27,5%**	**27,5%**	18,8%	1,4%
Stringenz im Lebenslauf	11,6%	20,3%	18,8%	**24,6%**	20,3%	1,4%	2,9%
Moderner Standard der Bewerbung	14,5%	13,0%	23,2%	**26,1%**	15,9%	2,9%	4,3%

Genauso wie die anderen beiden Sektoren ist auch der privatwirtschaftlich-kommerzielle Bereich in seiner Meinung, was Schulnoten in Bewerbungsunterlagen betrifft, gespalten: eine Mehrheit von 46,8 Prozent bewertet diesen Aspekt als „eher nicht wichtig" und 34 Prozent als „eher wichtig". Keiner der Befragten hält jedoch Schulnoten für „ganz wichtig". Auch in der Beurteilung der universitären Leistungen kommen alle drei Sektoren zum selben Ergebnis. Im kommerziellen Kulturbetrieb beträgt der Anteil der Antwort „eher wichtig" 42,6 Prozent.

Es wird also deutlich, dass die Mär eines Quereinstiegs in den kommerziellen Kulturbereich auch hier einer immer stärkeren Leistungsorientierung weicht. Die Bedeutung der Sprachkenntnisse ist mit 34 Prozent für „eher wichtig" und 29,8 Prozent für „wichtig" in etwa gleich einzuschätzen wie im gemeinnützigen Kulturbereich. Auch Auslandserfahrungen werden von 34 Prozent der Befragten als „eher wichtig" beurteilt und korrespondieren prozentual mit den Angaben bei den Sprachkenntnissen. Diese zurückhaltende Erwartung der kommerziellen Betriebe bezüglich der Auslandserfahrungen von Bewerbern ist jedoch erstaunlich, wird doch der Kulturmarkt immer internationaler und ist zunehmend in die globale Wirtschaft eingebunden. Es ist jedoch zu vermuten, dass die Werte, was Sprachkenntnisse und Auslandserfahrungen betrifft, je nach Umfang der internationalen Marktanteile von Unternehmen zu Unternehmen stark divergiert.

Erstaunlicherweise wird Berufserfahrung in den kommerziellen Kulturinstitutionen im Vergleich zu den anderen beiden Sektoren mit 46,8 Prozent für „eher wichtig" und 23,4 Prozent für „wichtig" zurückhaltender eingestuft. Der Berufseinstieg im Anschluss an das Studium sollte also im kommerziellen Sektor am leichtesten fallen, da dieser mehr Vertrauen in Berufseinsteiger zu haben scheint, als der öffentliche Kulturbereich. Kultur- und berufsfremde Erfahrungen werden von 40,4 Prozent der Befragten als „eher wichtig" und von 36,2 Prozent als „wichtig" betrachtet. Dieser Aspekt ist damit im kommerziellen Sektor etwas weniger betont als in den übrigen.

Gleich beurteilt wird in allen Kulturbereichen ein breites Spektrum an Tätigkeiten: 31,9 Prozent der kommerziellen Betriebe bezeichnen dies als „eher wichtig". Was die Praktikumserfahrungen betrifft, bestehen Parallelen zum gemeinnützigen Sektor durch die mehrheitliche Bewertung mit „wichtig" – hier, im kommerziellen Bereich, von 36,2 Prozent der Befragten. Wie bereits beim öffentlich-rechtlichen Kulturbetrieb korrespondieren diese Ergebnisse mit denen aus Frage 5.1 „Welche Rolle spielen Praktika bei der Einstellung?", auf die im nächsten Teilkapitel eingegangen wird. Alle drei Sektoren stimmen in ihrem mehrheitlichen Urteil über die Bedeutung von Hobbys überein. So finden 27,7 Prozent der Befragten in kommerziellen Kultureinrichtungen Hobbys „eher nicht wichtig". Kreativität im Lebenslauf hat mit 38,3 Prozent für „wichtig" bei

10.3 Bewerbungskriterien

den kommerziellen Einrichtungen einen ähnlich hohen Stellenwert wie im öffentlichen Kultursektor. In der Beurteilung der Wichtigkeit sozialer Kompetenzen sind sich alle drei Kulturbereiche einig: Für 38,3 Prozent der kommerziellen Kulturunternehmen ist diese Eigenschaft „wichtig". Ehrenamtliches Engagement wird im kommerziellen Bereich als „eher nicht wichtig" betrachtet (29,8 Prozent), was hier – im Gegensatz zum gemeinnützigen Bereich mit einem ähnlichen Wert – wenig überrascht, ist dieser Teil des Kulturlebens doch stark marktorientiert und weniger dem Ehrenamt zugetan. Übereinstimmung zwischen allen drei Sektoren gibt es darüber hinaus bei der äußeren Form des Lebenslaufes, bei der Stringenz im Lebenslauf und dem modernen Standard der Bewerbung. Diese Aspekte werden alle als „eher wichtig" angesehen, wobei 31,9 Prozent der kommerziellen Betriebe bei der äußeren Form des Lebenslaufes dieses Urteil fällen, 36,2 Prozent bei der Stringenz im Lebenslauf und 34 Prozent bei dem modernen Standard der Bewerbung. Was die Bedeutung der äußeren Form der Bewerbungsmappe betrifft, reiht sich der kommerzielle Sektor mit 29,8 Prozent der Antworten für „eher wichtig" zwischen dem öffentlichen Kulturbetrieb mit einer Mehrheit für „wichtig" und dem kommerziellen Kulturbetrieb mit einer Mehrheit für „eher nicht wichtig" ein. Das Anschreiben ist den kommerziellen Institutionen genauso wie den gemeinnützigen Einrichtungen mehrheitlich „wichtig" (34 Prozent).

Abschließend lässt sich festhalten, dass der privatwirtschaftlich-kommerzielle Sektor insbesondere Praktikumserfahrungen, Kreativität, soziale Kompetenzen und das Anschreiben bei Bewerbungsunterlagen als wichtig beurteilt.

Tabelle 35: „*Wie wichtig sind Ihnen folgende Aspekte in Bewerbungsunterlagen?*" *Antworten der privatwirtschaftlich-kommerzielle Kulturbetriebe*

	gar nicht	nicht	eher nicht	eher wichtig	wichtig	ganz wichtig	k.A.
Schulnoten	0%	12,8%	**46,8%**	34,0%	4,3%	0%	2,1%
Universitäre Leistungen	0%	4,3%	31,9%	**42,6%**	19,1%	0%	2,1%
Sprachkenntnisse	0%	0%	6,4%	**34,0%**	29,8%	27,7%	2,1%
Berufserfahrung	0%	2,1%	10,6%	**46,8%**	23,4%	17,0%	0%
Kultur- bzw. berufsfremde Erfahrungen	0%	2,1%	12,8%	**40,4%**	36,2%	6,4%	2,1%
Breites Spektrum an Tätigkeiten	0%	4,3%	27,7%	**31,9%**	27,7%	8,5%	0%
Praktikumserfahrungen	0%	4,3%	14,9%	29,8%	**36,2%**	12,8%	2,1%
Auslandserfahrungen	2,1%	12,8%	27,7%	**34,0%**	17,0%	2,1%	4,3%
Hobbys	17,0%	25,5%	**27,7%**	17,0%	8,5%	0%	4,3%
Kreativität	2,1%	8,5%	14,9%	21,3%	**38,3%**	12,8%	2,1%
Soziale Kompetenzen	2,1%	4,3%	6,4%	23,4%	**38,3%**	25,5%	0%
Ehrenamtliches Engagement	8,5%	23,4%	**29,8%**	21,3%	12,8%	2,1%	2,1%
Äußere Form des Lebenslaufes	4,3%	12,8%	19,1%	**31,9%**	19,1%	8,5%	4,3%
Äußere Form der Bewerbungsmappe	4,3%	10,6%	23,4%	**29,8%**	21,3%	6,4%	4,3%
Anschreiben	4,3%	2,1%	14,9%	27,7%	**34,0%**	17,0%	0%
Stringenz im Lebenslauf	4,3%	8,5%	19,1%	**36,2%**	19,1%	12,8%	0%
Moderner Standard der Bewerbung	12,8%	12,8%	23,4%	**34,0%**	8,5%	6,4%	2,1%

10.3.2 Praxiserfahrung

Für öffentlich-rechtliche Kultureinrichtungen spielen Praktika bei der Einstellung eine große Rolle: 15,9 Prozent halten Praktika für „sehr wichtig" und 63,6 Prozent für „wichtig", wohingegen nur 1,1 Prozent der Befragten Praktikumserfahrungen als „unwichtig" und 17 Prozent als „eher unwichtig" bezeichnen. Diese klare Tendenz erstaunt wenig, da gerade im öffentlich-rechtlichen Kulturbereich in den letzten Jahren nicht zuletzt wegen der finanziellen Engpässe immer mehr Praktikantenstellen eingerichtet wurden, was dazu führt, dass Hochschulabsolventen, die sich in diesen Kulturbetrieben bewerben, selbst entsprechende Erfahrungen vorweisen müssen.

Abbildung 37: *„Welche Rolle spielen Praktika bei der Einstellung?"*
Antworten der öffentlich-rechtlichen Kulturbetriebe

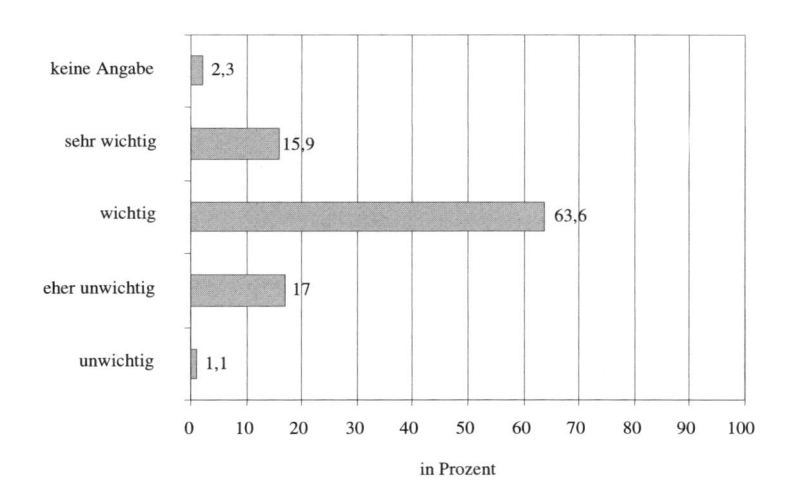

Kategorie	Prozent
keine Angabe	2,3
sehr wichtig	15,9
wichtig	63,6
eher unwichtig	17
unwichtig	1,1

in Prozent

Die meisten der befragten öffentlich-rechtlichen Kulturinstitutionen – 46,6 Prozent – sprechen sich bei der Frage, wie lange ein Praktikum dauern sollte für sechs Monaten aus. 39,8 Prozent halten drei Monate lange Praktika für sinnvoller, 5,7 Prozent befürworten ein 12-monatiges und 3,4 Prozent ein einmonatiges Praktikum. Provokant könnte man behaupten, dass diese Aussagen auf indirekte

Weise den oftmals übermäßigen Einsatz von Praktikanten als vollwertige und gleichzeitig kostengünstige oder gar kostenneutrale Arbeitskräfte in der eigenen Einrichtung widerspiegeln und daher auch von Bewerbern mehrheitlich Praktika mit einer Dauer von sechs Monaten im Lebenslauf verlangt werden.

Abbildung 38: *„Wie lange sollte ein Praktikum dauern?" Antworten der öffentlich-rechtlichen Kulturbetriebe*

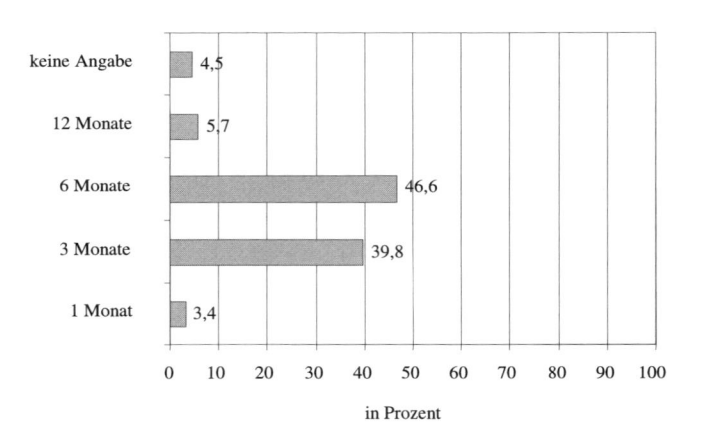

	in Prozent
keine Angabe	4,5
12 Monate	5,7
6 Monate	46,6
3 Monate	39,8
1 Monat	3,4

Die Befragten aus dem öffentlich-rechtlichen Kulturbetrieb sprechen sich überwiegend mit 80,7 Prozent für ein bis drei Praktika im Lebenslauf eines Bewerbers aus. Drei bis sechs Praktika erwarten dagegen 15,9 Prozent und 1,1 Prozent sogar mehr als sechs Praktika. 2,3 Prozent wollten sich bei der idealen Anzahl an Praktika nicht festlegen.

10.3 Bewerbungskriterien

Abbildung 39: *„Was ist die ideale Anzahl an Praktika?"* Antworten der öffentlich-rechtlichen Kulturbetriebe

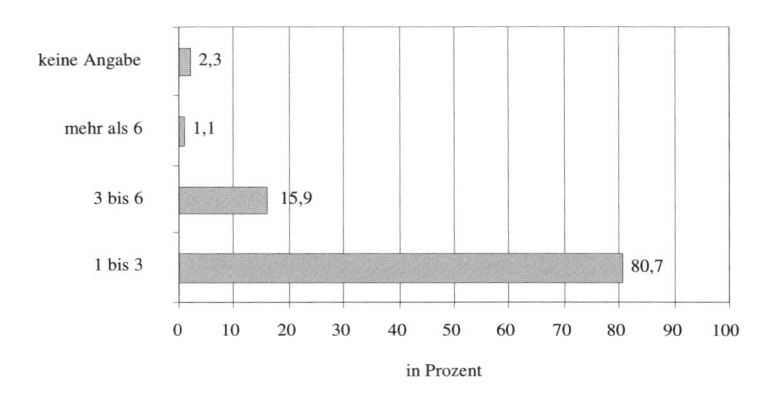

Kategorie	Prozent
keine Angabe	2,3
mehr als 6	1,1
3 bis 6	15,9
1 bis 3	80,7

in Prozent

Der Anteil der Befragten aus dem privatwirtschaftlich-gemeinnützigen Bereich, der Praktika für „sehr wichtig" hält, entspricht mit 15,9 Prozent genau dem Wert der öffentlich-rechtlichen Kulturbetriebe. Jedoch halten nur 50,7 Prozent Praktikumserfahrungen für „wichtig" gegenüber 63,6 Prozent im öffentlichen Kultursektor. Ein auffällig hoher Prozentsatz von 31,9 Prozent findet Praktika für die Einstellung „weniger wichtig" und 1,4 Prozent beurteilen diesen Aspekt als „unwichtig". Könnte dies daran liegen, dass typische Praktikantenaufgaben in gemeinnützigen Betrieben von ehrenamtlich Tätigen übernommen werden?

Abbildung 40: *„Welche Rolle spielen Praktika bei der Einstellung?"*
Antworten der privatwirtschaftlich-gemeinnützigen Kulturbetriebe

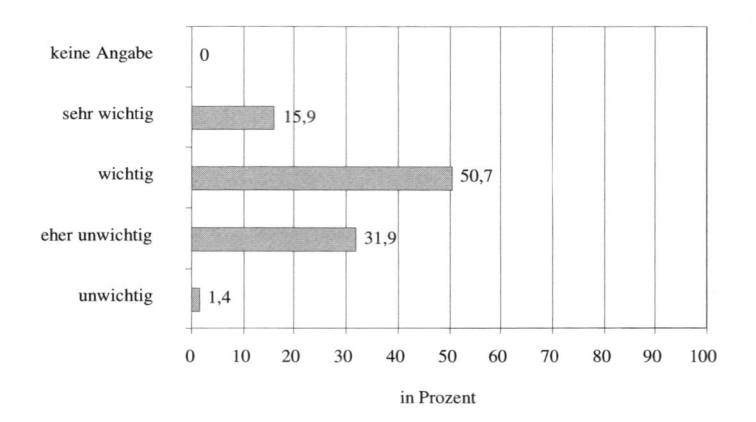

Kategorie	Prozent
keine Angabe	0
sehr wichtig	15,9
wichtig	50,7
eher unwichtig	31,9
unwichtig	1,4

in Prozent

Eine Mehrheit von 53,6 Prozent der privatwirtschaftlich-gemeinnützigen Kulturbetriebe hält drei Monate für die optimale Dauer eines Praktikums. Jedoch erachten auch in diesem Kulturbereich einige, nämlich 33,3 Prozent, ein sechsmonatiges Praktikum für sinnvoll. Mit 7,2 Prozent sprechen sich auffällig viele der privatwirtschaftlich-gemeinnützigen Einrichtungen für einmonatige Praktika aus und 4,3 Prozent befürworten 12-monatige Praktika. Hier liegt die Vermutung nahe, dass Praktika vom gemeinnützigen Kulturbereich eher als Ausbildungsverhältnisse denn als Arbeitsverhältnisse gesehen werden, bei welchen der Lerneffekt nach drei Monaten bereits eingesetzt hat.

10.3 Bewerbungskriterien

Abbildung 41: *„Wie lange sollte ein Praktikum dauern?" Antworten der privatwirtschaftlich-gemeinnützigen Kulturbetriebe*

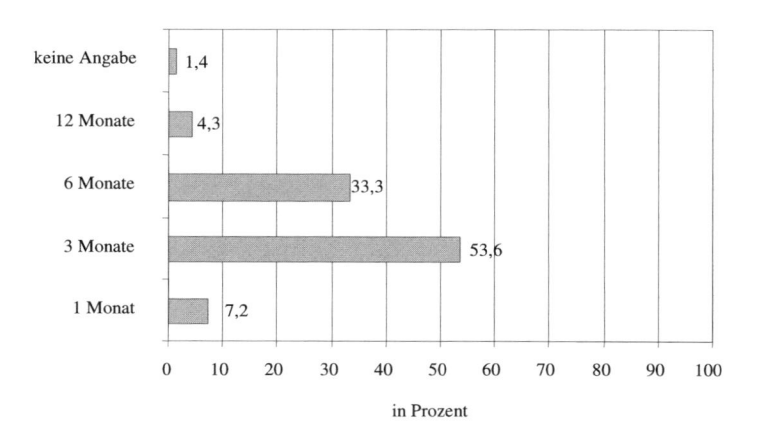

Dauer	Prozent
keine Angabe	1,4
12 Monate	4,3
6 Monate	33,3
3 Monate	53,6
1 Monat	7,2

in Prozent

Wie im öffentlichen Kulturbereich, so werden auch im privatwirtschaftlich-gemeinnützigen Sektor mehrheitlich ein bis drei Praktika erwartet (76,8 Prozent). Allerdings ist hier der Anteil der Befragten, die drei bis sechs Praktika befürworten, mit 20,3 Prozent deutlich höher als im öffentlich-rechtlichen Bereich. In etwa gleich ziehen beide Sektoren bei der Antwortmöglichkeit „mehr als 6" mit 1,4 Prozent bei den privatwirtschaftlich-gemeinnützigen und 1,1 Prozent bei den öffentlich-rechtlichen Kulturbetrieben. 1,4 Prozent ließen die Frage unbeantwortet. Diese prozentuale Verteilung ist wohl ähnlich zu begründen wie die Ergebnisse der beiden vorherigen Fragen.

Abbildung 42: *„Was ist die ideale Anzahl an Praktika?" Antworten der privatwirtschaftlich-gemeinnützigen Kulturbetriebe*

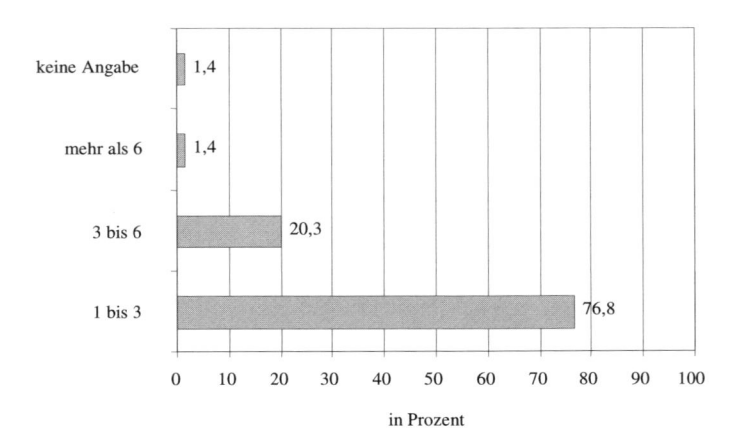

Kategorie	Prozent
keine Angabe	1,4
mehr als 6	1,4
3 bis 6	20,3
1 bis 3	76,8

in Prozent

Die Frage nach der Bedeutung von Praktika für die Einstellung beantworten 53,2 Prozent der befragten kommerziellen Einrichtungen mit „wichtig". Der kommerzielle Sektor weist bei der Antwortmöglichkeit „sehr wichtig" mit 12,8 Prozent einen ähnlichen Wert auf, wie die ersten beiden Sektoren. Wie im privatwirtschaftlich-gemeinnützigen Bereich ist auch bei den privatwirtschaftlich-kommerziellen Betrieben der Anteil der Befragten, die Praktika als eher unwichtig betrachten, mit 29,8 Prozent sehr hoch. Auch die Antwort „unwichtig" tritt mit 4,3 Prozent nahezu viermal häufiger auf, als in den übrigen Sektoren. Eventuell ist im kommerziellen Kulturbetrieb teilweise das Bild des kopierenden und Kaffee kochenden Praktikanten verbreitet, das dazu führt, dass Praktika im Lebenslauf von Bewerbern als weniger relevant und aussagekräftig gesehen werden.

10.3 Bewerbungskriterien

Abbildung 43: „*Welche Rolle spielen Praktika bei der Einstellung?*"
Antworten der privatwirtschaftlich-kommerziellen Kulturbetriebe

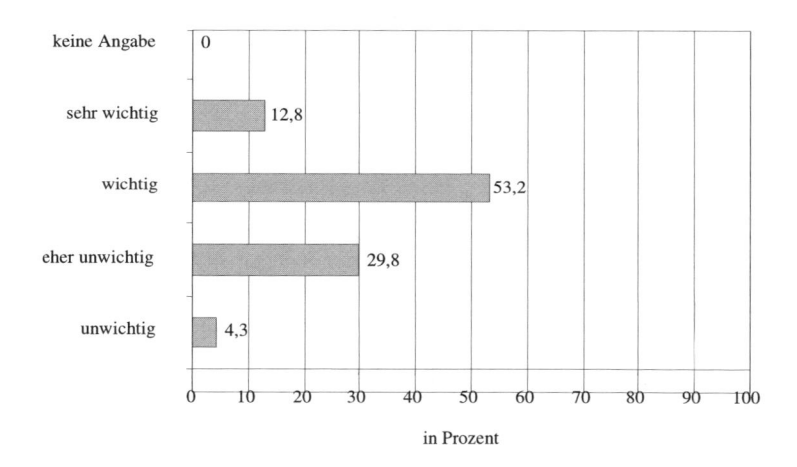

Kategorie	Prozent
keine Angabe	0
sehr wichtig	12,8
wichtig	53,2
eher unwichtig	29,8
unwichtig	4,3

in Prozent

Die Struktur der Antworten des privatwirtschaftlich-kommerziellen Bereichs ähnelt stark der des privatwirtschaftlich-gemeinnützigen Sektors: 57,4 Prozent sprechen sich für dreimonatige und 36,2 Prozent für sechsmonatige Praktika aus. Für 2,1 Prozent der Befragten, und damit nur halb so viele wie in den übrigen Sektoren, sind 12 Monate die optimale Dauer eines Praktikums. Keiner der Befragten befürwortet einmonatige Praktika. Die Antworten auf diese Frage korrespondieren wie bereits in den ersten beiden Sektoren mit den Angaben zur Rolle von Praktika bei der Einstellung und unterstreichen die tendenziell geringere Bedeutung von Praktika im kommerziellen Kulturbetrieb.

Abbildung 44: *„Wie lange sollte ein Praktikum dauern?" Antworten der privatwirtschaftlich-kommerziellen Kulturbetriebe*

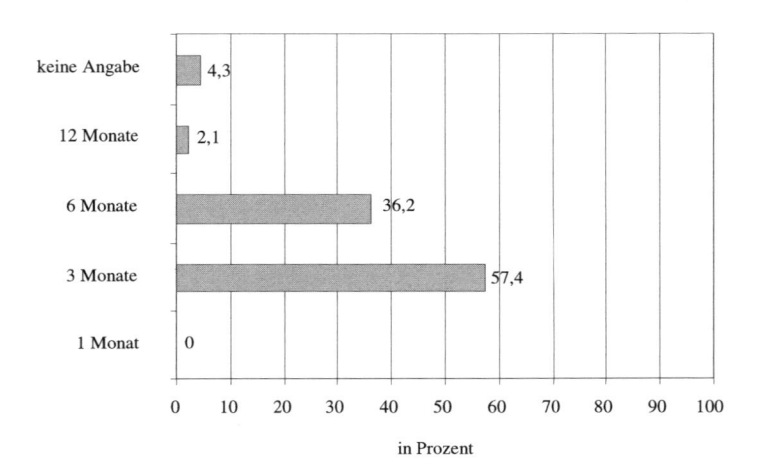

Dauer	in Prozent
keine Angabe	4,3
12 Monate	2,1
6 Monate	36,2
3 Monate	57,4
1 Monat	0

Die häufigste Antwort im privatwirtschaftlich-kommerziellen Kulturbereich ist, wie auch in den übrigen Sektoren, ein bis drei Praktika; mit einem Wert von 78,7 Prozent pendelt sich der kommerzielle Kulturbetrieb zwischen dem öffentlichen und gemeinnützigen ein. Im Vergleich zu den anderen beiden Gruppen von Befragten fällt die Zustimmung für drei bis sechs Praktika mit 10,6 Prozent hier am geringsten aus. Auffällig ist, dass keiner der Befragten mehr als sechs Praktika von einem Bewerber erwartet und ein hoher Anteil von 10,6 Prozent diese Frage nicht beantwortet hat. Diese Antwortverteilung könnte einmal mehr auf die vergleichsweise geringe Relevanz von Praktika im kommerziellen Sektor hinweisen.

10.3 Bewerbungskriterien 197

Abbildung 45: *„Was ist die ideale Anzahl an Praktika?" Antworten der privatwirtschaftlich-kommerziellen Kulturbetriebe*

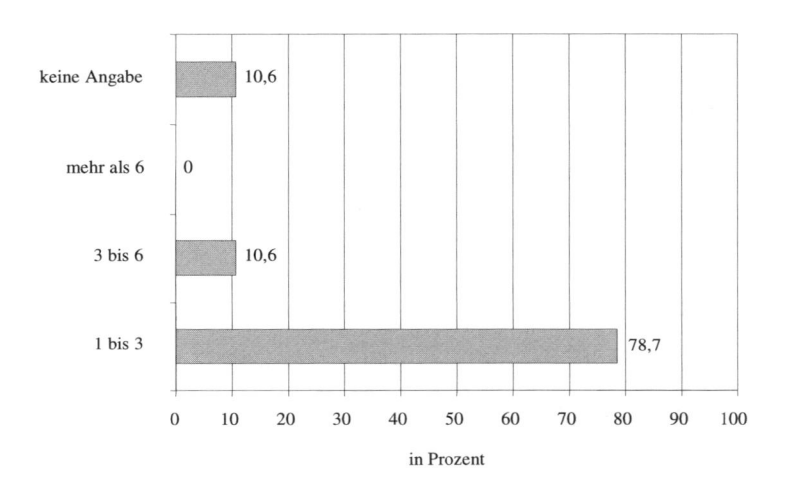

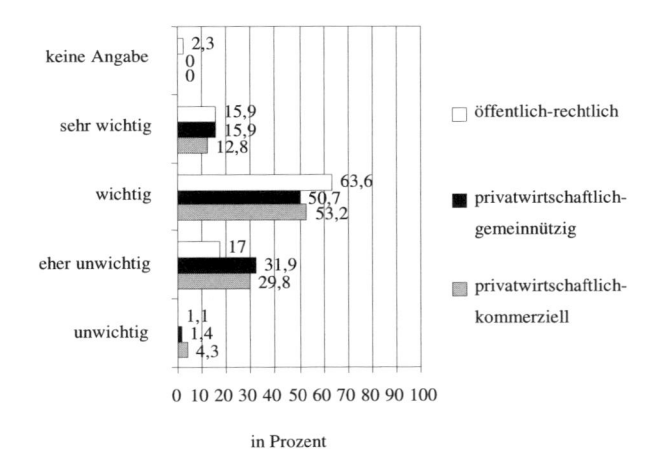

	in Prozent
keine Angabe	10,6
mehr als 6	0
3 bis 6	10,6
1 bis 3	78,7

Abbildung 46: „Welche Rolle spielen Praktika bei der Einstellung?" Antworten aller drei Kultursektoren

	öffentlich-rechtlich	privatwirtschaftlich-gemeinnützig	privatwirtschaftlich-kommerziell
keine Angabe	2,3	0	0
sehr wichtig	15,9	15,9	12,8
wichtig	63,6	50,7	53,2
eher unwichtig	17	31,9	29,8
unwichtig	1,1	1,4	4,3

in Prozent

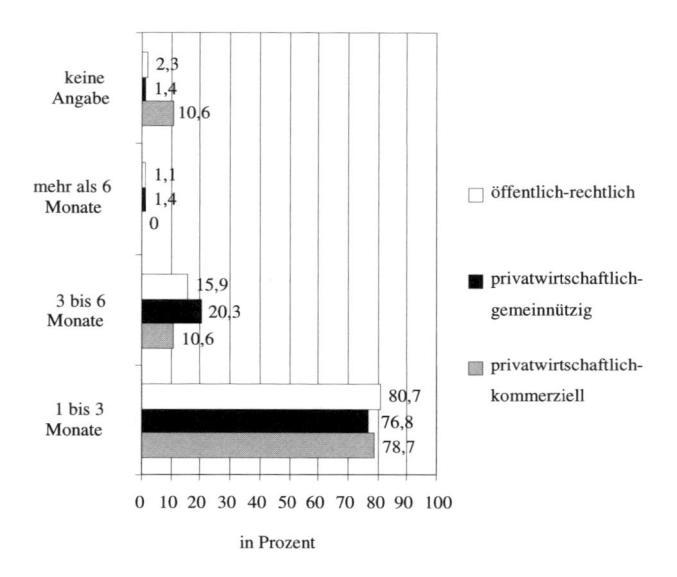

Abbildung 47: „Wie lange sollte ein Praktikum dauern?" Antworten aller drei Kultursektoren

Dauer	öffentlich-rechtlich	privatwirtschaftlich-gemeinnützig	privatwirtschaftlich-kommerziell
keine Angabe	2,3	1,4	10,6
mehr als 6 Monate	1,1	1,4	0
3 bis 6 Monate	15,9	20,3	10,6
1 bis 3 Monate	80,7	76,8	78,7

in Prozent

10.3 Bewerbungskriterien

Abbildung 48: „*Was ist die ideale Anzahl an Praktika?*" Antworten aller drei Kultursektoren

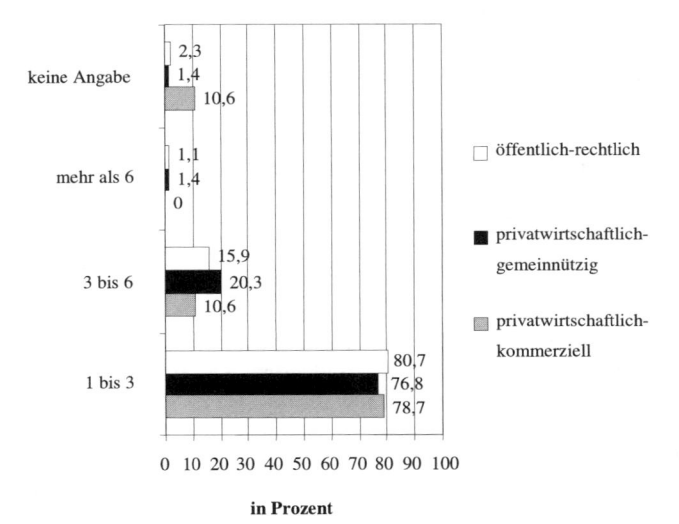

	öffentlich-rechtlich	privatwirtschaftlich-gemeinnützig	privatwirtschaftlich-kommerziell
keine Angabe	2,3	1,4	10,6
mehr als 6	1,1	1,4	0
3 bis 6	15,9	20,3	10,6
1 bis 3	80,7	76,8	78,7

in Prozent

10.3.3 Akademische Qualifikation und Abschlussarbeit

Mit der Frage „Wie wichtig sind folgende Qualifikationen?" wurde die Bedeutung verschiedener Qualifikationen für die Praxis und bei der Bewerbung abgefragt.

Im öffentlich-rechtlichen Kulturbereich wird der Bachelor mit 27,3 Prozent von einer Mehrheit für die praktische Arbeit für „eher wichtig" gehalten, 20,5 Prozent finden diesen Abschluss allerdings in der Praxis „eher nicht wichtig". Auch bei Bewerbungen wird der Bachelor als „eher nicht wichtig" (22,7 Prozent) und als „eher wichtig" (21,6 Prozent) angesehen (siehe Tabelle 36). Bei der Frage nach der Bedeutung des Bachelors für Praxis und Bewerbung sind die Häufungen bei der Antwortmöglichkeit „gar nicht" mit 15,9 Prozent und 10,2 Prozent auffallend hoch. Dies verdeutlicht die im öffentlichen Kultursektor weit verbreitete Skepsis gegenüber dem neuen Studienmodell Bachelor.

Die bislang üblichen Abschlüsse Magister und Diplom werden von 35,2 Prozent der Befragten für die praktische Arbeit und von 34,1 Prozent für die Bewerbung als „eher wichtig" erachtet, von jeweils 30,7 Prozent sogar als „wichtig".

Der Master/MBA erhält eine ähnliche, wenn auch nicht ganz so große Zustimmung wie Magister und Diplom: 33 Prozent beurteilen den Master/MBA für die praktische Arbeit als „eher wichtig" und 22,7 Prozent als „wichtig" und bei der Bewerbung halten 29,5 Prozent der Befragten diesen Abschluss für „eher wichtig" und 27,3 Prozent für „wichtig". Wichtig ist für den öffentlichen Kulturbetrieb demnach eine entsprechend ausgeprägte Hochschulausbildung, die die Dauer eines Bachelors von sechs Semestern übersteigt. Die traditionellen Abschlüsse Magister und Diplom sind eventuell deshalb besser anerkannt, weil die Informationen über die neueren Studienabschlüsse Master/MBA noch unzureichend sind.

Zwar ist für eine Mehrheit der öffentlichen Kulturinstitutionen von 22,7 Prozent eine Promotion „eher wichtig" für die praktische Arbeit, 21,6 Prozent sehen jedoch diesen akademischen Grad in der Praxis als „gar nicht wichtig" an. Bei der Bewerbung ist dieser Titel für 22,7 Prozent der Befragten „eher nicht" von Bedeutung, für 18,2 Prozent ist er „eher wichtig". Diese Antworten erstaunen, da in anderen Abteilungen öffentlicher Kultureinrichtungen, wie beispielsweise in der archäologischen Abteilung eines naturgeschichtlichen Museums, der Einsatz promovierter Mitarbeiter die Regel ist. Eventuell wird im Kulturmanagement eine Promotion als überflüssig gesehen, weil mit diesem Berufsfeld eher alltägliche Praxis als akademische Forschung verbunden wird.

Das Thema der Abschlussarbeit wird mehrheitlich für die praktische Arbeit und für die Bewerbung als „eher wichtig" betrachtet (26,1 Prozent und 31,8

10.3 Bewerbungskriterien

Prozent), für 29,5 Prozent der Befragten ist es in der Bewerbungssituation sogar „wichtig".

Zusammenfassend ist festzustellen, dass im öffentlich-rechtlichen Kulturbereich der Bachelor am wenigsten anerkannt ist, der Master/MBA mittelmäßig und die ältere Form des Hochschulabschlusses, der Magister bzw. das Diplom, am meisten geschätzt wird. Die Promotion wird sowohl für die praktische Arbeit als auch für die Bewerbung als weniger wichtig erachtet. Das Thema der Abschlussarbeit ist für die Betriebe des öffentlichen Sektors tendenziell wichtig.

Tabelle 36: „Wie wichtig sind folgende Qualifikationen?" Antworten der öffentlich-rechtlichen Kulturbetriebe

	gar nicht	nicht	eher nicht	eher wichtig	wichtig	ganz wichtig	k.A.
Bachelor							
für die praktische Arbeit	15,9%	9,1%	20,5%	**27,3%**	11,4%	4,5%	11,4%
bei der Bewerbung	10,2%	3,4%	**22,7%**	21,6%	18,2%	5,7%	18,2%
Magister/Diplom							
für die praktische Arbeit	6,8%	5,7%	8,0%	**35,2%**	30,7%	3,4%	10,2%
bei der Bewerbung	2,3%	0%	8,0%	**34,1%**	30,7%	8,0%	17,0%
Master/MBA							
für die praktische Arbeit	9,1%	10,2%	10,2%	**33,0%**	22,7%	4,5%	10,2%
bei der Bewerbung	4,5%	2,3%	12,5%	**29,5%**	27,3%	8,0%	15,9%
Promotion							
für die praktische Arbeit	21,6%	18,2%	14,8%	**22,7%**	12,5%	4,5%	5,7%
bei der Bewerbung	14,8%	10,2%	22,7%	**18,2%**	14,8%	8,0%	11,4%
Thema der Abschlussarbeit							
für die praktische Arbeit	10,2%	9,1%	23,9%	**26,1%**	22,7%	1,1%	6,8%
bei der Bewerbung	5,7%	4,5%	14,8%	**31,8%**	29,5%	9,1%	4,5%

Ebenso wie im öffentlichen Kulturbereich spricht sich eine Mehrheit der privatwirtschaftlich-gemeinnützigen Kulturbetriebe für den Bachelor als „eher wichtig" für die praktische Arbeit aus (27,5 Prozent), 26,1 Prozent halten diesen Abschluss für „eher nicht wichtig". Im gemeinnützigen Sektor gilt der Bachelor für die Bewerbung tendenziell als „eher wichtig" (33 Prozent) im Vergleich zu „eher nicht wichtig" im öffentlichen Kulturbereich, jedoch beurteilt ihn ein relativ hoher Anteil von 29 Prozent der gemeinnützigen Institutionen ebenfalls als „eher nicht wichtig". Die Prozentzahl bei der Antwortmöglichkeit „gar nicht" ist niedriger als im öffentlichen Sektor, was für eine höhere Akzeptanz des Bachelors im gemeinnützigen Bereich spricht.

26,1 Prozent der Befragten sehen den Magister bzw. das Diplom für die Praxis und 36,2 Prozent für die Bewerbung als „eher wichtig" an und entscheiden sich damit mehrheitlich genauso wie die öffentlichen Einrichtungen.

Auch bei der Beurteilung des Masters/MBA entsprechen sich die Meinungen der beiden Sektoren:,,Eher wichtig" ist dieser Abschluss für 30,4 Prozent der gemeinnützigen Betriebe für die alltägliche Arbeit und für 33,3 Prozent in der Bewerbungsphase. Mit 23,2 Prozent und 24,6 Prozent sind darüber hinaus hohe Werte für die Antwortmöglichkeit „wichtig" festzustellen, damit wird der Master/MBA sogar ein wenig besser bewertet als Magister und Diplom. Vielleicht ist der Informationsstand in gemeinnützigen Kulturbetrieben, was die EU-einheitlichen Studienanschlüsse betrifft, höher als in öffentlichen Einrichtungen.

Eine Promotion ist für 37,7 Prozent der Befragten für die Praxis „eher nicht wichtig" und für 17,4 Prozent sogar „gar nicht wichtig". Bei der Bewerbung beurteilt eine Mehrheit von 34,8 Prozent diesen akademischen Rang als „eher nicht wichtig" und 18,8 Prozent sehen ihn dagegen als „eher wichtig" an. Auch hier könnte der Grund dafür sein, dass Kulturmanagement eher als praxisnaher Tätigkeitsbereich denn als wissenschaftlich geprägte Disziplin betrachtet wird.

In der Praxis bewerten 43,5 Prozent der gemeinnützigen Institutionen das Thema der Abschlussarbeit als „eher nicht wichtig" und 17,4 Prozent als „eher wichtig", bei der Bedeutung dieses Aspekts in der Bewerbungssituation sprechen sich 37,7 Prozent für „eher nicht wichtig" und 26,1 Prozent für „eher wichtig" aus.

Insgesamt kann der Schluss gezogen werden, dass der Bachelor für den gemeinnützigen Sektor, genauso wie für den öffentlich-rechtlichen Kulturbereich, eine eher geringere Bedeutung hat. Bei den gemeinnützigen Institutionen können weniger Vorbehalte gegenüber dem neuen Abschluss Master/MBA festgestellt werden: Magister/Diplom und Master/MBA werden hier in etwa gleich bewertet. Wie im öffentlichen so ist auch im gemeinnützigen Sektor die Promotion für die Praxis und die Bewerbung eher weniger wichtig. Das Thema der Abschlussarbeit ist zwar für die befragten gemeinnützigen Betriebe etwas weniger relevant als für die öffentlichen Kultureinrichtungen, aber dennoch nicht vollkommen unwichtig.

10.3 Bewerbungskriterien

Tabelle 37: „Wie wichtig sind folgende Qualifikationen?" Antworten der privatwirtschaftlich-gemeinnützigen Kulturbetriebe

	gar nicht	nicht	eher nicht	eher wichtig	wichtig	ganz wichtig	k.A.
Bachelor							
für die praktische Arbeit	13,0%	7,2%	26,1%	**27,5%**	13,0%	4,3%	8,7%
bei der Bewerbung	8,7%	5,8%	29,0%	**33,3%**	8,7%	5,8%	8,7%
Magister/Diplom							
für die praktische Arbeit	8,7%	7,2%	23,2%	**26,1%**	21,7%	5,8%	7,2%
bei der Bewerbung	5,8%	5,8%	15,9%	**36,2%**	23,2%	5,8%	7,2%
Master/MBA							
für die praktische Arbeit	8,7%	7,2%	18,8%	**30,4%**	23,2%	4,3%	7,2%
bei der Bewerbung	5,8%	5,8%	15,9%	**33,3%**	24,6%	7,2%	7,2%
Promotion							
für die praktische Arbeit	17,4%	14,5%	**37,7%**	10,1%	8,7%	4,3%	7,2%
bei der Bewerbung	13,0%	10,1%	**34,8%**	18,8%	13,0%	2,9%	7,2%
Thema der Abschlussarbeit							
für die praktische Arbeit	11,6%	14,5%	**43,5%**	17,4%	11,6%	1,4%	0%
bei der Bewerbung	4,3%	8,7%	**37,7%**	26,1%	18,8%	2,9%	1,4%

Wie die ersten beiden Sektoren beurteilt auch der kommerzielle Kulturbereich den Bachelor für die Praxis vor allem als „eher wichtig" (38,3 Prozent) bzw. „eher nicht wichtig" (34 Prozent) und bei der Bewerbung als „eher wichtig" (29,8 Prozent) bzw. „eher nicht wichtig" (38,3 Prozent). Auffällig niedrig sind die Werte bei der Antwortmöglichkeit „gar nicht" mit jeweils 4,3 Prozent. Die kommerziellen Einrichtungen scheinen von allen drei Befragungsgruppen am wenigsten Vorbehalte gegen diese neue Art des Hochschulabschlusses zu haben.

Zwar bewertet wie im öffentlichen und gemeinnützigen Bereich eine Mehrheit den Magister bzw. das Diplom als „eher wichtig" für die praktische Arbeit und die Bewerbung (34 Prozent und 29,8 Prozent), mit 25,5 Prozent und 27,7 Prozent ist jedoch die Antwort „eher nicht" ebenfalls stark vertreten.

Der Master/MBA wird im kommerziellen Sektor als „eher wichtig" für die Praxis mit 40,4 Prozent und für die Bewerbung mit 29,8 Prozent gesehen. Allerdings sind 29,8 Prozent und 31,9 Prozent der Befragten der Meinung, dass dieser Abschluss für die praktische Arbeit und die Bewerbungsphase „eher nicht wichtig" ist. Da Magister/Diplom und Master/MBA in etwa gleich bewertet werden, ist davon auszugehen, dass den kommerziellen Kulturbetrieben beide Formen der Hochschulabschlüsse bekannt sind.

Ähnlich wie im gemeinnützigen Bereich wird von den kommerziellen Institutionen eine Promotion für die Praxis und die Bewerbung mehrheitlich als „eher nicht wichtig" betrachtet (jeweils 29,8 Prozent). Für 25,5 Prozent der Befragten ist dieser akademische Grad jedoch „eher wichtig" für die alltägliche Arbeit und für 21,3 Prozent auch in der Bewerbungssituation „eher wichtig". Damit ist ein Doktortitel im kommerziellen Sektor für die Bewerbung interessanterweise von vergleichbarer Relevanz wie im öffentlichen Kulturbereich und für die Praxis weitaus bedeutsamer als im gemeinnützigen Kulturbetrieb.

Das Thema der Abschlussarbeit ist mit 38,3 Prozent der Antworten für „eher wichtig" in der Praxis und 48,9 Prozent für „eher wichtig" in der Bewerbungssituation von weitaus höherer Bedeutung als im gemeinnützigen Sektor. Vermutlich sind kommerzielle Betriebe aufgrund ihrer Anbindung an und damit auch Abhängigkeit von dem Markt auf neueste Ergebnisse aus der Forschung seien es Abschlussarbeiten oder Dissertationen angewiesen, die ihnen einen gewissen Vorsprung vor der Konkurrenz und damit einen Wettbewerbsvorteil verschaffen.

Es lässt sich folgern, dass der Bachelor im kommerziellen Sektor wenig anerkannt ist und teilweise auf große Skepsis stößt. Nur wenig wichtiger sind für die kommerziellen Einrichtungen gleichermaßen Magister/Diplom und Master/MBA. Verhältnismäßig bedeutsam ist eine Promotion, die im Vergleich zu den übrigen Hochschulabschlüssen nur geringfügig als weniger bedeutsam beurteilt wurde. Mit seiner Bewertung des Themas der Abschlussarbeit liegt der kommerzielle Sektor zwischen dem öffentlichen Kulturbetrieb, der diesen Aspekt als „eher wichtig" empfindet, und den gemeinnützigen Einrichtungen, die dieses Kriterium als „eher nicht wichtig" erachten.

10.3 Bewerbungskriterien

Tabelle 38: „Wie wichtig sind folgende Qualifikationen?" Antworten der privatwirtschaftlich-kommerziellen Kulturbetriebe

	gar nicht	nicht	eher nicht	eher wichtig	wichtig	ganz wichtig	k.A.
Bachelor							
für die praktische Arbeit	4,3%	8,5%	34,0%	**38,3%**	6,4%	4,3%	4,3%
bei der Bewerbung	4,3%	0%	**38,3%**	29,8%	17,0%	4,3%	6,4%
Magister/Diplom							
für die praktische Arbeit	6,4%	6,4%	25,5%	**34,0%**	21,3%	2,1%	4,3%
bei der Bewerbung	2,1%	0%	27,7%	**29,8%**	25,5%	6,4%	8,5%
Master/MBA							
für die praktische Arbeit	4,3%	8,5%	29,8%	**40,4%**	2,1%	4,3%	10,6%
bei der Bewerbung	2,1%	2,1%	**31,9%**	29,8%	17,0%	4,3%	12,8%
Promotion							
für die praktische Arbeit	14,9%	12,8%	**29,8%**	25,5%	6,4%	2,1%	8,5%
bei der Bewerbung	6,4%	10,6%	**29,8%**	21,3%	19,1%	0%	12,8%
Thema der Abschlussarbeit							
für die praktische Arbeit	10,6%	6,4%	**38,3%**	**38,3%**	4,3%	0%	2,1%
bei der Bewerbung	6,4%	6,4%	17,0%	**48,9%**	19,1%	0%	2,1%

Insgesamt sind für den öffentlich-rechtlichen Kulturbetrieb die jeweiligen Hochschulabschlüsse der Bewerber sehr relevant, der privatwirtschaftlich-gemeinnützige Kulturbetrieb misst ihnen etwas weniger Bedeutung bei und im sektoralen Vergleich sind Hochschulabschlüsse für die befragten kommerziellen Institutionen am wenigsten bedeutsam, mit Ausnahme der Promotion.

10.3.4 Bewerbungsgespräch

Die entscheidende Hürde, die auf dem Weg in ein Arbeitsverhältnis genommen werden muss, ist das Bewerbungsgespräch. Die gilt auch für Kulturmanager. Vor diesem Hintergrund widmet sich der vorliegende Teil der Frage, worauf Personalverantwortliche von Kulturbetrieben im Vorstellungsgespräch ihr besonderes Augenmerk richten.

Von 88 Befragten aus dem öffentlich-rechtlichen Sektor haben 45,5 Prozent angegeben, dass sie beim Einstellungsgespräch vorrangig auf Sozialkompetenz („gut im Umgang mit Menschen") achten. Damit handelt es sich um das am meisten beachtete Merkmal bei den Befragten des öffentlich-rechtlichen Sektors. Mit einem Abstand von ca. 10 Prozent und mehr schließen dann Verantwortungsgefühl/Fähigkeit, Verantwortung zu übernehmen mit 36,4 Prozent, eigenständige Persönlichkeit mit 35,2 Prozent, Kommunikationsfähigkeit/Eloquenz und Organisationsgeschick mit je 34,1 Prozent, Eigeninitiative und Motivation mit 33 Prozent und die Identifikation mit den Leitbildern/Zielen des Kulturbetriebes mit 30,7 Prozent an. Qualifikationen, die mit weniger als 20 Prozent der Befragten als insgesamt eher unbedeutend beurteilt wurden, sind Höflichkeit/Umgangsformen mit 9,1 Prozent, selbstbewusstes Auftreten und realistische Selbsteinschätzung mit je 8 Prozent, Körpersprache mit 6,8 Prozent, äußere Erscheinung, Kritikfähigkeit und gesellschaftliches/soziales Engagement mit jeweils 5,7 Prozent und Sensibilität mit 4,5 Prozent. Mit 1,1 Prozent wird im öffentlich-rechtlichen Sektor auf Pünktlichkeit am wenigsten geachtet.

10.3 Bewerbungskriterien

Abbildung 49: „Stellen Sie sich vor, Sie führen ein Einstellungsgespräch. Auf was würden Sie vorrangig achten?" Antworten der öffentlich-rechtlichen Kulturbetriebe

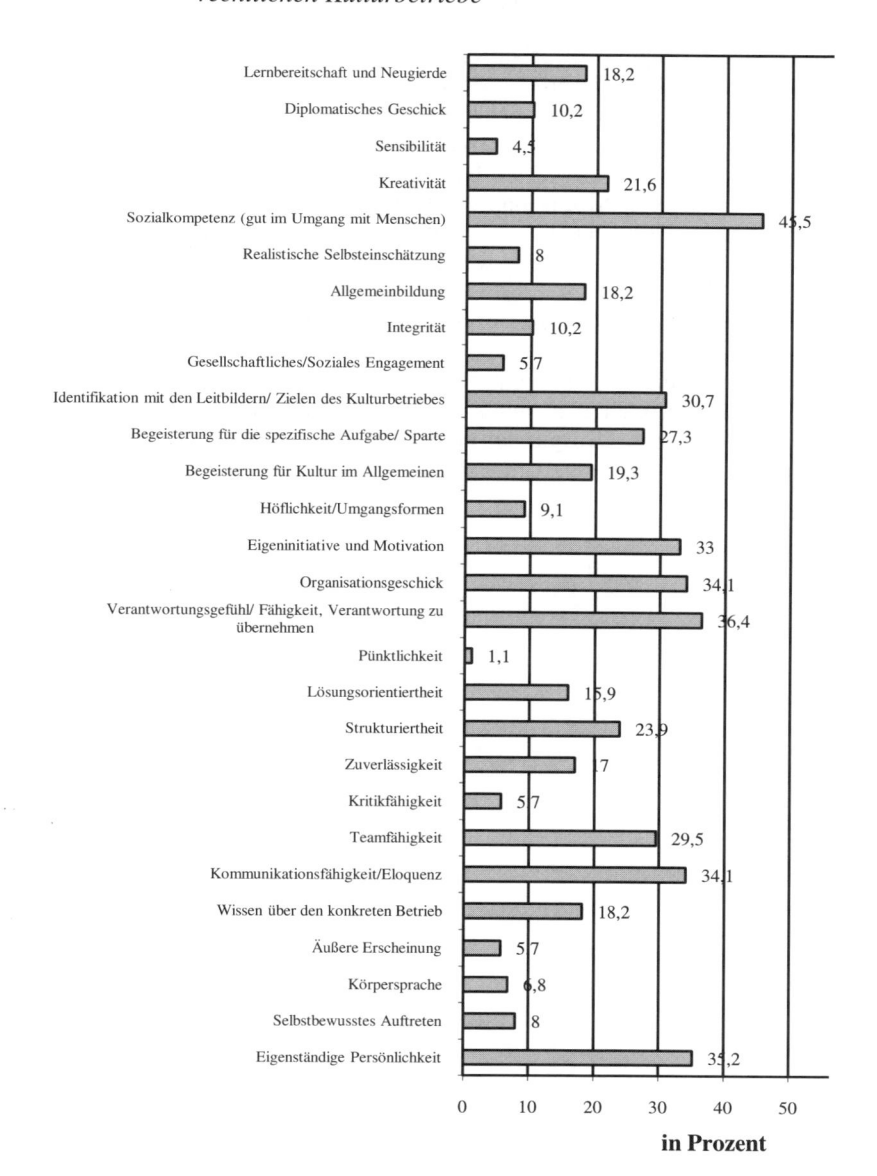

Kriterium	in Prozent
Lernbereitschaft und Neugierde	18,2
Diplomatisches Geschick	10,2
Sensibilität	4,5
Kreativität	21,6
Sozialkompetenz (gut im Umgang mit Menschen)	45,5
Realistische Selbsteinschätzung	8
Allgemeinbildung	18,2
Integrität	10,2
Gesellschaftliches/Soziales Engagement	5,7
Identifikation mit den Leitbildern/ Zielen des Kulturbetriebes	30,7
Begeisterung für die spezifische Aufgabe/ Sparte	27,3
Begeisterung für Kultur im Allgemeinen	19,3
Höflichkeit/Umgangsformen	9,1
Eigeninitiative und Motivation	33
Organisationsgeschick	34,1
Verantwortungsgefühl/ Fähigkeit, Verantwortung zu übernehmen	36,4
Pünktlichkeit	1,1
Lösungsorientiertheit	15,9
Strukturiertheit	23,9
Zuverlässigkeit	7
Kritikfähigkeit	5,7
Teamfähigkeit	29,5
Kommunikationsfähigkeit/Eloquenz	34,1
Wissen über den konkreten Betrieb	18,2
Äußere Erscheinung	5,7
Körpersprache	6,8
Selbstbewusstes Auftreten	8
Eigenständige Persönlichkeit	35,2

Auch im privatwirtschaftlich-gemeinnützigen Sektor steht Sozialkompetenz (gut im Umgang mit Menschen) mit 44,9 Prozent an erster Stelle. Mit 42 Prozent schließt Verantwortungsgefühl/Fähigkeit, Verantwortung zu übernehmen als ein weiteres Merkmal an die Spitze auf. Auch die Anzahl der Merkmale, denen 30-40 Prozent der Befragten im privatwirtschaftlich-gemeinnützigen Sektor vorrangig Beachtung schenken, erhöht sich gegenüber dem öffentlich-rechtlichen Sektor. Auf eigenständige Persönlichkeit sowie Eigeninitiative und Motivation entfallen jeweils 37,7 Prozent. Kommunikationsfähigkeit/Eloquenz liegen bei 36,2 Prozent, Organisationsgeschick bei 34,8 Prozent, Teamfähigkeit und Zuverlässigkeit bei je 31,9 Prozent und die Begeisterung für die spezifische Aufgabe/Sparte bei 30,4 Prozent. 13 Merkmale, und damit vier weniger als im öffentlich-rechtlichen Sektor, finden weniger als 20 Prozent Beachtung. Dazu gehören Kreativität mit 18,8 Prozent, Höflichkeit/Umgangsformen mit 15,9 Prozent, gesellschaftliches/soziales Engagement, diplomatisches Geschick und Allgemeinbildung mit je 14,5 Prozent, äußere Erscheinung und realistische Selbsteinschätzung mit je 13 Prozent, Integrität mit 11,6 Prozent, Körpersprache mit 8,7 Prozent, Kritikfähigkeit mit 7,2 Prozent, Pünktlichkeit und Sensibilität mit jeweils 4,3 Prozent. Den geringsten Stellenwert genießt bei den Befragten des privatrechtlich-gemeinnützigen Sektors selbstbewusstes Auftreten mit 2,9 Prozent.

10.3 Bewerbungskriterien 209

Abbildung 50: *„Stellen Sie sich vor, Sie führen ein Einstellungsgespräch. Auf was würden Sie vorrangig achten?"* Antworten der privatwirtschaftlich-gemeinnützigen Kulturbetriebe

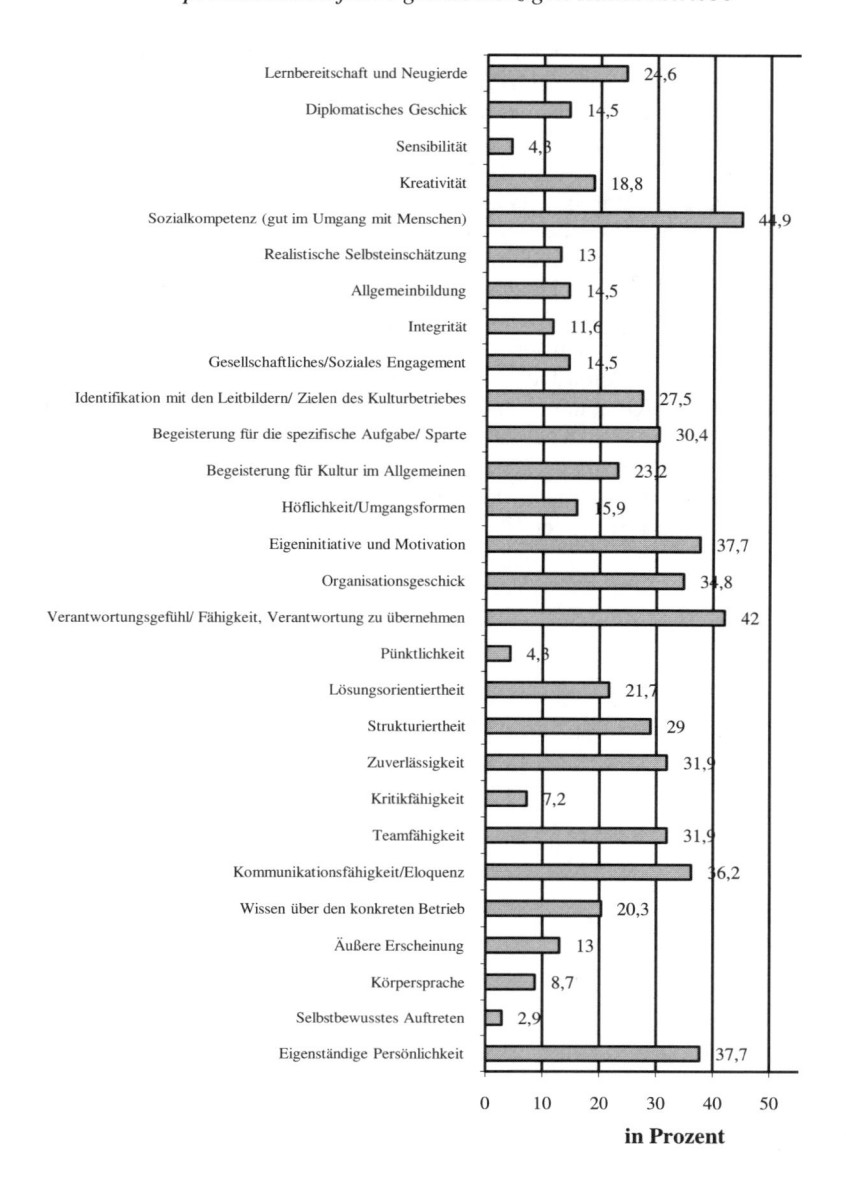

Kriterium	in Prozent
Lernbereitschaft und Neugierde	24,6
Diplomatisches Geschick	14,5
Sensibilität	4,3
Kreativität	18,8
Sozialkompetenz (gut im Umgang mit Menschen)	44,9
Realistische Selbsteinschätzung	13
Allgemeinbildung	14,5
Integrität	11,6
Gesellschaftliches/Soziales Engagement	14,5
Identifikation mit den Leitbildern/ Zielen des Kulturbetriebes	27,5
Begeisterung für die spezifische Aufgabe/ Sparte	30,4
Begeisterung für Kultur im Allgemeinen	23,2
Höflichkeit/Umgangsformen	15,9
Eigeninitiative und Motivation	37,7
Organisationsgeschick	34,8
Verantwortungsgefühl/ Fähigkeit, Verantwortung zu übernehmen	42
Pünktlichkeit	4,3
Lösungsorientiertheit	21,7
Strukturiertheit	29
Zuverlässigkeit	31,9
Kritikfähigkeit	7,2
Teamfähigkeit	31,9
Kommunikationsfähigkeit/Eloquenz	36,2
Wissen über den konkreten Betrieb	20,3
Äußere Erscheinung	13
Körpersprache	8,7
Selbstbewusstes Auftreten	2,9
Eigenständige Persönlichkeit	37,7

Auch im privatwirtschaftlich-kommerziellen Sektor finden bei den 47 Befragten zwei Merkmale im Bewerbungsgespräch die größte Beachtung und zwar gleich stark mit 42,6 Prozent. Es handelt sich dabei um die eigenständige Persönlichkeit und Verantwortungsgefühl/Fähigkeit, Verantwortung zu übernehmen. Im Vergleich zu den beiden vorherigen Sektoren hat der privatwirtschaftlich-kommerzielle Sektor mit vier Merkmalen die kleinste Anzahl, die von 30-40 Prozent der Befragten beachtet wird. Sie lauten Kommunikationsfähigkeit/ Eloquenz mit 36,2 Prozent, Teamfähigkeit und Sozialkompetenz („gut im Umgang mit Menschen") mit jeweils 34 Prozent sowie Eigeninitiative und Motivation mit 31,9 Prozent. Wie bereits im öffentlich-rechtlichen Sektor sind es auch hier wieder 17 Merkmale, die von weniger als 20 Prozent der Befragten des privatwirtschaftlich-kommerziellen Sektors vorrangig beachtet werden. Dazu zählen Lernbereitschaft und Neugierde mit 19,1 Prozent, äußere Erscheinung mit 17 Prozent, Wissen über den konkreten Betrieb, Allgemeinbildung, Kreativität und realistische Selbsteinschätzung mit jeweils 14,9 Prozent, Strukturiertheit mit 12,8 Prozent, Pünktlichkeit und selbstbewusstes Auftreten mit je 10,6 Prozent, Höflichkeit/Umgangsformen, diplomatisches Geschick und Körpersprache mit je 8,5 Prozent, Kritikfähigkeit und Integrität mit je 6,4 Prozent und Sensibilität mit 4,3 Prozent.

Gesellschaftlichem/Sozialem Engagement schenken die Befragten des privatwirtschaftlich-kommerziellen Sektors beim Vorstellungsgespräch keinerlei Beachtung.

10.3 Bewerbungskriterien

Abbildung 51: „*Stellen Sie sich vor, Sie führen ein Einstellungsgespräch. Auf was würden Sie vorrangig achten?*" Antworten der privatwirtschaftlich-kommerziellen Kulturbetriebe

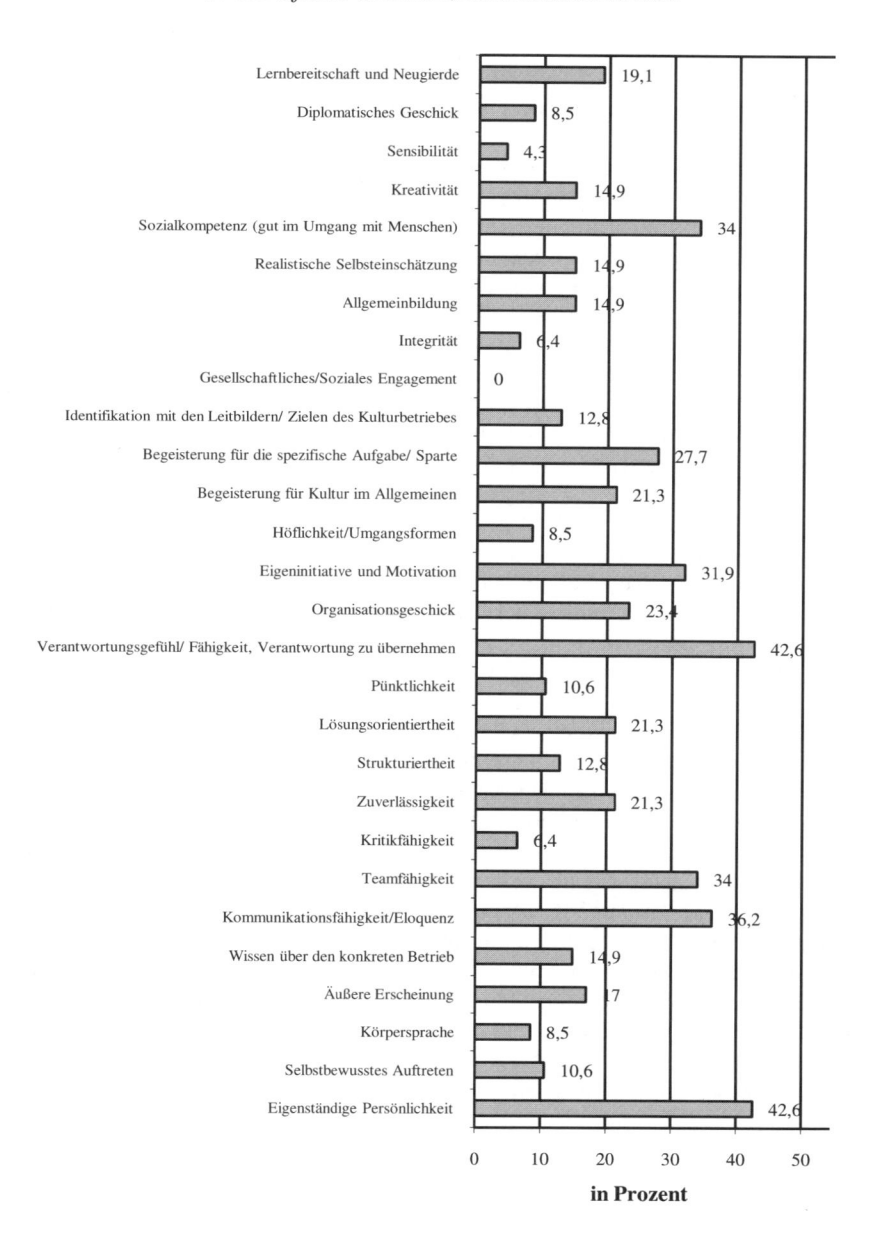

Kriterium	in Prozent
Lernbereitschaft und Neugierde	19,1
Diplomatisches Geschick	8,5
Sensibilität	4,3
Kreativität	14,9
Sozialkompetenz (gut im Umgang mit Menschen)	34
Realistische Selbsteinschätzung	14,9
Allgemeinbildung	14,9
Integrität	6,4
Gesellschaftliches/Soziales Engagement	0
Identifikation mit den Leitbildern/ Zielen des Kulturbetriebes	12,8
Begeisterung für die spezifische Aufgabe/ Sparte	27,7
Begeisterung für Kultur im Allgemeinen	21,3
Höflichkeit/Umgangsformen	8,5
Eigeninitiative und Motivation	31,9
Organisationsgeschick	23,4
Verantwortungsgefühl/ Fähigkeit, Verantwortung zu übernehmen	42,6
Pünktlichkeit	10,6
Lösungsorientiertheit	21,3
Strukturiertheit	12,8
Zuverlässigkeit	21,3
Kritikfähigkeit	6,4
Teamfähigkeit	34
Kommunikationsfähigkeit/Eloquenz	36,2
Wissen über den konkreten Betrieb	14,9
Äußere Erscheinung	17
Körpersprache	8,5
Selbstbewusstes Auftreten	10,6
Eigenständige Persönlichkeit	42,6

Nach näherer Betrachtung der drei Sektoren lassen sich folgende Aspekte festhalten:

Erstens lässt sich kein Merkmal bestimmen, das sektorenübergreifend konsequent gleich hohe Beachtung genießt. Trotz der Übereinstimmung des Merkmals Sozialkompetenz („gut im Umgang mit Menschen") im öffentlich-rechtlichen und im privatwirtschaftlich-gemeinnützigen Sektor werden insgesamt in jedem Sektor andere Merkmale priorisiert.

Zweitens trifft in keinem der Sektoren ein Merkmal auf eine Zustimmung von mehr als 50 Prozent. Somit gibt es keine Zuspitzung auf ein Merkmal, das für den jeweiligen Sektor von herausragender Bedeutung wäre. Gerade bei Kompetenzen wie „Wissen über den konkreten Betrieb", „Begeisterung für Kultur im Allgemeinen" und „Begeisterung für die spezifische Aufgabe/Sparte", die auf Interesse, Emphase, Leidenschaft eben auf den gewissen „Stallgeruch" des Bewerbers oder der Bewerberin hinweisen, wäre eine größere Beachtung zu erwarten gewesen. Für das Bewerbungsgespräch spielen diese Merkmale offensichtlich keine zentrale Rolle. Vielmehr bildet sich für jeden Sektor ein breit gefächerter Pool von Eigenschaften heraus, die beim Vorstellungsgespräch Beachtung finden. Folglich werden eher Leute gesucht, die verschiedene Kompetenzen solide beherrschen, als solche, die nur über ein Merkmal verfügen, dies aber dafür sehr gut.

Drittens ist besonders auffällig, dass das Merkmal „Äußere Erscheinung" mit 5,7 Prozent im öffentlich-rechtlichen Sektor, mit 13 Prozent im privatwirtschaftlich-gemeinnützigen Sektor und mit 17 Prozent im privatwirtschaftlich-kommerziellen Sektor in einer unerwartet niedrigen Ausprägung vorliegt. Ein Erklärungsansatz dafür wäre, dass sich hier die soziale Erwünschtheit widerspiegelt, den Bewerber oder die Bewerberin eben nicht nach Äußerlichkeit zu beurteilen. Eine weitere Erklärung könnte sein, dass dies eine Konsequenz aus der Debatte über das Allgemeine Gleichbehandlungsgesetz (AGG) ist und sich dadurch eine besondere Sensibilität entwickelt hat.

Viertens ist aus kulturmanagerialer Sicht besonders die unerwartete Stellung des Merkmals „Identifikation mit den Leitbildern/Zielen des Kulturbetriebes" von Bedeutung. Die Entwicklung von Mission, Vision, Leitbildern und Zielen ist eine Aufgabe, die am weitesten und konsequentesten ausgearbeitet im privatwirtschaftlich-kommerziellen Sektor zu erwarten ist. Betriebe aus diesem Sektor müssen sich stets legitimieren und ihre strategische Ausrichtung regelmäßig überprüfen. Leitbilder und klare Zielvorgaben sind dabei unerlässlich. Nur so können sie sich am Markt langfristig behaupten. Aufgrund von Subventionen im öffentlich-rechtlichen Sektor und des allgemein anerkannten hohen Stellenwertes der Gemeinnützigkeit als Legitimation im privatwirtschaftlich-gemeinnützigen Sektor können sich dagegen Betriebe dieser Sektoren bislang der Entwicklung von Leitbildern und Zielen verweigern. Folglich wäre zu erwarten, dass privatwirtschaftlich-kommerzielle Betriebe gesteigerten Wert auf die „Identifikation mit Leitbildern/Zielen des Kulturbetriebes" legen, als es Betriebe aus dem öffentlich-rechtlichen bzw. dem privatwirtschaftlich-gemeinnützigen Sektor tun. Umso auffälliger ist, dass das Merkmal „Identifikation mit Leitbildern/Zielen des Kulturbetriebes" bei den Befragten im privatwirtschaftlich-kommerziellen Sektor mit 12,8 Prozent am schwächsten und mit 30,7 Prozent im öffentlich-rechtlichen Sektor am stärksten ausgeprägt ist.

10.4 Zusammenfassung und Typologie

Der ideale Kulturmanager für öffentlich-rechtliche Kulturbetriebe...

- ...ist kommunikativ, belastbar, offen und tolerant. Er verfügt darüber hinaus über Organisationsfähigkeit, strukturiertes Denken und ein sicheres Auftreten (persönlich-soziale Kompetenzen).
- ...verfügt über methodische und theoretische Kompetenzen wie Selbst- und Zeitmanagement, was ihm ein effektives und zielorientiertes Handeln im Umgang mit den internen und externen Akteuren des Kulturbetriebes ermöglicht. Er ist in der Lage, Krisen und Konflikten zu begegnen und diese in adäquater Form zu meistern. Die Fähigkeit, vernetzt zu denken, erweist sich hierbei als eines der zentralen Instrumente (methodisch-fachliche Kompetenzen).
- ...wird in der Zukunft einen verstärkten Wert auf Vermittlungsfähigkeit, sowohl auf nationaler wie internationaler Ebene dank seiner gut ausgeprägten Fremdsprachenkenntnisse, legen können (zukünftig wichtige Kompetenzen).
- ...vermittelt im Vorstellungsgespräch, dass er ein Gefühl für den richtigen Umgang mit Menschen hat, gerne Verantwortung übernimmt und eine eigenständige Persönlichkeit besitzt (Bewerbungsgespräch).
- ...verfügt über soziale Kompetenzen und kann umfassende Sprachkenntnisse, Berufserfahrung und vielfältige Erfahrungen außerhalb des Berufes und des Kulturbereichs vorweisen. Seine Bewerbungsunterlagen sind ordentlich, gestaltet und geben Einblicke in seinen klaren und stringenten Lebenslauf, der darüber hinaus auch Kreativität erahnen lässt (schriftliche Bewerbung).
- ... hat zwischen ein bis drei Praktika, absolviert, wovon das eine oder andere sechs Monate dauerte (Praxiserfahrung).
- ...verfügt über einen Magister oder ein Diplom und besitzt eventuell sogar den Doktortitel. Das Thema seiner Abschlussarbeit steht in Verbindung mit

der Tätigkeit des Kulturbetriebes, bei dem er sich bewirbt (akademische Qualifikation und Abschlussarbeit).

Der ideale Kulturmanager für privatwirtschaftlich-gemeinnützige Kulturbetriebe...

- ...ist ein Organisationstalent, stellt in seinem Denken Zusammenhänge und Strukturen her und tritt souverän auf. Er ist sehr kommunikativ und belastbar und ist fähig, Entscheidungen zu treffen und in Konfliktphasen zu vermitteln (persönlich-soziale Kompetenzen).
- ...ist ein Meister im Umgang mit Öffentlichkeitsarbeit und PR und weist breit gefächerte Kenntnisse in Organisation und Medien sowie die Fähigkeit, vernetzt zu denken auf. Seine kommunikative Art erleichtert ihm den Umgang mit internen und externen Akteuren des Kulturmetiers und verleiht ihm die Rolle des Mediators (methodisch-fachliche Kompetenzen).
- ...wird in Zukunft bemüht sein, sein Handeln weiterhin noch zielorientiert zu gestalten und seine Vermittlungsfähigkeit noch stärker zum Einsatz bringen als bisher (zukünftig wichtige Kompetenzen).
- ...ist in seiner Persönlichkeit eigenständig und weist Sozialkompetenz und Verantwortungsbewusstsein auf (Bewerbungsgespräch).
- ...hat bereits verschiedenste Erfahrungen im Berufsleben, aber auch außerhalb des Kulturbetriebes und seiner Arbeit gesammelt und dabei soziale Kompetenzen erworben. Seine Stärken schildert er gekonnt und überzeugend im Anschreiben zu seiner Bewerbung (schriftliche Bewerbung).
- ... kann ein bis drei Praktika mit der Dauer von jeweils drei Monaten vorweisen (Praxiserfahrung).
- ...hat den akademischen Titel Master/MBA oder Magister/Diplom erworben und sich eventuell in seiner Abschlussarbeit sogar mit einem für den gemeinnützigen Kulturbetrieb relevanten Thema befasst (akademische Qualifikation und Abschlussarbeit).

Der ideale Kulturmanager für privatwirtschaftlich-kommerzielle Kulturbetriebe...

- ...besitzt Kommunikationsfähigkeit, Organisationsvermögen sowie Vermittlungs- und Entscheidungsfähigkeit. Er hält hohen Belastungen stand, ist sehr selbständig und in seinem Auftreten stets sicher und selbstbewusst (persönlich-soziale Kompetenzen).

10.4 Zusammenfassung und Typologie

- ...ist ein Meister im Zeitmanagement, d.h. er agiert, plant und handelt zielorientiert, effektiv und mit der Absicht, Synergieeffekte zu nutzen (methodisch-fachliche Kompetenzen).
- ...legt in der Zukunft größten Wert auf seine Qualitäten Vermittlungsfähigkeit und Medienkompetenz, da ein Großteil seiner Tätigkeit v.a. die Zusammenarbeit mit den verschiedenen Akteuren des Kulturbetriebes immer stärker auf Kommunikation basiert (zukünftig wichtige Kompetenzen).
- ...beweist im Bewerbungsgespräch, dass er eine eigenständige Persönlichkeit besitzt, eloquent und kommunikativ ist und über die Fähigkeit verfügt, Verantwortung zu übernehmen (Bewerbungsgespräch).
- ... beherrscht dank seiner sozialen Kompetenzen den Umgang mit Menschen sehr gut. Aus seinem gekonnt formulierten und ansprechend gestalteten Anschreiben geht hervor, dass er über ein hohes Maß an Kreativität verfügt (schriftliche Bewerbung).
- ...hat während seines Studiums bereits ein bis drei Mal als Praktikant für jeweils drei Monate im Kulturbereich gearbeitet (Praxiserfahrung).
- ...bewirbt sich mit einem Master/MBA oder Magister/Diplom und hat eventuell sogar im Fach Kulturmanagement promoviert. Thematisch stellt seine Abschlussarbeit Bezüge zur Praxis im Kulturbetrieb her (akademische Qualifikation und Abschlussarbeit).

11 Abschließende Anmerkungen

Armin Klein

An dieser abschließenden Stelle muss noch einmal ausdrücklich darauf hingewiesen werden, dass es sich bei der vorliegenden Untersuchung um eine Pilotstudie handelt, die keineswegs Anspruch auf Repräsentativität erheben kann und will. Zwar wurde bei dem Entwurf des Forschungsdesigns Wert darauf gelegt, dass alle drei Sektoren des Kulturbetriebs sowie die einzelnen Kunstsparten über eine Quotierung erreicht werden; auf den tatsächlichen Rücklauf hatte das Projektteam indes keinen Einfluss. Umso erfreulicher ist, dass die zurückgesandten Fragebogen im großen Ganzen der dem ursprünglichen Entwurf entsprachen (vgl. zweites Kapitel). Bedauerlich ist indes, dass z.B. in der Sparte Literatur kein einziger Verlag antwortete; hier ist sicherlich Platz für zukünftige Einzeluntersuchungen. Die vorliegenden Ergebnisse werfen also einige (allerdings einigermaßen fundierte) Schlaglichter auf höchst relevante Fragestellungen und Probleme. Es steht zu hoffen, dass einer Vielzahl der aufgeworfenen Fragen in Einzeluntersuchungen weiter nachgegangen wird.

Es soll hier nicht noch einmal in eine systematische Interpretation der Einzelergebnisse eingestiegen werden; das haben die vorangegangenen Kapitel geleistet, die sicherlich einige Diskussionen in den einzelnen Sparten und Sektoren aufwerfen und – wie jede gute Forschung – Anreiz geben für weitere Fragestellungen und Untersuchungen. Vielmehr seien hier einige bemerkenswerte Einzelergebnisse herausgegriffen, problematisiert und zur Diskussion gestellt.

Sicherlich ein höchst bemerkenswertes Ergebnis der Studie ist zunächst die Tatsache, dass nur rund ein Drittel der Befragten aus der Praxis ohne Einschränkung in Zukunft Kulturmanagerinnen und -manager einstellen würden, ein Drittel dies mehr oder weniger ablehnt und ein Drittel bislang unentschlossen ist. Trotz seiner bald zwanzigjährigen Existenz als Hochschulstudiengang ist das Kulturmanagement ganz offenkundig noch nicht restlos in der Praxis angekommen.

Wer immer an den Hochschulen junge Studierende im Kulturmanagement ausbildet, sollte deshalb Sorge dafür tragen (und auch die Verantwortung dafür übernehmen), dass diese eine reele Chance haben, später einmal eine ihrer Ausbildung angemessene Stelle zu finden. Über diesen Erfolg entscheidet allerdings alleine die Praxis, nicht die Theorie. Unter diesem Aspekt sind alle Bemühungen, das Fach entweder noch weiter zu akademisieren, noch ihm eine völlig neue Ausrichtung hin zu inszenatorischer Praxis oder stärkerer künstlerischer Orientierung zu geben, wenig hilfreich. Das, was an inhaltlicher Kompetenz für die Praxis mitgebracht werden muss, müssen die Studierenden sich in einem entsprechenden Erststudium (Germanistik, Musikwissenschaft, Kulturwissenschaften usw.) angeeignet haben; Kulturmanagement kann diese Kenntnisse nur vertiefen bzw. auf den Kulturbetrieb hin ausrichten. Wer diesen Kulturbetrieb als Bezugspunkt in der Ausbildung mehr oder weniger ablehnt, sollte dies den Studierenden fairerweise von Anbeginn ihres Studiums offen mitteilen und ihnen keine „Rosinen in den Kopf setzen". Die Praktiker – das zeigt die Studie – haben ein ziemlich klares Bild von der tagtäglichen Praxis des Theater-, Musik-, Literatur- oder Kunstbetriebs. Ein entsprechendes Studium sollte die Studierenden auf diese Praxis vorbereiten, um sie vor unnötigen Enttäuschungen zu bewahren.

Angesichts einer in den letzten Jahren sich verschärfenden Diskussion zum Thema „Generation Praktikum", die im letzten Jahr in der Verleihung des „Raffzahns" für das ausbeuterischste Praktikum (ausgerechnet an ein öffentliches Museum!) gipfelte, kommt die Untersuchung doch zu einem recht eindeutigen und sehr interessanten Ergebnis: Die meisten Befragten sehen die ideale Zahl der Praktika zwischen 1 und 3 und die sinnvolle Dauer bei drei Monaten. Somit kann einerseits den Studierenden des Faches deutlich gesagt werden, dass es nicht die *Zahl* der Praktika, sondern ihre *Qualität* ankommt. Umgekehrt sollte der Appell an die Kultureinrichtungen gerichtet werden, Praktikanten auch nur in sinnvollen, qualifizierten Tätigkeiten zu beschäftigen und diese angemessen zu entlohnen. Hier besteht ein wichtiger kulturpolitischer Handlungsbedarf im Hinblick auf die zukünftig im kulturellen Sektor Tätigen.

Drittens muss sicherlich verwundern, dass bei der überwiegenden Zahl der Befragten (und zwar unabhängig von Sparte und Sektor) die Bedeutung von Auslandserfahrungen relativ gering eingestuft wird – auch wenn auf die Kenntnis von Fremdsprachen großer Wert gelegt wird. Dies muss umso mehr erstaunen, da in Zeiten der Globalisierung auch der Kulturbetrieb immer internationaler wird. Man kann sich des Eindrucks nicht erwehren, dass die jetzt im Kulturbetrieb Tätigen den internationalen Wind der Innovation fürchten und sich nach wie vor an das Alte, scheinbar so Bewährte klammern (was in mancher Hinsicht sicherlich sinnvoll sein mag, gewiss aber nicht generell gelten kann). Hier kommt eine Haltung zum Tragen, die das Kieler *Institut für Weltwirtschaft* schon vor Jahren in seiner Analyse der Finanzhilfe der Bundesländer 2000-2004 kritisierte: Fatalerweise kommen gerade in Deutschland „gezielt Binnensektoren, die vom frischen Wind des internationalen Wettbewerbs weitgehend abgeschirmt sind, in den Genuss staatlicher Förderung", wie Astrid Rosen schon unter ausdrücklicher Nennung von öffentlichen Theatern und Museen in ihrer

11 Abschließende Anmerkungen

Analyse anmerkt. Dies bewahrte sie in der Vergangenheit davor, sich diesem Wind allzu sehr aussetzen zu müssen – aber ob das in Zukunft ausreichen wird? Dazu passt, dass gerade die Museen in öffentlich-rechtlicher Trägerschaft offenkundig am zurückhaltendsten sind, Kulturmanager einzustellen.

Viertens können aber auch die Hochschuleinrichtungen, die das Studienfach Kulturmanagement anbieten, einiges aus der Studie lernen. Ganz offensichtlich ist eine bloße Bachelor-Ausbildung „Kulturmanagement" weniger erfolgreich, als ein Master- bzw. Diplomabschluss. Dies sollte alle jene nachdenklich stimmen, die allzu sehr auf diesen ersten berufsqualifizierenden Abschluss setzen. Hieraus erklärt sich auch ein auf den ersten Blick ausgesprochen merkwürdiger Befund der Untersuchung. Denn die allgemeine Kenntnis kulturgeschichtlicher bzw. kulturhistorischer Kenntnisse wird von den meisten Befragten als eher gering veranschlagt. Sinn machen diese Antworten allerdings dann, wenn man unterstellt, dass die allermeisten der hier Befragten aller Voraussicht nach ein geistes- oder kulturwissenschaftliches Fachstudium abgeschlossen haben und dies stillschweigend voraussetzen. Insofern machte die frühere Konzeption, Kulturmanagement explizit als Aufbaustudium (im Anschluss an ein einschlägiges Fachstudium anzubieten), durchaus Sinn. Man wird sehen, wie sich in Zukunft die Kombination Bachelor plus Master auf dem Arbeitsmarkt durchsetzen wird. Ob der Bachelor-Kulturmanagement ein Erfolgsmodell sein wird, darf bezweifelt werden. Umgekehrt gilt für die Promotion, dass auch diese von eher geringerer Bedeutung ist. Auch dies spricht gegen eine weitere künstliche Akademisierung des Faches.

Die einschlägigen Studienangebote Kulturmanagement stehen allerdings fünftens vor einem anderen großen Dilemma, völlig unabhängig vom Studienabschluss. Die *qualitativen* Interviews haben durchweg das zentrale Ergebnis gebracht, dass nur der als Kulturmanager reüssieren wird, der sich engagiert für seine Sparte einsetzt, der quasi „brennt für die Kunst". Das durchgängige Ergebnis der *qualitativen* Studie zeigte darüber hinaus die überragende Bedeutung der Persönlichkeit, der Sozialkompetenz und der Kommunikationsfähigkeit. Dies sind indes Fähigkeiten und Eigenschaften, die sich in einem theoretischen Hochschulstudium nur schwer vermitteln lassen. Gewiss können bestimmte theoretische Kenntnisse und praktische Fertigkeiten in diesen Bereichen beigebracht werden – aber die Persönlichkeit selbst formt sich in anderen Prozessen. Deshalb spricht sehr viel dafür, dass die Studierenden des Faches sehr sorgfältig in individuellen Auswahlgesprächen ausgewählt werden und – möglichst von in der kulturellen Praxis Erfahrenen – geprüft wird, inwieweit sie tatsächlich Chancen haben, sich später in den Kulturbetrieb zu integrieren. Das gibt den Auswählenden eine große Verantwortung!

Mein abschließender Dank gilt allen Studierenden, die – trotz parallelen Prüfungsstresses und abzuschließender Magisterarbeiten – genug Engagement und Begeisterung gefunden haben, ihr zukünftiges Berufsfeld zu erforschen. Mein besonderer Dank geht an Frau Sabrina Fütterer, die sich die große Mühe gemacht hat, alle Beiträge zu sammeln, zu formatieren und in eine druckreife Form zu bringen.

12 Anhang

12.1 Leitfragen der qualitativen Interviews

Warm up-Fragen:

- Wie war der Einstieg in den Kulturbetrieb bei Ihnen?
- Welche Fähigkeiten und Kenntnisse haben Ihnen den Berufseinstieg erleichtert?

Anforderungen an Kulturmanager

- Auf was achten Sie beim Einstellungsgespräch eines Kulturmanagers?
- Welche persönlichen Kompetenzen sollte ein Kulturmanager haben, der sich bei Ihnen vorstellt?
- Welche theoretischen Kenntnisse sollte ein Kulturmanager haben, wenn er die Hochschule verlässt?
- Welche Fähigkeiten und Kenntnisse werden in Zukunft noch an Bedeutung gewinnen?

Ausbildung der Kulturmanager

- Würden Sie in Ihrem Betrieb ausgebildete Kulturmanager einsetzen?
- Auf was achten Sie in einem Lebenslauf eines Bewerbers besonders? (Auslandserfahrung, Praktika, Sprachen, kulturpraktische Erfahrungen)
- Welche Rolle spielen Praktika bei der Einstellung?
- Wie bewerten Sie eine höhere Qualifikation (wie einen Master/eine Promotion) für die *praktische* Arbeit eines Kulturmanagers?
- Und wie bewerten Sie dies bei einer Bewerbung? (Chance/Risiko)
- Haben Kulturmanager nach ihrer Ausbildung realistische Vorstellungen vom Berufsleben?
- Welche Stärken, welche Schwächen sehen Sie in der Hochschulausbildung von Kulturmanagern?
- Wenn Sie ein Pflichtseminar für Kulturmanager einführen könnten, welches wäre das?
- Gibt es etwas, dass Sie noch sagen möchten, was wir Sie nicht gefragt haben?

Dauer max. eine Stunde

12.2 Quantitativer Fragebogen

Welche Kulturmanager braucht der Markt?

1. Stellen Sie sich vor, Sie führen ein **Einstellungsgespräch**. Auf was würden Sie vorrangig achten? (Bitte **maximal 5 Nennungen**)

- ❏ Eigenständige Persönlichkeit
- ❏ Selbstbewusstes Auftreten
- ❏ Körpersprache
- ❏ Äußere Erscheinung
- ❏ Wissen über den konkreten Betrieb
- ❏ Kommunikationsfähigkeit/ Eloquenz
- ❏ Teamfähigkeit
- ❏ Kritikfähigkeit
- ❏ Zuverlässigkeit
- ❏ Strukturiertheit
- ❏ Lösungsorientiertheit
- ❏ Pünktlichkeit
- ❏ Verantwortungsgefühl/ Fähigkeit, Verantwortung zu übernehmen
- ❏ Organisationsgeschick
- ❏ Eigeninitiative und Motivation
- ❏ Höflichkeit/ Umgangsformen
- ❏ Begeisterung für Kultur im Allgemeinen
- ❏ Begeisterung für die spezifische Aufgabe/ Sparte
- ❏ Identifikation mit den Leitbildern/ Zielen des Kulturbetriebes
- ❏ Gesellschaftliches/ Soziales Engagement
- ❏ Integrität
- ❏ Allgemeinbildung
- ❏ Realistische Selbsteinschätzung
- ❏ Sozialkompetenz (gut im Umgang mit Menschen)
- ❏ Kreativität
- ❏ Sensibilität
- ❏ Diplomatisches Geschick
- ❏ Lernbereitschaft und Neugierde
- ❏ _____

12.2 Quantitativer Fragebogen

	0	1	2	3	4	5
Medienkompetenz	❏	❏	❏	❏	❏	❏
Kenntnisse in ÖA und PR	❏	❏	❏	❏	❏	❏
Juristisches Wissen (Bspw. Arbeits-, Steuer-, Veranstaltungsrecht)	❏	❏	❏	❏	❏	❏
Fähigkeit vernetzt zu denken	❏	❏	❏	❏	❏	❏
Kulturtheoretisches Grundwissen	❏	❏	❏	❏	❏	❏
Kulturhistorische Kenntnisse	❏	❏	❏	❏	❏	❏
Spartenbezogenes Fachwissen	❏	❏	❏	❏	❏	❏
Breite kulturelle Kenntnisse	❏	❏	❏	❏	❏	❏
Selbstmanagement	❏	❏	❏	❏	❏	❏
Zeitmanagement	❏	❏	❏	❏	❏	❏
Fremdsprachenkenntnisse	❏	❏	❏	❏	❏	❏
Finanzen (Rechnungswesen/ Controlling)	❏	❏	❏	❏	❏	❏
Sonstiges: _____	❏	❏	❏	❏	❏	❏

2.3 Was wird **in Zukunft** ganz besonders wichtig sein?

gar nicht (0), nicht (1), eher nicht (2), eher wichtig (3), wichtig (4), ganz wichtig (5)

	0	1	2	3	4	5
Sponsoring-Akquise	❏	❏	❏	❏	❏	❏
Netzwerken	❏	❏	❏	❏	❏	❏
Besucherbindung	❏	❏	❏	❏	❏	❏
Kommunikation mit verschiedenen Interessengruppen (intern/ extern)	❏	❏	❏	❏	❏	❏
Kundenorientierung	❏	❏	❏	❏	❏	❏
Mobilität	❏	❏	❏	❏	❏	❏
Belastbarkeit	❏	❏	❏	❏	❏	❏
Vermittlungsfähigkeit	❏	❏	❏	❏	❏	❏
Medienkompetenz	❏	❏	❏	❏	❏	❏
Gespür für Trends	❏	❏	❏	❏	❏	❏
Zielorientierung	❏	❏	❏	❏	❏	❏
Fremdsprachenkenntnisse	❏	❏	❏	❏	❏	❏
Selbstmanagement	❏	❏	❏	❏	❏	❏

3.1 Arbeiten in Ihrem Betrieb **studierte Kulturmanager**?

❏	❏	❏
Ja	Nein	weiß nicht

3.2 Haben Sie vor, **in Zukunft studierte Kulturmanager** in Ihrem Betrieb einzusetzen?

❏	❏	❏	❏	❏	❏
nein	eher nein	vielleicht	eher ja	ja	weiß nicht

4. Wie wichtig sind Ihnen folgende Aspekte in **Bewerbungsunterlagen**?

gar nicht (0), nicht (1), eher nicht (2), eher wichtig (3), wichtig (4), ganz wichtig (5)

	0	1	2	3	4	5
Schulnoten	❏	❏	❏	❏	❏	❏
Universitäre Leistungen	❏	❏	❏	❏	❏	❏
Sprachkenntnisse	❏	❏	❏	❏	❏	❏
Berufserfahrung	❏	❏	❏	❏	❏	❏
Kultur- bzw. berufsfremde Erfahrungen	❏	❏	❏	❏	❏	❏
Breites Spektrum an Tätigkeiten	❏	❏	❏	❏	❏	❏
Praktikumserfahrungen	❏	❏	❏	❏	❏	❏
Auslandserfahrungen	❏	❏	❏	❏	❏	❏
Hobbys	❏	❏	❏	❏	❏	❏
Kreativität	❏	❏	❏	❏	❏	❏
Soziale Kompetenzen	❏	❏	❏	❏	❏	❏
Ehrenamtliches Engagement	❏	❏	❏	❏	❏	❏
Äußere Form des Lebenslaufes	❏	❏	❏	❏	❏	❏
Äußere Form der Bewerbungsmappe	❏	❏	❏	❏	❏	❏
Anschreiben	❏	❏	❏	❏	❏	❏
Stringenz im Lebenslauf	❏	❏	❏	❏	❏	❏
Moderner Standard der Bewerbung	❏	❏	❏	❏	❏	❏

5.1 Welche Rolle spielen **Praktika** bei der Einstellung?

❏	❏	❏	❏
unwichtig	eher unwichtig	wichtig	sehr wichtig

5.2 Wie **lange** sollte ein **Praktikum** dauern?

❏	❏	❏	❏	❏	oder:
1 Monat	3 Monate	6 Monate	12 Monate	>12 Monate	_ _ Monate

12.2 Quantitativer Fragebogen

5.3 Was ist die **ideale Anzahl** an **Praktika**?

☐	☐	☐	☐	oder:
0	1-3	3-6	> 6	_ _

6.1 Wie wichtig sind folgende **Qualifikationen** …

gar nicht (0), nicht (1), eher nicht (2), eher wichtig (3), wichtig (4), ganz wichtig (5)

	0	1	2	3	4	5
Bachelor…						
…für die praktische Arbeit eines Kulturmanagers	☐	☐	☐	☐	☐	☐
…bei der Bewerbung	☐	☐	☐	☐	☐	☐
Magister/Diplom…						
…für die praktische Arbeit eines Kulturmanagers	☐	☐	☐	☐	☐	☐
…bei der Bewerbung	☐	☐	☐	☐	☐	☐
Master/MBA…						
…für praktische Arbeit eines Kulturmanagers	☐	☐	☐	☐	☐	☐
…bei der Bewerbung	☐	☐	☐	☐	☐	☐
Promotion…						
…für praktische Arbeit eines Kulturmanagers	☐	☐	☐	☐	☐	☐
…bei der Bewerbung	☐	☐	☐	☐	☐	☐

6.2 Wie wichtig ist das **Thema der Abschlussarbeit** …

gar nicht (0), nicht (1), eher nicht (2), eher wichtig (3), wichtig (4), ganz wichtig (5)

	0	1	2	3	4	5
… für praktische Arbeit eines Kulturmanagers	☐	☐	☐	☐	☐	☐
…bei der Bewerbung	☐	☐	☐	☐	☐	☐

12.3 Liste der Befragten

Befragter	Funktion/Institution	Sektor
Thomas Adam	Hauptamt, Abt. Kultur und Veranstaltungen, Bruchsal	öffentlich-rechtlich
Dr. Dirk Boll	Managing Director Christie's Zürich	privatwirtschaftlich-kommerziell
Nicole Braun	Referentin Musik, Goethe Institut, Zentrale (München)	öffentlich-rechtlich
Dr. Thomas Buchsteiner	freier Kunstmanager, ehem. Geschäftsführer des Instituts für Kulturaustausch, Tübingen	privatwirtschaftlich-kommerziell
W.P. Fahrenberg	Leiter Ausstellungsbüro Fahrenberg Göttingen	privatwirtschaftlich-kommerziell
Dr. Wolfgang Ferchl	Geschäftsführer des Piper Verlages	privatwirtschaftlich-kommerziell
Maria Fiedler	Leiterin der Musikschule Filderstadt	öffentlich-rechtlich
Christine Fischer	Intendantin Musik der Jahrhunderte Stuttgart	privatwirtschaftlich-gemeinnützig
Rolf Fluhrer	Hauptorganisation DAS FEST Karlsruhe	öffentlich-rechtlich
Dr. Helga Gutbrod	Leiterin des Edwin Scharff Museums Neu-Ulm	öffentlich-rechtlich
Conrad Haas	Südwestdeutsche Konzertdirektion Stuttgart	privatwirtschaftlich-kommerziell
Robert Hahn	Verwaltungsbürgermeister Stadt Reutlingen, u.a. Kulturamt	öffentlich-rechtlich
Kathrin Hildebrand	Künstlerische Leiterin, Lokstoff! Theater im öffentlichen Raum e.V., Stuttgart	privatwirtschaftlich-gemeinnützig
Erik Hörenberg	Geschäftsführer Bundesvereinigung Deutscher Orchesterverbände, Geschäftsführer Hohner-Konservatorium Trossingen GmbH	privat-gemeinnützig
Holger Jagiella	ehemaliger Geschäftsführer der Stadtmarketing Karlsruhe GmbH	privatwirtschaftlich-kommerziell
Stefan Kirchknopf	stellvertretender Intendant, Theater Tribühne	privat-gemeinnützig
Klaus Lauer	Künstlerischer Leiter des Festivals AlpenKLASSIK Bad Reichenhall	privat-gemeinnützig
Roland Mahr	Leitung Theaterbüro, Renitenztheater	privatwirtschaftlich-gemeinnützig

12.3 Liste der Befragten

Befragter	Funktion/Institution	Sektor
Klaus Marschall	Leiter der Augsburger Puppenkiste, Augsburg	privatwirtschaftlich-gemeinnützig
Dr. Ulrich Peters	Staatsintendant Gärtnerplatztheater, München	öffentlich
Nicolas Pfeifle	Musikschulleiter Filder-Musik	privatwirtschaftlich-kommerziell
Ulrich Reinhardt	ehemaliger kaufmännischer Direktor des Linden-Museums Stuttgart	öffentlich rechtlich
Wendelin Renn	Leiter der Städtischen Galerie Villingen-Schwenningen	öffentlich-rechtlich
Wiebke Richert	Leiterin des Fachbereichs Kunst und Kultur der Stadt Ludwigsburg	öffentlich-rechtlich
Dr. Christof Schmid	Fernsehdirektor SWR a.D. / Vorsitzender der Weiße Rose Stiftung	öffentlich-rechtlich
Thorsten Schmidt	Festivalleiter Internationales Musikfestival Heidelberger Frühling gGmbH	öffentlich-rechtlich
Dr. Bernhart Schwenk	Leitender Kurator Moderne Kunst der Pinakothek der Moderne in München	öffentlich
Dr. Stefan Shaw	Inhaber und Geschäftsführer von "artmatters"/ Art Consulting undUnternehmensberatung durch Kunst, München	privatwirtschaftlich-kommerziell
René Siegel-Sorell	Intendant des Blutenburg-Theater München	privatwirtschaftlich-kommerziell
Dr. Hans Tränkle	Geschäftsführender Intendant, Württembergische Staatstheater Stuttgart	öffentlich
Andreas Vogt	Leiter der Geschäftsstelle Heimattage beim Kulturamt der Stadt Reutlingen.	öffentlich-rechtlich
Charlotte von Wahlert	Auction Management, Hampel Auctions, München	privatwirtschaftlich-kommerziell
Axel Winkler	Verwaltungsleiter, Stiftung Kunstmuseum Stuttgart gGmbH	öffentlich
Dr. Reinhard Wittmann	Direktor Literaturhaus München	privatwirtschaftlich-gemeinnützig

Einige der Befragten wollten ungenannt bleiben.

Literaturverzeichnis

Allwardt, Ingrid (2008): Perspektivwechsel – Aufbruch in die Musikvermittlung in: „Das Orchester", Magazin für Musiker und Management/Deutsche Orchestervereinigung, Mainz (11/2008), S. 10ff.
Atteslander, Peter (2006): Methoden der empirischen Sozialforschung, Tübingen.
Bendixen, Peter (1993): Grundfragen des Managements kultureller Einrichtungen. In: Fuchs, Max (Hrsg.): Zur Theorie des Kulturmanagements. Ein Blick über Grenzen, Remscheid
Bendixen, Peter (2001): Einführung in das Kultur- und Kunstmanagement, Wiesbaden
Deutscher Städtetag (Hrsg.) (1973): Wege zur menschlichen Stadt. Vorträge, Aussprachen und Ergebnisse der 17. Hauptversammlung des Deutschen Städtetages vom 2.-4. Mai 1973 in Dortmund, Köln
Deutscher Städtetag (Hrsg.) (1979): Kultur in den Städten. Eine Bestandsaufnahme Köln
Glaser, Hermann und Karl-Heinz Stahl (1974/183): Bürgerrecht Kultur. Die Wiedergewinnung des Ästhetischen, Berlin
Göschel, Albrecht (1991): Die Ungleichzeitigkeit in der Kultur. Wandel des Kulturbegriffs in vier Generatinen, Stuttgart/Berlin/Köln
Glogner, Patrick: (2006): Kulturelle Einstellungen leitender Mitarbeiter kommunaler Kulturverwaltungen. Empirisch-soziologische Untersuchungen, Wiesbaden
Glogner, Patrick (2006): Publikumsinteressen – bedienen, bilden oder beides? In: Kulturpolitische Gesellschaft e.V. (Hrsg.): Publikum. Macht. Kultur. Kulturpolitik zwischen Angebots- und Nachfrageorientierung, Bonn.
Heinrichs, Werner (1993) Einführung in das Kulturmanagement, Darmstadt
Heinrichs, Werner (1997): Kulturpolitik und Kulturfinanzierung. Strategien und Modelle für eine politische Neuorientierung der Kulturfinanzierung, München
Heinrichs, Werner (2006): Der Kulturbetrieb: Bildende Kunst – Musik – Literatur – Theater – Film, Bielefeld.
Henrichs, Werner und Armin Klein (1996): Kulturmanagement von A-z, München
Hoffmann, Hilmar (1979/1981): Kultur für alle. Perspektiven und Modelle, Frankfurt
Klein, Armin (1998): Zur Struktur der kommunalen Kulturausgaben 1975 bis 1975. In: Heinrichs, Werner und Armin Klein: *Deutsches Jahrbuch für Kulturmanagement 1997*, Baden-Baden 1998, S. 175-1991
Klein, Armin (2005): Kulturpolitik. Eine Einführung, Wiesbaden
Klein, Armin (2005): Kulturmarketing, München
Klein, Armin (2007): Der exzellente Kulturbetrieb, Wiesbaden.
Klein, Armin (2008): Kompendium Kulturmanagement, München.
Klein, Armin (Hrsg.) (2008): Kompendium Kulturmanagement. Handbuch für Studium und Praxis, Wiesbaden
Kramer, Dieter (1995): Wie wirkungsvoll ist die Wirkungsforschung in der Kulturpolitik? In: Fuchs, Max und Christiane Liebald (Hrsg.): Wozu Kulturarbeit? Wirkungen von Kunst und Kulturpolitik und ihre Evaluierung, Remscheid
Kunstkoordinator des Landes Baden-Württemberg (1990): Kunstkonzeption des Landes Baden-Württemberg, Stuttgart

MIZ-Bericht zu Musikwirtschaft, www.miz.org/intern/uploads/statistik31.pdf, S.1, Zugriff 14.10.2008
o.A. (2006): European Communities Europeans and mobility: first results of an EU-wide survey, Eurobaromter survey on geographic and labour market mobility, Brüssel.
Schneidewind, Petra und Martin Tröndle (Hrsg.) (2003): Selbstmanagement im Musikbetrieb, Bielefeld
Schulze, Gerhard (1993): Die Erlebnisgesellschaft. Kultursoziologie der Gegenwart, Frankfurt/New York
Söndermann, Michael (2004) Kulturberufe. Statistisches Kurzporträt zu den erwerbstätigen Künstlern, Publizisten, Designern, Architekten und verwandten Berufen im Kulturberufemarkt in Deutschland 1995-2003, Bonn
Siebenhaar, Klaus (Hrsg.) (2002): Karriereziel Kulturmanagement. Studiengänge und Berufsbilder im Profil, Nürnberg
Türke, Hans (1987): Kulturelles Management. Anmerkungen und Vorschläge zu einem aktuellen, aber bislang verdrängten Problem. In: *Kulturpolitische Mitteilungen* III, 1987

Das Grundlagenbuch zur Soziologie

> Überblick zu den aktuellsten Themen der Soziologie

Nina Baur / Hermann Korte / Martina Löw / Markus Schroer (Hrsg.)
Handbuch Soziologie
2008. 505 S. Geb. EUR 34,90
ISBN 978-3-531-15317-9

Erhältlich im Buchhandel oder beim Verlag.
Änderungen vorbehalten.
Stand: Januar 2009.

Welche Deutungsangebote macht die Soziologie für die Analyse gesellschaftlicher Gegenstandsbereiche? Um dieser Frage nachzugehen, bietet das „Handbuch Soziologie" einen einzigartigen Überblick über die in deutschen, angloamerikanischen und französischen Zeitschriften am intensivsten diskutierten Themenfelder der Soziologie: Alter – Arbeit – Ethnizität – Familie – Geschlecht – Globalisierung – Individualisierung – Institution – Klasse – Kommunikation – Körper – Kultur – Macht – Markt – Migration – Nation – Organisation – (Post)Moderne – Prozess – Raum – Religion – Sexualität – Technik – Wissen – Wohlfahrtsstaat.

Für jedes dieser Themenfelder wird erläutert, mit welchen theoretischen Konzepten zurzeit geforscht wird oder in der Vergangenheit gearbeitet wurde. Die Autoren stellen konkurrierende Ansätze ebenso dar wie international existierende Unterschiede.

Das „Handbuch Soziologie" will ein besseres Verständnis von Theorie am konkreten Beispiel ermöglichen. In der Zusammenschau der Artikel werden die Systematik, Fruchtbarkeit und Grenzen theoretischer Zugriffe auf verschiedene Gegenstandsbereiche für eine breite Scientific Community vergleichbar sowie die Spezifik soziologisch-theoretischer Perspektiven in angemessener Sprache öffentlich gemacht.

www.vs-verlag.de

VS VERLAG FÜR SOZIALWISSENSCHAFTEN

Abraham-Lincoln-Straße 46
65189 Wiesbaden
Tel. 0611.7878-722
Fax 0611.7878-400

Die anschauliche Einführung in die Soziologie

> von Armin Nassehi!

Armin Nassehi
Soziologie
Zehn einführende
Vorlesungen
2008. 207 S. Geb. EUR 16,90
ISBN 978-3-531-15433-6

Erhältlich im Buchhandel
oder beim Verlag.
Änderungen vorbehalten.
Stand: Januar 2009.

Der Inhalt: Was ist Soziologie? Oder: Über die Schwierigkeit einer Einführung – Handlung, Kommunikation, Praxis – Lebenswelt, Sinn, Soziale Rolle, Habitus – Interaktion, Netzwerk – Organisation – Gesellschaft – Individuum, Individualität, Individualisierung – Kultur – Soziale Ungleichheit, Macht, Herrschaft – Wissen, Wissenschaft – Anhang: Anmerkungen und weiterführende Literatur

Dieses Buch soll anders sein. Es führt in den soziologischen Blick und in die wichtigsten soziologischen Grundbegriffe ein, ohne aber in lexikalischer Genauigkeit, definitorischer Schärfe und simulierter Neutralität soziologische Sätze in Stein zu meißeln.

Eher von leichter Hand wird versucht, der Soziologie und der Erarbeitung ihres spezifischen Blicks über die Schulter zu schauen. Das Buch erzählt eine Geschichte, die Geschichte von Herrn A, einem Banker, der in Liebesdingen und in seinem Beruf Einiges erlebt. An dieser Geschichte wird der soziologische Blick praktisch, gewissermaßen empirisch, eher kurzweilig eingeübt.

Das Buch richtet sich nicht nur an Studierende der Soziologie, sondern auch an all jene, die einen Blick in ein Labor soziologischen Denkens wagen wollen.

www.vs-verlag.de

VS VERLAG FÜR SOZIALWISSENSCHAFTEN

Abraham-Lincoln-Straße 46
65189 Wiesbaden
Tel. 0611.7878-722
Fax 0611.7878-400

Wirtschaftssoziologie: Der Stand der Forschung

> Die umfassende Übersicht über das Forschungsfeld

Andrea Maurer (Hrsg.)
Handbuch der Wirtschaftssoziologie
2008. 465 S. (Wirtschaft und Gesellschaft) Geb. EUR 34,90
ISBN 978-3-531-15259-2

Erhältlich im Buchhandel oder beim Verlag.
Änderungen vorbehalten.
Stand: Januar 2009.

Der Inhalt: Soziologie der Wirtschaft – Sozial- und gesellschaftstheoretische Zugänge – Institutionen der Wirtschaft – Wirtschaft in gesellschaftstheoretischer Perspektive

Das Handbuch der Wirtschaftssoziologie vermittelt soziologische Zugangsweisen zur Wirtschaft und demonstriert die Leistungskraft soziologischer Erklärungen und Analysen wirtschaftlicher Beziehungen, Institutionen und Strukturen.
Im deutschen Sprachraum hat trotz der Tradition sozio-ökonomischer Analysen und des wieder erwachten Interesses der Soziologie an wirtschaftlichen Phänomenen eine umfassende Übersicht über das Forschungsfeld bislang gefehlt.

Das Handbuch der Wirtschaftssoziologie schließt diese Lücke und präsentiert einen fundierten Überblick über die klassischen Grundlagen, die gegenwärtigen Theorieangebote und aktuelle Studien.

www.vs-verlag.de

VS VERLAG FÜR SOZIALWISSENSCHAFTEN

Abraham-Lincoln-Straße 46
65189 Wiesbaden
Tel. 0611.7878-722
Fax 0611.7878-400

Zur aktuellen Bildungsdebatte

> Zentrale Ursachen für sozial ungleiche Bildungschancen

Rolf Becker /
Wolfgang Lauterbach (Hrsg.)
Bildung als Privileg
Erklärungen und Befunde
zu den Ursachen
der Bildungsungleichheit
3. Aufl. 2008. 440 S. Geb.
EUR 39,90
ISBN 978-3-531-16116-7

Erhältlich im Buchhandel
oder beim Verlag.
Änderungen vorbehalten.
Stand: Januar 2009.

Der Inhalt: Elternhaus und Bildungssystem als Ursachen dauerhafter Bildungsungleichheit – Bildungsungleichheit im Primar- und Sekundarbereich – Berufliches Ausbildungssystem und Arbeitsmarkt – Konsequenzen für Politik und Forschung

Im Anschluss an kontroverse Diskussionen über dauerhafte Bildungsungleichheiten stellt das Buch detailliert aus sozialwissenschaftlicher Perspektive zentrale Ursachen für sozial ungleiche Bildungschancen in den Mittelpunkt der Betrachtung. Daher werden der aktuelle Stand empirischer Bildungsforschung diskutiert und neue Analysen vorgelegt.

Ziel ist es, in systematischer Weise soziale Mechanismen aufzuzeigen, die zur Entstehung und Reproduktion von Bildungsungleichheiten beitragen.

www.vs-verlag.de

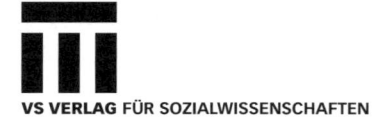

VS VERLAG FÜR SOZIALWISSENSCHAFTEN

Abraham-Lincoln-Straße 46
65189 Wiesbaden
Tel. 0611.7878-722
Fax 0611.7878-400